前 言

民事实体法在我国法律体系中始终居于重要地位,也是历来高校法律教学和法律资格考试的重点和难点。为培养教育学习者对法律条文的理解能力、分析法律问题的具体能力和解决法律适用问题的应用能力,本书编著者在认真调查研究现有案例教材、法律职业资格考试辅导资料利弊得失的基础上,汲取各方面意见和建议,以新颖的体例方式,对民事实体法重点知识进行深入浅出解读,以期对高校学生、法律职业资格考试人员、社会法律工作者具有一定的参考和启发价值。

本书作者的具体分工如下:福建师范大学法学院诉讼法学专业硕士生导师丁兆增副教授、福建师范大学法学院林艺容讲师负责全书的统筹与修改;丁兆增、林艺容、福建师范大学法学院2018级诉讼法学专业硕士研究生陈美玲、2018级法律硕士夏菁共同参与本书撰写。本书各篇章力争将理论与实务相结合,各专题讲解严格按照经典案例、编著者点评、知识结构回忆、真题链接、综合案例分析的体例方式编排。全书有以下几个特点:一是编排新颖,力求科学,使读者易于学习和理解;二是知行合一,通过对典型案例的深入解读和点评,提高读者应用适用法律解决问题能力的培养;三是注重实用,梳理了法律职业资格考试最新真题,给读者以充分的启发思考和自检自测。

由于水平所限,不足和疏漏在所难免,真诚期待读者朋友的批评指正。

本书编著者

2019年7月

法学案例教学系列

【第二版】

民事实体法案例与法条教程

丁兆增　林艺容　编著

撰稿人：

丁兆增　林艺容　陈美玲　夏　菁

厦门大学出版社　国家一级出版社
XIAMEN UNIVERSITY PRESS　全国百佳图书出版单位

目录

专题一　民法总论 ································· 1
　第一讲　民法概述 ································· 1
　第二讲　自然人和法人 ····························· 16
　第三讲　民事法律行为 ····························· 43
　第四讲　代理 ····································· 55
　第五讲　诉讼时效 ································· 66

专题二　物权法 ···································· 75
　第一讲　物权概述 ································· 75
　第二讲　所有权 ··································· 87
　第三讲　用益物权 ································· 105
　第四讲　担保物权 ································· 117

专题三　债法 ····································· 137
　第一讲　债法总论 ································· 137
　第二讲　债法分论 ································· 164

专题四　人身权 ··································· 204

专题五　侵权责任法 ······························· 216

专题六　婚姻家庭法 ······························· 250

第一讲　婚姻法 …………………………………………… 250
第二讲　继承法 …………………………………………… 264

专题七　知识产权法 ………………………………………… 280
　第一讲　著作权法 ………………………………………… 280
　第二讲　商标法 …………………………………………… 307
　第三讲　专利法 …………………………………………… 319

专题一

民法总论

第一讲 民法概述

【案情】四川泸州"二奶"状告原配案——民法基本原则成为判决依据的第一案

家住四川省泸州市的蒋某某与黄某某于1963年5月登记结婚,婚后夫妻双方感情较好。因蒋某某未生育,收养了一子黄某(已娶妻生子)。1990年7月,蒋某某继承父母遗产取得原泸州市市中区顺城街67号房屋所有权。1995年,该房因城市建设被拆迁,由拆迁单位将位于泸州市江阳区新马路的77.2平方米住房一套安置给了蒋某某,并以蒋某某个人的名义办理了房屋产权手续。1996年,黄某某与张某某相识后,两人开始在外租房非法同居生活。2000年9月,黄某某与蒋某某将蒋某某继承所得的位于泸州市江阳区新马路房产以8万元的价格出售给陈某,且约定该房屋交易产生的有关税费由卖方承担。2001年春节,黄某某、蒋某某夫妇将售房款中的3万元赠与其子黄某用于在外购买商品房。2001年年初,黄某某因患肝癌病晚期住院治疗,住院期间一直由蒋某某及其家属护理、照顾。2001年4月18日黄某某立下书面遗嘱,将其所得的住房补贴金、公积金、抚恤金和出卖泸州市江阳区新马路住房所获房款的一半4万元及自己所用手机一部赠与张某某。2001年4月20

日,泸州市纳溪区公证处对该遗嘱出具了(2001)泸纳证字第148号公证书。2001年4月22日,遗赠人黄某某去世,张某某要求蒋某某交付遗赠财产遭蒋某某拒绝,双方发生争执,张某某遂诉至泸州市纳溪区人民法院。在纳溪区人民法院案件审理过程中,经蒋某某申请,泸州市纳溪区公证处于2001年5月17日作出(2001)泸纳撤证字第02号《关于部分撤销公证书的决定书》,撤销了(2001)泸纳证字第148号公证书中的抚恤金和住房补贴金、公积金中属于蒋某某的部分,维持其余部分内容。

纳溪区人民法院经审理后判决认定:遗赠人黄某某临终前,于2001年4月18日立下书面遗嘱,虽是黄某某本人的真实意思表示且形式上合法,并经公证机关公证,但该遗赠将不属于黄某某个人财产部分的抚恤金及属夫妻共同财产的住房补贴金、公积金列入黄某某个人财产进行遗赠,侵犯了蒋某某的合法权益,其无权处分部分应属无效。同时,黄某某在明知卖房款已不是8万元的情况下,仍以不存在的8万元的一半进行遗赠,显然违背了客观事实,是虚假行为。并且,黄某某的遗赠行为违反公共秩序和社会道德,违反婚姻法关于夫妻应当互相忠实、互相尊重,禁止有配偶者与他人同居的规定,是一种违法行为,应属无效民事行为。张某某要求蒋某某给付受遗赠财产的主张不予支持,故判决驳回张某某的诉讼请求,案件受理费2300元由张某某负担。

宣判后张某某不服一审判决向泸州市中级人民法院提起上诉,其上诉理由是:(1)遗赠人黄某某所立遗嘱是其真实意思表示,且符合继承法的规定,属有效遗嘱,人民法院应依法保护。(2)遗嘱中涉及"抚恤金"和夫妻共有的"住房补贴金、公积金",根据我国《继承法》第27条第4项的规定,也只能说将这一小部分确认无效,将无效部分所涉及的遗产按法定继承办理,黄某某所立遗嘱所处分的个人财产应属有效遗嘱,依法应当得到保护。(3)本案属遗嘱继承案件,当然适用《继承法》,特别法优于普通法,这是适用法律的原则,也为《立法法》所确认。请求二审法院依法撤销一审判决,改判上诉人的受遗赠权受法律保护。

蒋某某二审的答辩理由是:(1)原审经多次开庭审理查明:公证程序违法,公证的内容不真实、不合法,该公证遗嘱无效,原审判决驳回被答辩人基于无效遗嘱提起的诉讼请求,是完全正确的。(2)被答辩人是基于与遗赠人长期非法同居关系,完全是以侵犯答辩人的婚姻家庭、财产等合法权益为基础的,属于非法遗赠。因此,对被答辩人所谓受遗赠权,不予保护,既合乎法律,也合乎社会公理。(3)被答辩人明知遗赠人黄某某系有妻之人,却长达数年与之非法同居,这不仅仅是感情道德问题,也不仅仅是民事上的婚姻侵权赔偿问题,而是触犯刑法涉嫌重婚罪的问题。对此,答辩人保留进一步依法追诉的权利。故请求二审法院判决驳回上诉,维持原判。

泸州市中级人民法院认为遗赠人黄某某的遗赠行为虽系黄某某的真实意思表示,但其内容和目的违反了法律规定和公序良俗,损害了社会公德,破坏了公共秩序,应属无效民事行为。张某某要求蒋某某给付受遗赠财产的主张不予支持。蒋某某要求确认该遗嘱无效的理由成立予以支持。原审判决认定事实清楚,适用法律正确,依法应予维持。据此,泸州市中级人民法院于2001年12月28日作出驳回上诉,维持原判的终审判决。

点评:在中国当今的司法判决中,援引基本原则判决还是不多见的,该案判决因此成为适用基本原则作为判决依据的第一案,向来高高在上具有指导作用的基本原则成为人民法院断案的依据不得不说是一种司法进步,司法判决如同是一道单项选择题,标准答案只能有一个,但标准答案是什么却是可争论的。无论采取什么样的回答,都需要公民对它的普遍认可。四川泸州"'二奶'状告原配案"是司法判决合法性的一个试金石。

知识结构回忆

《民法总则》:第一章 基本规定(第1条至第12条)

第1条 立法目的

第2条 调整范围

第3条 合法权益受法律保护

第4条 平等原则

第5条 自愿原则

第6条 公平原则

第7条 诚实信用原则

第8条 公序良俗原则

第9条 绿色原则

第10条 法律适用

第11条 优先适用特别法

第12条 适用范围

一、民法的调整对象
二、民法的基本原则
三、民事法律关系

一、民法的调整对象

《民法总则》第2条规定,我国民法的调整对象是平等主体之间的财产关系和人身关系。

1.财产关系,是主体之间基于财产而发生的社会关系。根据主体之间的地位不同,财产关系可分为纵向财产关系和横向财产关系;根据财产关系的内容,财产关系可分为静态财产关系和动态财产关系。

2.人身关系,又称人身非财产关系,是指基于人格和身份发生的,以人身利益为内容,不直接体现财产利益的社会关系。人身关系包括人格关系和身份关系。

人格关系是基于人格尊严、生命、健康、姓名、名称、肖像、名誉等一般人格利益和具体人格利益而发生的社会关系。身份关系是指基于自然人之间一定的血缘、婚姻、收养等身份关系而发生的社会关系。

[案例1] 材料一:甲、乙是好友,相约乙在6月29日去甲家赴宴,甲欣然应允。为此,甲精心准备,亲自下厨,在烹饪某一道菜肴时,不慎被热油烫伤,但是,乙当天并没有赴宴,甲恼羞成怒。

材料二:甲男乙女,通过手机"摇一摇"功能相识,互加好友,相谈甚欢。一段时日后,甲提出见面。乙也有此意。于是相约。乙为了此次约会,特意去美容院花了近千元做了美容,花了千余元买了套裙子、鞋子及包包等。待到约定之日,甲未赴约,也没有任何消息。乙甚怒,想通过法律手段向甲追偿自己为约会支出之费用。

材料三:某顾客乙在甲冷饮店买一根雪糕冰棍,发现里面有冻死的苍蝇一只,于是找甲更换。甲同意更换,并将有苍蝇的雪糕冰棍冷冻保存。而后向进货厂家丙索赔,并说如果不给10万元赔偿,将向中国消费者网举报曝光。最终厂家丙与甲就赔偿没有达成协议。厂家丙于是向公安机关报案,公安机关将甲抓获,并以涉嫌构成敲诈勒索罪向检察院移送审查起诉,检察院以此罪提起公诉,法院判决罪名成立。

材料四:某市交警队交警甲下班后驾驶单位车辆回家,途中发生交通事故,与乙所驾驶车辆相撞。经查,甲应对于交通事故的发生负主要责任。双方对于责任性质没有异议,但在协商赔偿事宜中,未达成一致意见。乙向法院起诉,要求交警队赔偿。交警队认为,自己本身就是处理交通事故的机关,与乙是管理与被管理的关系,此事应当由交警队自己解决,法院不应当受理。

问:(1)材料一中,乙是否要承担违约责任?为什么?如果是甲答应了请乙赴宴,后来失约,甲又是否需要承担违约责任?

(2)材料二中,甲男是否构成违约?乙女的主张可否得到法律的支持?

(3)材料三中,甲与厂家的关系是民事法律关系还是刑事法律关系?公检法机关的做法是否得当?

(4)材料四中,交警队与乙之间的赔偿关系是民事法律关系还是行政法律关系?

[案例2] 某国有企业想聘用甲为合同制员工,根据企业内部规定,甲必须找到自己的经济担保人,担保甲在工作期间严格履行合同,如果甲在工作期间,发生贪污、盗窃等其他严重违纪情况,给企业带来损失的,担保人对此损失应承担连带责任。甲找到好友乙,签订了担保合同,顺利入职。后来,甲在工作期间,私自挪用一笔数额为20万的款项,去向不明。企业根据我国《合同法》《担保法》等法律向法院起诉,对于20万元的损失,要求乙承担连带赔偿责任。

问:本案是否属于民法调整的范围?为什么?

二、民法的基本原则

《民法总则》第4条至第11条确立了平等原则、自愿原则、公平原则、诚实信用原则、公序良俗原则、绿色原则、法律适用原则、优先适用特别法原则。

	民法总则
平等原则	第四条 民事主体在民事活动中的法律地位一律平等。
自愿原则	第五条 民事主体从事民事活动,应当遵循自愿原则,按照自己的意思设立、变更、终止民事法律关系。
公平原则	第六条 民事主体从事民事活动,应当遵循公平原则,合理确定各方的权利和义务。

续表

	民法总则
诚实信用原则	第七条　民事主体从事民事活动,应当遵循诚信原则,恪守承诺。
公序良俗原则	第八条　民事主体从事民事活动,不得违反法律,不得违背公序良俗。
绿色原则	第九条　民事主体从事民事活动,应当有利于节约资源、保护生态环境。
法律适用原则	第十条　处理民事纠纷,应当依照法律;法律没有规定的,可以适用习惯,但是不得违背公序良俗。
优先适用特别法	第十一条　其他法律对民事关系有特别规定的,依照其规定。

[案例3]甲与乙均系大二年级学生。2019年,二人所在的足球队自发组织比赛,在比赛进行过程中,甲作为前锋带球突破,作为后卫的乙上前抢球时,将甲左小腿铲伤。甲受伤后前往医院住院治疗,诊断为左胫腓骨开放性粉碎性骨折。之后,甲又多次住院治疗。

为此,甲以其人身遭受损害为由,提起诉讼,请求判令乙赔偿其所受损失。

问:学生参加足球比赛受伤能否适用公平原则分担责任?

[案例4]甲和乙原系夫妻关系,双方离婚后,乙与甲见面交谈,要求复婚,甲不同意。甲将离开时,乙产生轻生念头,跳入河中。甲立即跳入河中救乙。嗣后,乙被路人救上岸脱离生命危险,而甲则因抢救无效死亡。

甲的父母、儿子遂以甲见义勇为救乙死亡为由,提起诉讼,请求判令乙赔偿损失并补偿医疗费、误工费、护理费等费用。

问:在无侵权人的情况下,受益人应否给予补偿?

[案例5]甲与乙是夫妻关系。二人决定为儿子取名为"南湖××",甲前往派出所为其儿子申请办理户口登记,该派出所拒绝将其儿子姓名登记为"南湖××"。甲遂以派出所侵犯其儿子姓名权为由,提起诉讼,请求确认派出所拒绝为其儿子办理户口登记的行为违法。

问:父母为子女选取父母之外的姓氏,且该姓氏非其他直系血亲长辈和抚养人的姓氏的,其行为是否合法,是否违背了公序良俗原则和社会伦理道德?

[案例6]甲是私营企业的老板,与妻子乙打拼十几年积累了近千万元的

资产,遗憾的是乙只给自己生了个女儿,甲封建思想严重,觉得儿子才应是自己财产和事业的真正继承人。于是,甲背着乙与一女子丙签订了一份生子协议,约定由丙女为甲生一男孩,由甲领养并向丙女支付100万元后丙女永远离开。协议签订后,甲经常假借出差与丙女生活在一起,直至丙女怀孕。丙女后来果然生了一个男孩,甲向丙女支付了100万元,要求丙女将孩子交给自己收养后永远离开,但丙女反悔,拒不交出孩子,也不离开。

问:甲能否拿出当初两人签订的合同,要求丙女履行合同的约定?

[案例7] 2016年,甲因病在A省a市人民医院住院治疗,由于医护人员未尽到谨慎注意义务,医院对甲的病情判断失误,最终导致甲经抢救无效死亡。之后,在损害赔偿纠纷解决期间,甲的尸体一直停放在人民医院内。现甲的家属要求从人民医院领回甲的遗体,人民医院要求甲的家属支付存放费,为此双方发生争议,甲的遗体一直未取回。

甲的父母及丈夫乙以人民医院不应收取停尸费为由,提起诉讼,请求判令人民医院归还甲的遗体。

问:医疗纠纷解决后强行留置患者遗体是否违背公序良俗原则?

[案例8] 2012年11月,甲向乙出具借条借款5万元,从次月起至2014年9月,甲每月向乙转账2500元。2013年9月,甲向乙出具借条借款15万元,并自次月起至2014年7月每月向乙转账7500元。2014年7月,甲又向乙出具借条借款15万元,并自2015年2月起向乙转账7500元。甲累计偿还乙137500元。

乙以甲偿还的137500元为借款利息,并非借款本金,其尚未归还借款为由,提起诉讼,请求判令甲偿还借款35万元本金。

问:民间借贷双方对利息的约定存在歧义可否根据交易习惯确定?

三、民事法律关系

(一)民事法律关系的界定

民事法律关系指基于民事法律事实,由民法规范调整而形成的民事权利义务关系。

1. 民事法律关系的要素

(1)主体指具有民事主体资格、参加民事法律关系、享受民事权利并承担民事义务的人,包括自然人、法人和非法人组织三大类以及特定情形下国家作为民事法律关系的主体。

(2)内容指民事主体在民事法律关系中所享有的权利和承担的义务。

(3)客体指民事权利和民事义务所指向的对象。

主要有四类:物、行为、智力成果、人身利益,特殊情况下还有权利。

物(物权法律关系):存在于人体之外,能够为人力所支配并能够满足人类的某种需要的客观物质对象,如房屋、家具、汽车等。

行为(债权法律关系):主要是债权法律关系的客体,包括债务人的作为或不作为。如承揽人加工制作定作物的行为即承揽合同的客体。

智力成果(知识产权法律关系):主要包括文学、科学、艺术作品、发明、实用新型、外观设计、商标等。

[提示:智力成果的承载物属于物权而不是知识产权的保护对象,如书籍是物,是物权的客体,但书中的文字内容属于著作权的客体。如甲有一幅名画,这幅画是物,是所有权法律关系的客体。而以这幅画为载体的构图、色彩和笔法等形成的有独创性的表达则是作品,乃是著作权法律关系的客体。]

人身利益又称非物质利益、精神利益(人格权、身份权法律关系):是指人格和身份利益,包括自然人的生命、健康、肖像、姓名、名誉、隐私、自由、法人和社会组织的名称、商业信誉、荣誉以及父母子女之间、夫妻之间、亲属之间的身份关系。

权利:例如权利质押法律关系中的客体就是债权、著作权中的财产权等。

2. 典型的非民事法律关系

在民法学的体系部分所学到的关系均属民事法律关系,受民法的调整。但是在现实生活中并非事事均受民法的调整,一般认为以下四类情形属于典型的非民事法律关系,不受民法的调整。

(1)自然现象。如每天太阳的东升西落、刮风、下雨等均不受民法调整,更不会产生任何民事法律关系。

(2)人自己的活动。如每天几点起床几点睡觉,白天的散步,读书等亦不受民法调整。

(3)道德领域调整的关系。在我们日常生活中,大量的社会关系由道德进行调整。

例1:恋爱关系。如:小红(女)对小强(男)说:"如果你今年通过法律职业资格考试,我就嫁给你。"这种关系就是由道德进行调整,如果小强确实通过了法律职业资格考试,小红反悔了,小强不得向小红主张损害赔偿。

例2:朋友关系。在日常生活中,我们会与身边人产生各种关系,如同学、同事、同乡、师生、朋友等。以朋友为例,如甲对好友说:"我有可靠消息,今天某某股票一定涨停。"乙听后信以为真,于是重仓买进该股。结果该股没涨反而跌停,损失不小。此时,乙可否向甲主张损害赔偿?结论显然是不可以。因为这是朋友关系,民法不予调整。

(4)好意施惠关系

好意施惠关系,指当事人之间无意设定法律上的权利义务关系,而由当事人一方基于良好的道德风尚实施的使另一方受恩惠的关系。其目的在于增进情谊的行为。

①邀请同看演出、比赛或旅游。相约打篮球、踢足球、登山、游泳等均属于民法中的"自担风险"行为,民法不予调整。

例1:甲答应要带乙去看一部热播的电影,但由于工作较忙"爽约"或于路上堵车而迟到。此时,乙可否向甲主张损害赔偿呢?结论肯定是"不可以"。

例2:张某与李某是"驴友",相约去登峰,在登山过程中因"雪崩"而死亡。此时张某家属能否要求李某赔偿呢?不可以。

②请客吃饭。包括三种情形:

例1:甲对乙说:"我儿子如果今年考上清华大学,我一定请你喝酒。"后甲的儿子果然考试了清华大学,但甲此时拒绝请乙喝酒,乙爽约可否向法院起诉要求强制执行?不可以。

例2:接上例,甲兑现了诺言请乙喝酒,但在请乙喝酒过程中,不知乙不胜酒力而极力劝酒,导致乙酒精中毒住院治疗,花了医药费5000元。请问:乙可否要求甲赔偿?可以,因为劝酒行为属于"侵权行为",应当承担赔偿责任。

例3:接上例,如乙畅饮后驾车回家,途中撞树致死,请问:甲是否要承担责任?要承担,因为甲负有酒后照顾的义务,该义务来源于善良管理人的注意义务。

③火车过站叫醒。

例:甲、乙在火车上相识,甲怕自己到站时未醒,请求乙在A站唤醒自己下车,乙欣然同意。火车到A站时,甲沉睡、乙也未醒。甲未能在A站及时下车,为此支出了额外费用。甲要求以赔偿损失。对此应如何处理?应由甲自己承担损失;因为该行为属于"好意施惠"关系,是典型的非民事法律关系。

④搭便车,俗称搭顺风车。

例1:甲答应载乙去厦门,乙左等右等但甲迟迟未到。后甲电话告知乙其已经在厦门,忘了曾经答应搭载乙之事。请问:乙可否请求甲赔偿损失? 不可以。

例2:接上例,如果甲按约定搭载乙去厦门,但途中由于甲违章驾驶导致交通事故,致搭车人乙受伤,花去医药费1万元,请问:乙可否要求加赔偿? 可以。

例3:接上例,甲按约定载乙去厦门,但途中违章驾驶与另一违章驾驶的出租车司机丙相撞,致搭车人乙受伤,花去医药费1万元,请问:乙此时可否要求甲赔偿? 可以。此时已可以根据甲和丙二人的过错大小要求二者承担责任。

⑤顺便帮邻居洗车。

例:甲在自己门前洗车,顺便将邻居乙的小轿车冲洗得干干净净,请问:"甲能否要求邻居乙给付报酬呢?"不能,该行为属于好意施惠关系,不能产生民事法律关系。

综上所述,整理好这四类典型的非民事法律关系,就可以轻松区分民事法律关系与非民事法律关系。

(二)民事法律关系的内容:民事权利的类型

民事权利,是指民事主体依法享有并受法律保护的利益范围或者是否实施一定行为以实现其利益的可能性。依据不同标准,可以对权利作出各种不同的分类。

1. 依照权利的作用力,可以把民事权利分为四类——"支、形、请、抗",详而之,即支配权、形成权、请求权、抗辩权。

(1)支配权

项 目	内 容
概念	权利人可以直接支配权利客体并享有其利益的权利。
特征	(1)权利主体特定而义务主体不特定;(2)客体特定;(3)具有排他性;(4)实现权利无须义务人的积极作为,义务人只负有消极不作为义务。
种类	物权、人身权、知识产权

(2)形成权

项 目	内 容			
概念	权利人依单方意思表示就可以使法律关系产生、变更和消灭的权利。			
行使	可明示、可默示			
种类	原则	撤、抵、追、解、否、选、免、遗 (1)撤销权(《合同法》第47、48、54、186、192、193条); (2)抵销权(《合同法》第99条); (3)追认权(《合同法》第47、48、51条); (4)解除权(《合同法》第93、94条); (5)否认权(又称拒绝权)(《合同法》第47、48、51条); (6)选择权(《合同法》第403条); (7)债务的免除权(《合同法》第105条); (8)受遗赠人对遗赠的接受与放弃(《继承法》第25条)。		
	例外	债权人的撤销权	说明	合同保全项下与代位权相对应
			性质	不是单纯的形成权。通说认为是一种综合性权利(请求权能+形成权能)。
			期限	除斥期间
期限	除斥期间 注意:形成权适用除斥期间,但并非适用除斥期间的都是形成权。			

说明:

①形成权的行使

既可以是明示,也可以是默示。典型的默示行使形成权有以下四种:

第一种:效力待定合同中法定代理人或被代理人的行权。

根据《合同法》第47条第2款的规定,相对人催告法定代理人后,法定代理人在1个月内未做表示的,视为拒绝追认。同理,根据《合同法》第48条第2款规定,相对人催告被代理人后,被代理人在1个月内未做表示的,视为拒绝追认。

第二种:试用买卖合同中试用人的选择权。

根据《合同法》第171条的规定,试用买卖的买受人在试用期内可以购买标的物,也可以拒绝购买。试用期间届满,买受人对是否购买标的物未做表示的,视为购买。据此可知,购买与否的选择权既可以明示权利,也可以默示权利,未做表示的,视为购买。

第三种:继承的接受与放弃。

根据《继承法》第 25 条第 1 款的规定,继承开始后,继承人放弃继承的,应当在遗产处理前,做出放弃继承的表示。没有表示的,视为接受继承。据此可知,该权利的行使亦可明示,可默示,没有表示的,视为接受。

第四种:遗赠的接受与放弃。

根据《继承法》第 25 条第 2 款的规定,受遗赠人应当在知道受遗赠后两个月内,做出接受或者放弃受遗赠的表示。到期没有表示的,视为放弃受遗赠。据此可知,该权利的行使亦可明示,可默示,到期没有表示的,视为放弃。

②形成权的种类

8 类:撤、抵、追、解、否、选、免、遗

例外:债权人的撤销权。

举例:方某向李某借款 200 万元,借期 1 年,在债务履行期届满之前,方某为了逃避债务将家中仅有的价值 100 万元的房屋赠予给好友杨某。请问:李某得知后能否撤销?结论是李某可以行使撤销权,但该撤销权能否产生相应的法律效力由法院来决定,而不能由李某的单方意思表示就产生相应的法律效力。为何呢?因为该行为涉及不特定的第三人的利益问题,要慎重处理。

据此可知,债权人撤销权不是单纯的形成权,而是一种综合性的权利,其中既有请求权能又有形成权能。《合同法》第 75 条规定,撤销权自债权人知道或者应当知道撤销事由之日起 1 年内行使。自债务人的行为发生之日起 5 年内没有行使撤销权的,该撤销权消灭。(1 年或 5 年都属除斥期间)

[提示:依据形成权行使的方式,可将其分为单纯形成权和形成诉权。]

	单纯形成权	形成诉权
形成权的行使方式	形成权的行使可以诉讼或仲裁方式,也可以通过通知的方式。	只能通过诉讼或者申请仲裁的方式行使,如可撤销合同中的撤销权。
权利的生效点	自通知或起诉状副本到达对方时产生形成力,发生权利变动的效果。	须等待权利人胜诉的判决生效时才产生形成力。

[案例9]甲17岁,某高中高三学生,长得少年老成,拿了10万元到某百货商场购买钻戒一枚,欲赠其18岁女友乙做生日礼物。根据上述案情,回答问题:

(1)甲与百货商场签订的钻戒买卖合同效力如何?

(2)商场知情后催告甲父表明态度,商场催告后,该钻戒买卖合同的效力如何?

(3)商场所行使的催告权是否属于形成权?

(4)甲父得知此事后有几种选择?分别是什么?

(5)甲父的选择将会是钻石买卖合同的效力发生什么变化?

(6)在甲父做出选择前,商场有何权利?该权利行使后,钻戒买卖合同的效力又如何?

(7)甲父在接到商场的催告后,应在多长时间内行使权利?在该时间段内如果未行使权利,将产生何种法律后果?

(3)请求权

项 目	内 容
概念	权利人要求他人为或不为特定行为的权利。
特征	(1)相对性(权利人或义务人均特定,效力仅及于当事人之间); (2)客体为行为(包括作为或不作为); (3)非公示性(无须让基于特定法律关系而产生的请求权为特定相对人之外的第三人知悉,请求权的变动无须公示)。
发生	基础权利受侵害或基础权利未收侵害均可能发生。
种类	物权请求权(原则上不受诉讼时效的限制,但未经登记的动产物权的返还请求权除外);债权请求权(原则上受诉讼时效的限制)。

(4)抗辩权

项 目	内 容
概念	属于防御性权利,是指权利人依法享有的对抗对方当事人请求的权利。
功能	延缓请求权的行使,而不具有消灭请求权的功能。

续表

项目		内容
特征		(1)以请求权的行使且承认对方有请求权为前提； (2)行使有期限限制； (3)行使与否,完全由当事人自主决定,不主张视为放弃;法官不得依职权主动审查,也不得主动释明。
种类	暂时性	合同履行的三大抗辩权(同时、先、不安)和一般保证人的先诉抗辩权
	永久性	诉讼时效抗辩权

2.依民事权利的效力范围,可将民事权利划分为绝对权和相对权

绝对权,又称对世权,是指无须义务人实施一定的行为即可以实现并可以对抗不特定人的权利,人身权、物权、知识产权、继承权均属于绝对权。

相对权,又称对人权,是指必须通过义务人实施一定的行为才能实现,只能对抗特定人的权利,债权属于相对权。

3.依据相互关联的民事权利之间的关系,可将民事权利分为主权利和从权利

主权利是在两项相互关联的权利中不依赖其他权利而能够独立存在的权利。

从权利是在两项相互关联的权利中效力受其他权利制约的权利。

真题链接

1.甲、乙二人同村,宅基地毗邻。甲的宅基地倚山、地势较低,乙的宅基地在上将其环绕。乙因琐事与甲多次争吵而郁闷难解,便沿二人宅基地的边界线靠己方一侧,建起高5米围墙,使甲在自家院内却有身处监牢之感。乙的行为违背民法的下列哪一基本原则？（2017/03/01）

A. 自愿原则　　　B. 公平原则　　　C. 平等原则　　　D. 诚信原则

答案：D

【考点】民法理念与基本原则

【解析】A项考查自愿原则,是指当事人根据自己的内心真实意愿作出意思表示,不受他人干预,本题中乙的行为属其自由决定之。故A项错误。

B项考查公平原则,强调当事人双方的权利义务的一致性。本题中不涉及双方权利义务划分问题。故B项错误。

C项考查平等原则,强调双方当事人在交易中地位平等,互相不存在隶属关系。本题中也不涉及交易地位问题。故C项错误。

D项考查诚信原则,强调行为人在行为时应当恪守信用、诚实不欺,本着善意从事行为,尊重社会利益,不得滥用权利。本题中,乙沿二人宅基地的边界线靠己方一侧,建起高5米围墙,使甲在自家院内却有身处监牢之感。显然并未本着善意从事行为,属于权利滥用。

2. 根据法律规定,下列哪一种社会关系应由民法调整?(2016/03/01)

A. 甲请求税务机关退还其多缴的个人所得税
B. 乙手机丢失后发布寻物启事称:"拾得者送还手机,本人当面酬谢"
C. 丙对女友书面承诺:"如我在上海找到工作,则陪你去欧洲旅游"
D. 丁作为青年志愿者,定期去福利院做帮工

答案:B

【考点】民事法律关系

【解析】民法调整平等主体之间的人身关系和财产关系。A项中。税务机关与纳税主体甲并非平等主体,属行政法律关系。不选。B项中,乙与拾得者为悬赏广告当事人,属平等主体之间的财产关系。应选。民法并不调整所有的社会生活事实,纯粹社会生活事实不属于民法的调整范围。C项中,丙所作意思表示并无法效意思,故其属于情谊行为,不受民法调整。不选。D项中,志愿者丁与福利院之间帮工因并无法效意思,只能属于纯粹社会生活事实,不受民法调整。不选。

综合案例分析

2017年6月,甲在微博上发起一次"AA制"自助野外探险活动,乙、丙、丁、戊四人参加。每人交200元作为活动经费,统一交由甲管理。7月20日,郊游第二天,乙、戊想在途径的河滩扎帐篷夜宿,甲极力劝阻。但乙、戊二人见天气晴好,并且河道明显已干涸很久,周边也没有任何危险警示牌,便以为是废弃的河道,坚持把帐篷搭在了河滩中间。夜间,帐篷被突袭的大水冲塌。

甲、丙和丁三人见状大声呼喊,并和正在山中采集草药的己一起将乙救出,戊遇难。施救过程中,丁未经甲同意使用其背包做漂浮用,致使包内现金3000元遗失,手表因长时间进水无法再使用,己的手臂骨折。后经查得知,当晚大水系上游水电站突然开闸泄水所致,但水电站没有发出预警信号。随后,丙因有急事需提前返回,在乡间马路旁拦截一辆出租车,司机告知丙其已停业下班,丙表示愿付双倍车费,司机表示其已开了一天车,很累,如果出了什么事情,由丙自己负责,丙同意。返程途中因出租车司机一时大意,与另一辆相向行驶的货车发生碰撞,丙受伤。①

问:(1)甲、乙、丙、丁是否应当对戊的死亡承担责任?为什么?

(2)水电站是否应当对戊的死亡承担侵权责任?为什么?

(3)己的手臂受伤可如何寻求救济?为什么?

(4)如果甲要求丁赔偿其背包内财物损失,是否能得到支持?为什么?

(5)丙和出租车司机之间作出的"如果出了什么事情,由丙自己负责"的约定是否有效?

(6)对于自己所受的损害,丙可以什么为由对出租车司机提起诉讼?

第二讲 自然人和法人

经典案例

【案情】范冰冰与山西杏花村汾酒集团有限责任公司肖像权案

原告范冰冰与被告山西杏花村汾酒集团有限责任公司肖像权纠纷一案,北京市朝阳区人民法院于2018年3月27日立案,并开庭进行了审理,经法院查明以下事实:2018年4月25日,北京市长安公证处作出(2018)京长安内民证字第××50号《公证书》,显示:1.在2018年1月12日点击进入名称为"汾酒集团"的微信公众号,其中有题为《[剧透]武媚娘最爱的居然是TA?》的文章一篇,文章中有配图若干,其中有8处使用了包含范冰冰肖像的4张剧照;2.涉诉文章尾部附有杏花村汾酒公司生产、销售的竹叶青酒的介绍。

---

① 参见张能宝主编:《案例分析专题例解》,法律出版社2015年版,第191页。

庭审中,范冰冰提交:1.百度百科网页打印件,证明范冰冰在演艺领域的知名度及其肖像的商业价值;2.微信公众号认证信息查询结果网页截屏打印件,证明杏花村汾酒公司是微信公众号"汾酒集团"的主办单位。

法院认为,公民的肖像权受法律保护,任何组织或者个人不得侵犯。本案中,根据查明的事实可知,杏花村汾酒公司在其认证的微信公众号内发布的涉诉文章中有4张照片使用了范冰冰的肖像,而从涉诉文章内容及杏花村汾酒公司的性质、经营范围等可以看出杏花村汾酒公司在涉诉文章中使用带有范冰冰肖像的照片的行为属于从事与其经营有关的宣传活动,具有营利目的。现杏花村汾酒公司未经过范冰冰同意使用包含范冰冰肖像的照片,构成对范冰冰肖像权的侵犯。

关于经济损失,范冰冰作为演艺人员具有一定的社会知名度,其肖像已具有一定商业化利用价值,杏花村汾酒公司对范冰冰肖像权的侵犯,必然导致范冰冰肖像中包含的经济性利益受损。法院综合考虑范冰冰的职业身份、杏花村汾酒公司的经营性质及杏花村汾酒公司使用范冰冰肖像的具体情节,对范冰冰此项请求酌情予以判处。关于精神损害抚慰金,因涉诉文章内容不足以导致社会公众对范冰冰的评价降低,故对于范冰冰此项诉请,法院不予支持。关于维权成本,范冰冰未举证予以证明,故法院不予支持。

综上,依照《中华人民共和国民法总则》第三条、第一百一十条以及《中华人民共和国侵权责任法》第三条、第十五条、第二十条之规定,北京市朝阳区人民法院判决如下:

一、被告山西杏花村汾酒集团有限责任公司于本判决生效后七日内向原告范冰冰书面赔礼道歉,致歉文书的内容和版式须经本院审核认可,刊登时间不少于三日。如逾期未履行上述判决义务,将由本院在全国范围内公开出版发行的报刊上登载判决书主要内容,费用由被告山西杏花村汾酒集团有限责任公司负担。

二、被告山西杏花村汾酒集团有限责任公司于本判决生效之日起七日内赔偿原告范冰冰经济损失60000元。

三、驳回原告范冰冰的其他诉讼请求。

点评:根据法律规定,公民的肖像权受到侵害的,有权要求停止侵害,恢复名誉,消除影响,赔礼道歉,并可以要求赔偿损失。现范冰冰要求杏花村汾酒公司赔礼道歉于法有据,但杏花村汾酒公司承担责任的形式应当与其侵权行为的具体方式和造成的影响范围相当,法院的判决要综合考虑杏花村汾酒公司使用范冰冰肖像的形式和范围,依法确定赔礼道歉的具体方式。

知识结构回忆

《民法总则》:第二章　自然人(第13条至第56条)
第一节　民事权利能力和民事行为能力(第13条至第25条)
第二节　监护(第26条至第39条)
第三节　宣告失踪和宣告死亡(第37条至第53条)
第四节　个体工商户和农村承包经营户(第54条至第56条)
《民法总则》:第三章　法人(第57条至第101条)
第一节　一般规定(第57条至第75条)
第二节　营利法人(第76条至第86条)
第三节　非营利法人(第63条至第95条)
第四节　特别法人(第96条至第101条)
《民法总则》:第四章　非法人组织(第102条至第108条)
第一节　自然人的民事权利能力、民事行为能力
第二节　监护
第三节　宣告失踪、宣告死亡
第四节　法人与非法人组织

一、自然人的民事权利能力、民事行为能力
二、监护
三、宣告失踪、宣告死亡
四、法人与非法人组织

一、自然人的民事权利能力、民事行为能力

(一)自然人的民事权利能力——始于出生,终于死亡

1. 民事权利能力的概念

《民法总则》第13条:"自然人从出生时起到死亡时止,具有民事权利能力,依法享有民事权利,承担民事义务。"

[案例1]甲驾驶小型轿车在县道上与乙驾驶的摩托车发生碰撞,致使乘坐在摩托车上的乙的妻子丙受伤,此时丙怀有身孕。丙被送到县医院后早产,经医院调查,医生证实了"丙的剖宫产是其手术的,胎儿出生时有心跳,出生10分钟后死亡,丙的婴儿出生时属于活体ев。"公安局交通巡逻警察支队二大队作出到路交通事故认定书:甲负此事故的主要责任,乙负次要责任,丙无事故责任。此后,双方为民事赔偿事宜不能达成一致。

乙、丙遂以交通事故致其子死亡为由,提起诉讼,请求判令甲赔偿其各项损失。

问:因交通事故造成孕妇早产产下婴儿,随即死亡,而父母因早产儿死亡遭受的经济损失,机动车交通事故赔偿主体是否承担责任?

2. 出生和死亡时间

《民法总则》第15条:"自然人的出生时间和死亡时间,以出生证明、死亡证明记载的时间为准;没有出生证明、死亡证明的,以户籍登记或者其他有效身份登记记载的时间为准。有其他证据足以推翻以上记载时间的,以该证据证明的时间为准。"

据此可知,出生证明优于户籍证明或其他身份证明;例外,有其他证据足以推翻上述记载时间的,以相关证据记载的时间为准。

3. 胎儿利益的保护

《民法总则》第16条:"涉及遗产继承、接受赠与等胎儿利益保护的,胎儿视为具有民事权利能力。但是胎儿娩出时为死体的,其民事权利能力自始不存在。"

(1)胎儿可以作为受赠人,若娩出时为死体的,则不发生赠与的效力。

(2)胎儿在腹中遭遇侵权的,其出生后可以自己的名义主张侵权损害赔偿,若出生后死亡的,则其母亲可基于身体权或健康权遭受侵害为由主张损害赔偿。

(3)为胎儿保留的遗产,在胎儿娩出时为死体的,则该遗产作为被继承人的遗产按照法定继承处理。

[案例2]甲怀孕早期在一化工厂任仓库保管员。在此期间,甲接触和吸收了大量有毒物质,致使孩子乙在母腹中即受到毒物感染,最终造成先天性神经管畸形,一出生即为残疾儿。经职业病防治院专家会诊,确定此畸形与其母甲怀孕早期接触有毒物有关。嗣后,化工厂与甲达成协议,约定发电厂给予乙医疗补助费;待乙年满十六周岁后,达到初中毕业文化程度,须提供一次就业

机会。但发电厂未完全履行此协议。

乙以发电厂对其给予一定的扶助,报销了一部分医药费,并答应待其成年后提供一次就业机会,但解决不了其面临的实际困难为由,提起诉讼,请求判令化工厂赔偿残疾赔偿金、父母的精神抚慰金、残疾生活补助费、医疗费等。

问:孕妇在怀孕期间因用人单位的工作环境而吸收毒物,导致胎儿出生后身体残疾的,胎儿出生后可否要求用人单位承担民事赔偿责任?

[案例3]某农产品原料公司雇用甲驾驶该公司货车运送有机肥原料,在运送途中,甲驾驶肇事货车与乙驾驶的货车发生碰撞事故,至甲因抢救无效死亡。事发后,A市某司法鉴定中心的鉴定结论载明:两部车辆肇事时的装置功能均正常,甲的死亡原因系交通事故机械性暴力致失血性休克死亡。《道路交通事故认定书》认定,乙无违法行为,甲负事故全部责任。另查明,甲与丙系夫妻关系,甲死亡的两个月后,丙经诊断孕期为二十周。

丙以甲从事雇用活动期间因交通事故死亡为由,提起诉讼,请求判令农产品原料公司支付死亡赔偿金、被扶养人生活费等。

问:雇员从事雇佣活动过程中发生交通事故死亡,此时其配偶已经怀孕,胎儿尚未出生。胎儿出生后为活体的,雇主应否支付该胎儿的抚养费?

4. 死者人格利益的保护

(1)侵害死者的姓名、肖像、名誉、荣誉、隐私、遗体、遗骨,近亲属有权主张精神损害赔偿。

(2)侵害英雄烈士的姓名、肖像、名誉、荣誉的行为,英雄烈士的近亲属可以依法向人民法院提起诉讼。英雄烈士没有近亲属或者近亲属不提起诉讼的,检察机关依法对侵害英雄烈士的姓名、肖像、名誉、荣誉,损害社会公共利益的行为向人民法院提起诉讼(《英雄烈士保护法》第25条)。

项 目	内 容
侵权客体	死者的人格利益而非人格权
保护对象	社会公共利益及死者近亲属的人格利益
原告	近亲属自己的名义——近亲属顺位:(1)配偶、父母、子女;(2)其他近亲属
赔偿金	直接归原告而非死者遗产

(二)自然人的民事行为能力

1. 分类

	年龄(周岁)	精神健康状况
无民事行为能力	X<8	完全不能辨认自己行为的成年人
限制民事行为能力	8≤X<18	不能完全辨认自己行为的成年人
完全民事行为能力	X≥18	精神正常

[案例4]王某、李某是小王的父母。小王为已满十六周岁的未成年人,在A省某工艺品加工有限公司一个劳动小组工作。一日,小王在工作午休期间,至B县大石门漂流旅游公司处游泳,溺水死亡。经查,旅游公司在经营期间未经主管部门批准,对漂流终点的河道进行挖深改造,并在旧桥处建坝拦水,虽然该公司在其营业大厅内设有游客安全须知,但未在漂流终点处设置安全警示标志。

王某、李某以旅游公司的违法行为致小王死亡为由,提起诉讼,请求判令工艺品公司、旅游公司赔偿交通费、精神损害抚慰金等。

问:该案责任应当如何分担?已满十六周岁的未成年人下河游泳溺亡,应否自行担责?

[案例5]周某与张某系小周的父母,二人离婚后,法院确认小周由周某抚养,周某放弃向张某主张抚养费。2007年2月,小周提起诉讼要求张某承担抚养费。法院判决:自2007年3月起至小周满十八周岁止,张某按月支付抚养费,每月700元。2008年、2012年,小周两次起诉张某要求增加抚养费,均得到支持。2019年6月,小周已高中毕业,且年满十八周岁,精神、身体等方面均正常。

2019年7月,小周以周某、张某对其负有扶养义务,应向其支付抚养费为由,提起诉讼,请求判令周某、张某向其支付抚养费。

问:健康并已成年子女是否有权要求父母继续支付抚养费?

2. 自然人民事行为的效力

(1)完全民事行为能力人可以独立实施民事法律行为。

(2)限制民事行为能力人。

①可以独立实施的行为,有效。包括:A.纯获利益的民事法律行为,主要

指行为人只享有权利而不承担任何义务的情形,如接受奖励、赠与、报酬等。B.与其年龄、智力以及精神健康状况相适应的民事法律行为。

②不能独立实施的行为,效力待定。限制民事诉行为能力的人实施上述两种行为以外的其他民事法律行为,须由其法定代理人代理或者经其法定代理人同意,追认。

(3)无民事行为能力人。

①无民事行为能力人,应当由其法定代理人实施民事法律行为。

②无民事行为能力人单独实施的民事法律行为,无效。

[案例6]小明,19岁,向16岁的小华购买了价值5000元的智能手机一部。经查,小华在外打工,以自己的收入作为主要生活来源。后小明将该手机赠与9岁的表弟大智。大智玩了几天觉得无趣,遂将该手机与6岁的小龙互易了一套精装奥特曼玩具,双方都完成了交付。一周后,大智、小龙相约一起玩,然后发生了矛盾。大智见小龙对于该手机颇为喜欢,故意向小龙请求返还该手机。小龙则表示,既然已经互换,岂有返还之理,拒绝大智的请求。

问:(1)小明、小华双方交易,效力如何?若小华无收入,效力有何不同?

(2)小明、大智之间赠与合同的效力如何?为什么?

(3)大智、小龙之间互易合同效力如何?大智可否请求小龙返还手机?

二、监护

监护制度旨在保护无民事行为能力人和限制民事行为能力人的人身、财产及其他合法权益。通说认为,监护制度是为被监护人的利益而设,对于监护人而言,并无任何利益,因此,监护属于一种职责。

(一)《民法总则》中的变化

我国《民法总则》中,监护制度作为民事主体制度的一部分,对监护人范围、监护人指定程序、被监护人范围、监护职责履行方式、意定监护、撤销监护等问题进行了增改,在原来法定监护的基础上,强调对被监护人真实意愿的尊重,创设了意定监护制度。

第一,重视被监护人真实意愿,《民法总则》第31条、第35条规定,有关部门在指定监护人,以及监护人履行监护职责时,均应当尊重被监护人的真实意愿。

第二,创设意定监护制度,《民法总则》第29条规定,被监护人的父母担任监护人的,可以通过遗嘱指定监护人;第33条规定,具有完全民事行为能力的成年人,可以与其近亲属、其他愿意担任监护人的个人或者组织事先协商,以书面形式确定自己的监护人。协商确定的监护人在该成年人丧失或者部分丧失民事行为能力时,履行监护职责。以上两项规定通过意定监护制度,使得监护事宜可以提前得到安排,避免了日后发生纠纷的风险。

上述规定均体现了确立以最有利于被监护人原则和尊重被监护人真实意愿基础上建立的新的监护制度体系的立法精神,维护了被监护人人权,尊重被监护人自主决定权,昭示了《民法总则》监护制度立法理念的重大进步。

(二)法定监护

1. 未成年人的监护人

《民法总则》第27条:"父母是未成年子女的监护人。未成年人的父母已经死亡或者没有监护能力的,由下列有监护能力的人按顺序担任监护人:(一)祖父母、外祖父母;(二)兄、姐;(三)其他愿意担任监护人的个人或者组织,但是须经未成年人住所地的居民委员会、村民委员会或者民政部门同意。"

(1)父母。注意:父母是未成年子女当然的监护人,不因父母离婚而受到影响。夫妻离婚后,与子女共同生活的一方无权取消对方对该子女的监护权;但是,未与该子女共同生活的一方,对该子女有犯罪行为、虐待行为或者对该子女明显不利的,人民法院认为可以取消的除外。

(2)其他监护人(按顺序)。①祖父母、外祖父母;②成年的兄、姐;③其他愿意担任监护人的个人或者有关组织,但是须经未成年人住所地的"两会"(居委会或村委会)或者民政部门同意。

2. 无、限制民事行为能力的成年人的监护人

《民法总则》第28条:"无民事行为能力或者限制民事行为能力的成年人,由下列有监护能力的人按顺序担任监护人:(一)配偶;(二)父母、子女;(三)其他近亲属;(四)其他愿意担任监护人的个人或者组织,但是须经被监护人住所地的居民委员会、村民委员会或者民政部门同意。"

按顺序:①配偶;②父母、成年子女;③其他近亲属(包括祖父母、外祖父母、孙子女、外孙子女、兄弟姐妹);④其他愿意担任监护人的个人或者组织,但是须经被监护人住所地的居委会、村委会或民政部门同意。

本条是关于无民事行为能力或者限制民事行为能力的成年人的监护人的规定。需要设立监护的成年人为无民事行为能力人或者限制民事行为能力人,包括因智力、精神障碍以及因年老、疾病等各种原因,导致辨识能力不足的

成年人。

[**提示**：对成年人监护、要正确区分失能与失智的区别。失能是失去生活自理能力，失智即辨识能力不足。失能的成年人未必需要监护人，只有失智的成年人需要监护。此外，还应当区分长期照护（护理）和监护的区别：从对象上看，照护的对象既包括失智的成年人，也包括失能的成年人，监护的对象针对失智成年人；从内容上看，照护仅限于生活上的照料和安全上的保护，不涉及人身权益保护的安排、财产的管理等事项。监护室对失智成年人人身、财产等各方面权益的保护和安排。]

（三）指定监护

1. 具有法定监护资格的人之间对担任监护人有争议时，由被监护人住所地的居民委员会、村民委员会或者民政部门指定。有关当事人对指定不服的，可以向人民法院申请指定监护人；有关当事人也可直接向人民法院提出申请指定监护人。

[**提示**：按照《民法总则》规定，"经相关基层组织指定"不再是请求法院指定监护人的前置程序，即当事人有权直接向人民法院提起诉讼。该规定有利于尽快确定监护人。]

2. 居民委员会、村民委员会、民政部门或者人民法院应当尊重被监护人的真实意愿，根据最有利被监护人的原则在具有监护资格的人中指定监护人。

3. 指定前，被监护人的人身、财产及其他合法权益处于无人保护状态的，由被监护人住所地的居民委员会或村民委员会、法律规定的有关组织或者民政部门担任临时监护人。

4. 监护人被指定后，不得擅自变更。擅自变更的，不免除被指定的监护人的监护责任。

（四）遗嘱监护

《民法总则》第29条："被监护人的父母担任监护人的，可以通过遗嘱指定监护人。"

依据本条规定，被监护人（包括未成年人、无民事行为能力或者限制民事行为能力的成年人）的父母可以通过立遗嘱的形式为被监护人指定监护人，但前提是被监护人的父母正在担任着监护人，如果父母因丧失监护能力没有担任监护人，或者因侵害被监护人合法权益被撤销监护人资格等不再担任监护人的,父母已不宜再通过立遗嘱的形式为被监护人指定监护人。

注意:第29条与第27条、第28条确立的法定监护之间的关系。

1. 遗嘱指定监护具有优先地位。遗嘱指定监护是父母通过立遗嘱选择值得信任并对保护被监护人权益最为有利的人担任监护人,应当优先于前述规定的法定监护。

2. 遗嘱指定监护指定的监护人,也应当不限于第27条、第28条规定的具有监护资格的人。但是,遗嘱指定的监护人应当具有监护能力,能够履行监护职责。如果遗嘱指定后,客观情况发生变化,遗嘱指定的监护人因患病等原因丧失监护能力,或者因出国等各种原因不能够履行监护职责,就不能执行遗嘱指定监护,应当依法另行确定监护人。

(五)协议确定监护人

《民法总则》第30条:"依法具有监护资格的人之间可以协议确定监护人。协议确定监护人应当尊重被监护人的真实意愿。"

本条规定的协议监护,可以不按照第27条、第28条规定的顺序确定监护人。具有监护资格的人之间可以根据各自与被监护人之间的生活联系状况、经济条件、能够提供的教育条件或者生活照料措施等,在尊重被监护人意愿的基础上,经过充分协商,选择合适的监护人。

注意:协议监护的特征。

1. 协议主体必须是依法具有监护资格的人。但是未成年人的父母具有监护能力的,不得与其他人签订协议,确定其他人担任监护人,推卸自身责任。对于未成年人,协议监护只限于父母死亡或者没有监护能力的情况。

2. 协议确定的监护人必须从具有监护资格的人之间产生。在具有监护资格的人之外确定监护人的,协议监护无效。

3. 协议监护是具有监护资格的人合意的结果,合意产生后,由协议确定的监护人担任监护人,履行监护职责,不得擅自变更。

4. 协议确定监护人,应当充分尊重被监护人的真实意愿。

(六)意定监护

《民法总则》第33条:"具有完全民事行为能力的成年人,可以与其近亲属、其他愿意担任监护人的个人或者组织事先协商,以书面形式确定自己的监护人。协商确定的监护人在该成年人丧失或者部分丧失民事行为能力时,履行监护职责。"

本条关于意定监护的规定,是相对于法定监护来说的。意定监护是对成年人完全基于自己的意愿选择监护人的尊重,自己意愿是起决定性的;法定监护是基于法律规定的条件和程序确定监护人的。一般而言,意定监护优先于法定监护予以适用。只有在意定监护协议无效或者因各种原因,如协议确定的监护人丧失监护能力,监护协议无法履行的情况下,再适用法定监护。

[案例7] 李某(女)与张某(男)婚后育有一子小张,李某与张某离婚后,小张跟随张某及祖父母一同生活。之后,张某与冯某再婚,并育有一女。张某和小张的祖父母常年在外工作,冯某因不满张某对自己和孩子不闻不问,经常泄愤于小张,并经常对其实施殴打。另查明,李某再婚后又生有两个孩子,且无固定工作。

问:李某可否以冯某虐待小张为由,提起诉讼,请求法院变更抚养权?

[案例8] 王秋香与柳甲、柳乙、柳丙、柳丁系母子、母女关系,王秋香丈夫于2016年去世,之后王秋香与长子柳甲一同生活至2017年9月,此后与女儿柳丁一同生活。

现王秋香已丧失劳动能力,在2019年5月至2019年6月因病支付医疗费25985元,除去医保报销的费用,剩余9995元。除了柳丙在王秋香住院期间支付了医药费3500元外,其他子女均未承担老人的医疗费用,同时四子女又拒绝向老人支付赡养费。

据此,王秋香诉至法院,请求判令柳甲、柳乙、柳丙、柳丁每月向其支付赡养费并承担医疗费用。

问:父母无劳动能力时要求子女支付赡养费及医疗费应否支持?

[案例9] 原告李某某(男,87岁),委托诉讼代理人李某甲(李某某之女)起诉被告李某乙(男,李某某之子)返还原物纠纷案。原告李某某诉称,其自1999年老伴去世后便独自居住,2016年6月,因犯病被送往急救中心抢救。期间,李某乙把他的房本、工资卡、身份证件、存款等席卷一空,并在出院后将他房屋出租,将他送去养老院生活,至今不能回家。李某某诉至法院,要求被告李某乙归还他的房本、工资卡、身份证、养老卡、退休本及存款20万元。被告李某乙辩称,其父李某某从未授权过李某甲代为起诉自己,对于李某某书写授权委托书的效力存在质疑。对于保管李某某财物一事,称系因李某某病情特殊且生活无法自理,故将其送至养老院。因李某某年事已高,房本、身份证等证件一直由其代为保管,这也是李某某自身意愿。故不同意原告的诉讼请

求。如何理解该案所涉及的法律问题?

[案例10] 2007年,甲和乙登记结婚,次年女儿丙出生。此后,甲和乙因家庭琐事发生纠纷,甲遂带着不满两周岁的丙回到原户籍所在地生活。在此期间,甲对丙长期殴打、虐待,致使其头部、脸部、四肢等多处严重创伤。而乙又重新组成家庭并育有两名幼子,自2010年起从未看过丙,亦未支付抚养费。2018年,甲因抢劫罪被判有期徒刑11年,公安机关将甲一事告知乙后,乙仍不管不问,以致丙流离失所。另查明,甲的父母已去世,无兄弟姐妹。乙的亲属也不愿抚养丙。

问:父母均不抚养未成年人导致其流浪的,谁担任监护人?

[案例11] 某晚,被告钱某驾车将路边一名流浪乞讨男子撞倒,后来被告郑某驾车驶经该路段,恰巧从该男子身体上碾压而过,致该男子当场死亡。后经公安局交巡警大队认定钱某、郑某对此次交通事故负同等责任,被害人不负事故责任。事故发生后,交巡警大队在报纸上刊登认尸启事,无人认领,遂将该流浪乞讨男子尸体火化,骨灰暂由殡仪馆保管。现原告为当地民政局,民政局的工作职责包括对社会流浪乞讨人员实施救助,于是,民政局向人民法院提起诉讼,要求两被告承担侵权责任。

问:流浪乞讨人员因交通事故死亡,民政部门是否可以作为原告要求赔偿?

三、宣告失踪、宣告死亡

(一)宣告失踪

1. 情形:须有公民离开其住所下落不明满2年的事实。从其失去音讯之日起计算,战争期间下落不明的,自战争结束之日或者有关机关确定的下落不明之日起计算。

2. 程序

(1)申请:利害关系人——近亲属,以及其他有民事权利义务关系的人。注意:没有顺序限制。

(2)受理。

(3)公告:3个月。

3. 效力:为失踪人设立财产代管人。

(1)财产代管人以自己的名义参加诉讼,作为原告和被告。

(2)失踪人所欠税款、债务和其他应付费用,由代管人从失踪人的财产中支付。

(3)财产代管人不履行代管职责,侵害失踪人财产权益或者丧失代管能力的,失踪人的利害关系人可以向人民法院申请变更财产代管人。财产代管人有正当理由的,可以向人民法院申请变更财产代管人。

4. 撤销

被宣告失踪的人重新出现,经本人或者利害关系人申请,人民法院应当撤销失踪宣告。失踪人出现后,有权要求财产代管人及时移交有关财产并报告财产代管情况。

(二)宣告死亡

1. 情形:自然人下落不明达到法定期间。(1)下落不明满 4 年;(2)因意外事件,下落不明满 2 年的;(3)因意外事件下落不明,经有关机关证明该自然人不可能生存的,申请宣告死亡不受 2 年时间的限制。

2. 程序

(1)申请:利害关系人——近亲属,以及其他有关权利义务关系的人。

《民法总则》第 47 条:"对同一自然人,有的利害关系人申请宣告死亡,有的利害关系人申请宣告失踪,符合本法规定的宣告死亡条件的,人民法院应当宣告死亡。"

注意:①《民法总则》取消了申请人顺序限。②宣告失踪不是宣告死亡的必经程序。

(2)受理。

(3)公告:公告期为 1 年,但在因意外事故下落不明,经有关机关证明不可能存活的情况下,公告期为 3 个月。

3. 效力

(1)民事主体资格消灭。

被宣告死亡的人,人民法院宣告死亡的判决作出之日视为其死亡的日期;因意外事件下落不明宣告死亡的,意外事件发生之日视为其死亡的日期。

(2)婚姻关系:与配偶的婚姻关系自动消灭。

(3)财产关系:个人财产作为遗产进行继承。

(4)子女关系:配偶可以单方决定将子女依法送养给他人。

4. 撤销

(1)民事主体资格：被宣告死亡的人重新出现，经本人或者利害关系人申请，人民法院应当撤销死亡宣告。

自然人被宣告死亡但是并未死亡的，不影响该自然人在被宣告死亡期间实施的民事法律行为的效力。

(2)婚姻关系：与配偶的婚姻关系自行恢复，但是其配偶再婚或者向婚姻登记机关书面声明不愿意恢复的除外。

(3)财产关系：恢复原状，返还原物，原物不存在，给予适当补偿。

(4)子女关系：收养关系受保护，不得以未经本人同意而主张收养关系无效。

[案例12] 2015年6月20日，魏某驾船出海打鱼，遇台风沉没，下落不明，经多方搜寻，打捞无果。

问：(1)若要宣告死亡，最早在何时可以提出申请？以何日作为死亡日期？

(2)若魏某的父母和妻子就是否宣告死亡意见不一致的，魏某的妻子想提出离婚而其父母想提出宣告死亡，法院该如何处理？

(3)若魏某下落不明后，经1个月打捞，公安机关证明魏某不可能存活了，魏某之妻遂提出死亡宣告，何时可以向法院提出申请？法院宣告死亡的公告期为多久？若公告期满，法院于11月20日宣告甲死亡，此时魏某之妻怀孕即将分娩，该胎儿是否有继承魏某遗产的权利？

(4)11月30日，魏某的孩子出生，魏某的妻子与魏某的孩子各继承魏某的一半遗产。后查明，魏某实际死亡的时间为11月25日并于当日立有遗嘱，将其全部遗产留给其子，甲的遗产是否要重新分配？

(5)假设魏某的妻子甲向人民法院申请宣告魏某死亡，人民法院依法宣告魏某死亡，其妻子甲和其子乙、丙共同生活。2017年，甲带着丙改嫁，乙被甲单方决定送养他人。同年，甲又与后夫离婚，现与丙相依为命。魏某未死，往南至海南，2018年获利500万元。2019年6月魏某死亡，未留下遗嘱，魏某的500万元遗产由谁继承？

(6)假设魏某之妻甲向法院申请宣告魏某死亡之后，一直没有结婚，直到2019年1月27日，魏某突然回家，此时甲已经对魏某没有感情，坚决拒绝与魏某恢复婚姻关系，魏某、甲之间的婚姻关系是否能够自动恢复？为什么？又假如在法院宣告魏某死亡之后，甲与乙结婚，结婚第二天，乙心脏病突发死亡，如果此时，魏某出现，婚姻关系可否自动恢复？魏某回家后，可否主张收养人对于乙的收养无效？

(7)假设魏某失踪后,没有死亡,偶遇政府巡逻船被救起,上岸后由于厌倦家庭生活,没有回家,于2016年在某一线城市向张某购买房屋一套,合同签订后履行之前,房价大涨。若张某获悉,魏某在另一城市被宣告死亡,能否以魏某没有权利能力主张合同无效?

四、法人与非法人组织

(一)法人

法人指具有民事权利能力和民事行为能力,依法独立享有民事权利和承担民事义务的组织。法人的民事权利能力和民事行为能力,从法人成立时产生,到法人终止时消灭。

1.《民法总则》对法人的分类:营利法人、非营利法人、特别法人

(1)营利法人指以取得利润并分配给股东等出资人为目的成立的法人。营利法人包括有限责任公司、股份有限责任公司和其他企业法人等。

区别于非营利法人的重要特征,不是"取得利润",而是"利润分配给出资人"。

(2)非营利法人指因为公益目的或者其他非营利目的成立,不向出资人、设立人或者会员分配所取得利润的法人。非营利法人包括事业单位法人、社会团体法人、基金会、社会服务机构等。

非营利法人既包括面向社会大众,以满足不特定多数人的利益为目的的公益法人,如中华慈善总会、中国红十字会、环境保护协会、保护妇女儿童组织、各类基金会等;也包括为其他非营利目的成立的法人,如为互助互益目的(即既非为公益又非为成员的经济利益,而是为成员的非经济利益)而成立的互益性法人(又称为公益性法人),仅面向成员提供服务,如商会、行业协会、学会、俱乐部等。

(3)特别法人:机关法人、农村集体经济组织法人、城镇农村的合作经济组织法人、基层群众性自治组织法儿女,为特别法人。

2. 法人的民事责任

(1)《民法总则》第60条:"法人以其全部财产独立承担民事责任。"

(2)法人责任与股东有限责任

《公司法》第3条:"公司是企业法人,有独立的法人财产,享有法人财产权。公司以其全部财产对公司的债务承担责任。有限责任公司的股东以其认

缴的出资额为限对公司承担责任;股份有限公司的股东以其认购的股份为限对公司承担责任。"

(3)法人独立责任的例外(法人人格否认)

所谓法人人格否认,是指在特定财产法律关系中,由于特定原因,将义务与责任转由行为人负担,法人独立人格被否认的情形。法人人格被否认,意味着出资人将与法人一起就此法律关系中的债务承担无限连带责任。法人人格否认制度的价值就是要遏制出资人或其他人滥用法人独立责任,利用法人规避自身责任。

《民法总则》第83条:"营利法人的出资人不得滥用出资人权利损害法人或者其他出资人的利益。滥用出资人权利给法人或者其他出资人造成损失的,应当依法承担民事责任。营利法人的出资人不得滥用法人独立地位和出资人有限责任损害法人的债权人利益。滥用法人独立地位和出资人有限责任,逃避债务,严重损害法人的债权人利益的,应当对法人债务承担连带责任。"

(二)非法人组织

非法人组织指不具有法人资格,但是能够依法以自己的名义从事民事活动的组织。非法人组织包括个人独资企业、合伙企业、不具有法人资格的专业服务机构等。

非法人组织的责任承担。非法人组织可以确定一人或者数人代表该组织从事民事活动。非法人组织的财产不足以清偿债务的,其出资人或者设立人承担无限责任。

[案例13] 1. 自然人甲、乙和丙有限责任公司共同出资,成立了千福有限公司,聘请杨某做总经理,对外代表公司执行业务。后来,千福公司经营不善,对外欠债150余万元。

问:(1)本案例中,由谁承担有限责任?

(2)有限责任成立的法理基础为何?

2. 千福公司的法定代表人杨某在以公司名义从事业务的过程中,造成了合作方万华公司的损失。经查,杨某在执行职务过程中,是因为私人感情问题造成了这次失误。

问:对于万华公司的损失应当如何承担?

3. 杨某为千福公司的法定代表人。公司章程规定,杨某代表公司签订合同,总额不得超过 1000 万元,若有超过 1000 万元的大单,则需要经过董事会决定后方可签订。某日,杨某以千福公司的名义与万华公司签订了总额高达 5000 万元的合同。

问:万华公司可否请求千福公司履行合同?千福公司在什么情况下,可拒绝履行该合同?

4. 千福公司董事会决议,撤销法定代表人杨某的法定代表人职务,因为其严重违反公司章程授权给公司造成了重大损失,但是没有及时进行变更登记,也没有及时通知经常性交易的合作对象。杨某在离职后,依然以公司名义,与原来曾经合作过的老客户签订了多份合同,并在收取了合同价款后,携款潜逃。现在被骗的老客户均主张千福公司履行合同。

问:千福公司是否应当履行合同?在主张千福公司履行合同时,签订合同的老客户的请求权基础是什么?

5. 江某为千福公司的控股股东,2016 年 2 月,以千福公司的名义从万华公司购进一批货物,并约定 3 月底付款,江某拿到货物后,旋即卖给了祥安公司。3 月底,万华公司欲要求千福公司付款时,却发现联系不上千福公司的人员,后来去千福公司所在地追讨,却发现千福公司原办公地址已经变成了其他公司。经查,江某同时是千福公司和祥安公司的控股股东。

问:万华公司应当如何主张自己的权利?

真题链接

1. 甲、乙为夫妻,长期感情不和。2010 年 5 月 1 日,甲乘火车去外地出差,在火车上失踪,没有发现其被害尸体,也没有发现其在何处下车。2016 年 6 月 5 日法院依照法定程序宣告甲死亡。之后,乙向法院起诉要求铁路公司对甲的死亡进行赔偿。关于甲被宣告死亡,下列哪些说法是正确的?(2016/03/51)

A.甲的继承人可以继承其财产
B.甲、乙婚姻关系消灭,且不可能恢复
C.2016 年 6 月 5 日为甲的死亡日期
D.铁路公司应当对甲的死亡进行赔偿

答案：AC

【考点】宣告死亡

【解析】宣告死亡发生推定或拟制死亡的效力。在财产方面，被宣告死亡人的财产变成遗产进行继承，故A项正确。在人身方面，被宣告死亡人与其配偶之间的婚姻关系消灭，其配偶可以另行缔结婚姻。《民法总则》第51条规定："被宣告死亡的人的婚姻关系，自死亡宣告之日起消灭。死亡宣告被撤销的，婚姻关系自撤销死亡宣告之日起自行恢复，但是其配偶再婚或者向婚姻登记机关书面声明不愿意恢复的除外。"据此，甲、乙婚姻关系消灭，虽并不必然恢复，但也并非不可能恢复，故B项错误。《民法总则》第48条规定："被宣告死亡的人，人民法院宣告死亡的判决作出之日视为其死亡的日期；因意外事件下落不明宣告死亡的，意外事件发生之日视为其死亡的日期。"甲的死亡日期为人民法院宣告死亡的判决作出之日，即2016年6月5日，故C项正确。《合同法》第302条第1款规定："承运人应当对运输过程中旅客的伤亡承担损害赔偿责任，但伤亡是旅客自身健康原因造成的或者承运人证明伤亡是旅客故意、重大过失造成的除外。"甲因失踪而被宣告死亡，无法证明铁路公司存在违约或侵权行为，也无法证明两者之间的因果关系，故铁路公司不承担赔偿责任。D项错误。

2. 甲8周岁，多次在国际钢琴大赛中获奖，并获得大量奖金。甲的父母乙、丙为了甲的利益，考虑到甲的奖金存放银行增值有限，遂将奖金全部购买了股票，但恰遇股市暴跌，甲的奖金损失过半。关于乙、丙的行为，下列哪些说法是正确的？（2016/03/52）

  A. 乙、丙应对投资股票给甲造成的损失承担责任
  B. 乙、丙不能随意处分甲的财产
  C. 乙、丙的行为构成无因管理，无须承担责任
  D. 如主张赔偿，甲对父母的诉讼时效期间在进行中的最后6个月内因自己系无行为能力人而中止，待成年后继续计算

答案：AB

【考点】监护

【解析】《民法总则》第35条规定："监护人应当按照最有利于被监护人的原则履行监护职责。监护人除为维护被监护人利益外，不得处分被监护人的财产。"故B项正确。乙、丙将甲的全部奖金投入高风险的股票市场中，显然违反了最有利于被监护人的原则。监护人不履行监护职责或者侵害被监护人

合法权益的,应当承担法律责任。故A项正确。无因管理要求管理人没有法定或约定原因为他人利益管理他人事务,而乙、丙作为法定代理人有法定义务管理被监护人的事务。故C项错误。《民法总则》第190条规定:"无民事行为能力人或者限制民事行为能力人对其法定代理人的请求权的诉讼时效期间,自该法定代理终止之日起计算。"故D项错误。注意D项按照《民法总则》通过之前《民法通则》的规定是正确的。但按照《民法总则》之规定,这里的诉讼时效是尚未起算,不是中止。司法部当年公布答案为ABD,新法、新规定、新答案。

3. 甲企业是由自然人安琚与乙企业(个人独资)各出资50%设立的普通合伙企业,欠丙企业货款50万元,由于经营不善,甲企业全部资产仅剩20万元。现所欠货款到期,相关各方因货款清偿发生纠纷。对此,下列哪一表述是正确的?(2016/03/02)

  A. 丙企业只能要求安琚与乙企业各自承担15万元的清偿责任

  B. 丙企业只能要求甲企业承担清偿责任

  C. 欠款应先以甲企业的财产偿还,不足部分由安琚与乙企业承担无限连带责任

  D. 就乙企业对丙企业的应偿债务,乙企业投资人不承担责任

答案:C

【考点】合伙

【解析】合伙企业之债务,先以合伙企业财产清偿,合伙人对合伙债务负无限连带责任。故A项、B项错误,C项正确。个人独资企业中,投资人对企业债务承担无限连带责任,故D项错误。

4. 甲、乙、丙三人签订合伙协议并开始经营,但未取字号,未登记,也未推举负责人。其间,合伙人与顺利融资租赁公司签订融资租赁合同,租赁淀粉加工设备一台,约定租赁期限届满后设备归承租人所有。合同签订后,出租人按照承租人的选择和要求向设备生产商丁公司支付了价款。如果承租人不履行支付价款的义务,出租人起诉,适格被告是:(　　)(2016/03/86)

  A. 合伙企业

  B. 甲、乙、丙全体

  C. 甲、乙、丙中的任何人

  D. 丁公司

答案:BC

【考点】适格当事人/正当当事人

【解析】《最高人民法院关于适用〈中华人民共和国民事诉讼法〉的解释》第60条规定:"在诉讼中,未依法登记领取营业执照的个人合伙的全体合伙人为共同诉讼人。个人合伙有依法核准登记的字号的,应在法律文书中注明登记的字号。全体合伙人可以推选代表人;被推选的代表人,应由全体合伙人出具推选书。"《最高人民法院关于贯彻执行〈中华人民共和国民法通则〉若干问题的意见(试行)》第45条规定:"起字号的个人合伙,在民事诉讼中,应当以依法核准登记的字号为诉讼当事人,并由合伙负责人为诉讼代表人。合伙负责人的诉讼行为,对全体合伙人发生法律效力。未起字号的个人合伙,合伙人在民事诉讼中为共同诉讼人。合伙人人数众多的,可以推举诉讼代表人参加诉讼,诉讼代表人的诉讼行为,对全体合伙人发生法律效力。推举诉讼代表人,应当办理书面手续。"根据这两个条文的规定进行判断,A、D两项错误,B项正确。《民法通则》第35条规定:"合伙的债务,由合伙人按照出资比例或者协议的约定,以各自的财产承担清偿责任。合伙人对合伙的债务承担连带责任,法律另有规定的除外。偿还合伙债务超过自己应当承担数额的合伙人,有权向其他合伙人追偿。"由于合伙人对债务承担连带责任,当合伙人为被告时,原告可起诉其中任何人,被起诉人在承担了责任后再向其他债务人追偿。故C项正确。

5. 甲、乙、丙三人签订合伙协议并开始经营,但未取字号,未登记,也未推举负责人。其间,合伙人与顺利融资租赁公司签订融资租赁合同,租赁淀粉加工设备一台,约定租赁期限届满后设备归承租人所有。合同签订后,出租人按照承租人的选择和要求向设备生产商丁公司支付了价款。

乙在经营期间发现风险太大,提出退伙,甲、丙表示同意,并通知了出租人,但出租人表示反对,认为乙退出后会加大合同不履行的风险。下列说法正确的是:( )(2016/03/87)

  A. 经出租人同意,乙可以退出

  B. 乙可以退出,无须出租人同意

  C. 乙必须向出租人提供有效担保后才能退出

  D. 乙退出后对合伙债务不承担责任

答案:B

【考点】退伙

【解析】合伙人退伙需要其他合伙人一致同意,无须债权人之同意,故A

项错误,B 项正确,C 项错误。合伙人退伙后,对其参加合伙期间的债务负连带责任,故 D 项错误。

6.肖特有音乐天赋,16 岁便不再上学,以演出收入为主要生活来源。肖特成长过程中,多有长辈馈赠:7 岁时受赠口琴 1 个,9 岁时受赠钢琴 1 架,15 岁时受赠名贵小提琴 1 把。对肖特行为能力及其受赠行为效力的判断,根据《民法总则》相关规定,下列哪一选项是正确的?(2017/03/02)

  A. 肖特尚不具备完全的民事行为能力
  B. 受赠口琴的行为无效,应由其法定代理人代理实施
  C. 受赠钢琴的行为无效,因与其当时的年龄智力不相当
  D. 受赠小提琴的行为无效,因与其当时的年龄智力不相当

答案:B

【考点】民事行为能力

【解析】A 项考查劳动成年制度。十六周岁以上的未成年人,以自己的劳动收入为主要生活来源的,视为完全民事行为能力人。故 A 项错误。

  B 项考查无行为能力人的行为效力。《民法总则》第 20 条规定:"不满八周岁的未成年人为无民事行为能力人,由其法定代理人代理实施民事法律行为。"《民法通则》第 12 条规定:"不满十周岁的未成年人是无民事行为能力人,由他的法定代理人代理民事活动。"《最高人民法院关于贯彻执行〈中华人民共和国民法通则〉若干问题的意见(试行)》第 6 条规定:"无民事行为能力人、限制民事行为能力人接受奖励、赠与、报酬,他人不得以行为人无民事行为能力、限制民事行为能力为由,主张以上行为无效。"此处存在争议,一种认为《民法总则》要求无民事行为能力人的所有法律行为都需要法定代理人代理,即使是纯获利益也不例外。另一种认为《民法总则》与《民法通则》规定相一致,《最高人民法院关于贯彻执行〈中华人民共和国民法通则〉若干问题的意见(试行)》对《民法通则》做出具体的解释,应当仍然有适用的余地。但鉴于 A 项、C 项、D 项都明显错误的情况下,可以认定 B 项正确。

  C 项、D 项考查限制民事行为能力人的行为效力。八周岁以上的未成年人为限制民事行为能力人,实施民事法律行为由其法定代理人代理或者经其法定代理人同意、追认,但是可以独立实施纯获利益的民事法律行为或者与其年龄、智力相适应的民事法律行为。受赠钢琴和受赠小提琴均属于纯获利益的法律行为,故不需要考虑与其年龄智力是否相当的问题,受赠行为有效。故 C 项、D 项错误。

7. 甲公司开发的系列楼盘由乙公司负责安装电梯设备。乙公司完工并验收合格投入使用后,甲公司一直未支付工程款,乙公司也未催要。诉讼时效期间届满后,乙公司组织工人到甲公司讨要。因高级管理人员均不在,甲公司新录用的法务小王,擅自以公司名义签署了同意履行付款义务的承诺函,工人们才散去。其后,乙公司提起诉讼。关于本案的诉讼时效,下列哪一说法是正确的?(2017/03/04)

　　A. 甲公司仍可主张诉讼时效抗辩
　　B. 因乙公司提起诉讼,诉讼时效中断
　　C. 法院可主动适用诉讼时效的规定
　　D. 因甲公司同意履行债务,其不能再主张诉讼时效抗辩

答案:A

【考点】法人代表诉讼时效

【解析】表面考查诉讼时效,实质考查法人代表与法人之间的关系。诉讼时效期间届满后,义务人同意履行的,不得以诉讼时效期间届满为由抗辩;义务人已自愿履行的,不得请求返还。本题的关键是甲公司新录用的法务小王,擅自以公司名义签署了同意履行付款义务的承诺函,是否属于义务人同意履行。

　　法人代表与法定代表人不同。法定代表人与法人之间是代表关系,当然代表法人,无须法人之授权。法人代表和法人之间是代理关系,其以法人之名义从事法律行为,需要法人之授权。本题中,法务小王需要有法人之授权,才能成立有权代理。故"擅自"两字告诉我们其并无法人之授权,其行为不属于义务人同意履行,其同意履行的行为不具有中断时效的效力,甲公司仍可主张诉讼时效抗辩。故 A 项正确,D 项错误。已过诉讼时效之债权,起诉并不导致诉讼时效中断,故 B 项错误。法院不得主动适用诉讼时效的规定,故 C 项错误。

8. 余某与其妻婚后不育,依法收养了孤儿小翠。不久后余某与妻子离婚,小翠由余某抚养。现余某身患重病,为自己和幼女小翠的未来担忧,欲作相应安排。下列哪些选项是正确的?(2017/03/51)

　　A. 余某可通过遗嘱指定其父亲在其身故后担任小翠的监护人
　　B. 余某可与前妻协议确定由前妻担任小翠的监护人
　　C. 余某可与其堂兄事先协商以书面形式确定堂兄为自己的监护人
　　D. 如余某病故,应由余某父母担任小翠的监护人

答案:ABC

【考点】监护

【解析】被监护人的父母担任监护人的,可以通过遗嘱指定监护人。故 A 项正确。

父母与子女间的关系,不因父母离婚而消除。离婚后,子女无论由父或母直接抚养,仍是父母双方的子女。依法具有监护资格的人之间可以协议确定监护人。协议确定监护人应当尊重被监护人的真实意愿。本题中,余某前妻也具有监护资格,故 B 项正确。

具有完全民事行为能力的成年人,可以与其近亲属、其他愿意担任监护人的个人或者组织事先协商,以书面形式确定自己的监护人。协商确定的监护人在该成年人丧失或者部分丧失民事行为能力时,履行监护职责。故 C 项正确。

父母是未成年子女的监护人。未成年人的父母已经死亡或者没有监护能力的,由下列有监护能力的人按顺序担任监护人:(1)祖父母、外祖父母;(2)兄、姐;(3)其他愿意担任监护人的个人或者组织,但是须经未成年人住所地的居民委员会、村民委员会或者民政部门同意。只有在父母均已经死亡或没有监护能力的,才由祖父母、外祖父母担任监护人,故 D 项错误。

9. 甲出境经商下落不明,2015 年 9 月经其妻乙请求被 K 县法院宣告死亡,其后乙未再婚,乙是甲唯一的继承人。2016 年 3 月,乙将家里的一辆轿车赠送给了弟弟丙,交付并办理了过户登记。2016 年 10 月,经商失败的甲返回 K 县,为还债将登记于自己名下的一套夫妻共有住房私自卖给知情的丁;同年 12 月,甲的死亡宣告被撤销。下列哪些选项是正确的?(2017/03/52)

A. 甲、乙的婚姻关系自撤销死亡宣告之日起自行恢复

B. 乙有权赠与该轿车

C. 丙可不返还该轿车

D. 甲出卖房屋的行为无效

答案:ABC

【考点】宣告死亡

【解析】死亡宣告被撤销的,婚姻关系自撤销死亡宣告之日起自行恢复,但是其配偶再婚或者向婚姻登记机关书面声明不愿意恢复的除外。A 项说了一半,但不能算错。乙作为继承人,在死亡宣告之日起发生继承,乙有权处分继承而来的轿车,故 B 项正确。

被撤销死亡宣告的人有权请求依照继承法取得其财产的民事主体返还财

产。无法返还的,应当给予适当补偿。甲可以请求乙返还,丙因无偿取得轿车,负有返还义务。故C项正确。

本题中的住房,虽登记在甲的名下,但属于夫妻共同财产。甲出卖房屋的行为不因无处分权而无效,故D项错误。

10. 黄逢、黄现和金耘共同出资,拟设立名为"黄金黄研究会"的社会团体法人。设立过程中,黄逢等3人以黄金黄研究会名义与某科技园签署了为期3年的商铺租赁协议,月租金5万元,押3付1。此外,金耘为设立黄金黄研究会,以个人名义向某印刷厂租赁了一台高级印刷机。关于某科技园和某印刷厂的债权,下列哪些选项是正确的?(2017/03/53)

A. 如黄金黄研究会未成立,则某科技园的租赁债权消灭
B. 即便黄金黄研究会未成立,某科技园就租赁债权,仍可向黄逢等3人主张
C. 如黄金黄研究会未成立,则就某科技园的租赁债务,由黄逢等3人承担连带责任
D. 黄金黄研究会成立后,某印刷厂就租赁债权,既可向黄金黄研究会主张,也可向金耘主张

答案:BCD

【考点】设立中的法人

【解析】设立人为设立法人从事的民事活动,其法律后果由法人承受;法人未成立的,其法律后果由设立人承受,设立人为二人以上的,享有连带债权,承担连带债务。若黄金黄研究会未成立,某科技园的租赁债权并不消灭,其可向黄逢等3人主张,且该3人承担连带责任。故A项错误,B项正确,C项正确。

设立人为设立法人以自己的名义从事民事活动产生的民事责任,第三人有权选择请求法人或者设立人承担。据此,D项正确。

综合案例分析

1. 某城市居民徐某婚后没有儿女,于是夫妻商定,收养了女儿小雅。小雅12岁时,徐某妻子因车祸去世,3年后,徐某因突发疾病,送医院抢救,医治无效死亡。徐某死亡后,除去房产、家具及衣物外,尚有8万元存款。由于小雅尚未成年,在市里一所艺校读书,需要为其确定监护人,但发生了争议。按照当地习俗,如果养父母去世,一般会去找亲生父母。但亲生父母认为,自己

生活在农村,让孩子回来不如生活在市里,这样更有力于其读书就业。同时还认为,小雅有一同胞长兄高某,与小雅在同一个城市生活,是某公关公司的总监,见多识广,由其做监护人对小雅来说更有好处。小雅的叔叔说,高某为人不正直、不老实,让其做监护人,其完全可能不顾小雅的利益,不同意高某做监护人,同时,自荐自己做小雅的监护人。因此发生纠纷,诉至法院,最后法院判决由高某作为小雅的监护人。高某作为监护人,开始表现尚可,但是后来动用了小雅的钱来炒股,结果非但未能营利,而且还赔了本。小雅的一个大姨,为此指责高某,高某说,用小雅的钱炒股是为了小雅的利益和未来。后来小雅的大姨起诉到法院,要求撤换高某,自己来做小雅的监护人。经查,小雅的大姨一直对小雅非常关心,在徐某夫妇在世时,大姨也经常关心小雅,小雅也对大姨有较深的感情。

问:(1)如果徐某去世前立下遗嘱,通过遗嘱确定小雅的监护人是否有依据?

(2)在徐某夫妇去世后,哪些人有资格成为小雅的监护人?对于担任监护人的争议,可否向法院直接起诉?在争议期间,监护人不确定时,应当如何维护小雅的利益?

(3)高某作为小雅的监护人,动用小雅的钱做生意亏掉的部分,高某是否应当赔偿?如果高某后来不愿做小雅的监护人,可否单方决定终止?

(4)对于小雅的大姨的诉讼请求,法院应当如何处理?

(5)如果找不到具有监护资格的人,小雅的监护人应当如何确定?

2.甲与乙在2004年结婚,2005年生下一子丙。双方结婚以后经常吵闹,乙忍无可忍于2009年2月到外地发展。乙为了不让父母及妻子甲找到自己,断绝了与他们的一切联系。

乙离家出走之后,甲因工作较忙,将丙委托给其邻居丁照顾。丁为了去超市买菜,让丙独自在小区内玩耍。丙由于淘气,把戊家的玻璃打碎了。

甲在A公司做销售员,手里持有大量的印有A公司公章的空白合同。因甲在工作中存在疏忽,A公司解除了与甲的劳动合同关系,但A公司并未收回甲持有的盖有该公司公章的空白合同。

乙到了外地之后,认识了M并与其同居,后M怀孕。乙在陪M去医院做产检的路上,掉进施工人员挖的坑里,摔成重伤。在弥留之际,乙在医生和护士的见证下立下了口头遗嘱,将其个人财产的一半留给丙,另一半留给乙的好友戊。后查明,施工人已在坑的周围设置明显标志,也采取了必要的措施,是由于庚搞恶作剧把标志和安全保障设施移开,乙没有注意到才掉进坑里的。①

问:(1)若乙原来所在的单位在2011年9月欲申请法院宣告乙失踪,而乙的妻子甲不同意,法院能否支持乙原来所在单位的诉讼请求,为什么?

(2)对于戊的损失,应该由谁承担,为什么?

(3)若B公司在不知道A公司与甲已经解除了劳动合同关系的情形下与甲签订了一份合同,该合同对A公司是否具有约束力,为什么?

(4)对于乙的死亡应该由谁承担责任,为什么?

(5)乙所立的口头遗嘱是否有效,为什么?

(6)若是自戊知道乙把其个人财产的一半赠与自己后两个月内没有作出是否接受的意思表示,乙的遗产应该怎样分割?

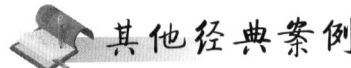

其他经典案例

1."泼妇门"事件

2008年2月28日,歌手金莎在自己的博客上发表了一篇名为《当女歌手变成泼妇》的文章,称前一天晚上她和歌手斯琴格日乐一起参加东方卫视《舞林大会》节目的录制,因为要和歌迷签名合影耽误了时间,导致斯琴格日乐不满并破口大骂。

3月2日,金莎又发表了一篇博文《出阴招是一种艺术》,继续指责斯琴格日乐早前通过经纪人对媒体作出的回应不诚实。这就是轰动一时的"泼妇门"事件。

有事发当晚在场的工作人员透露,当晚确实是金莎迟到引起了众人的不满,同车的斯琴格日乐生气,称其没有职业道德,故而引起争端。据该工作人员回忆,当时斯琴格日乐确实很生气,但是印象中她并没有骂金莎。斯琴格日乐认为,金沙的行为歪曲了事实,严重损害了她的名誉权,并且造成了很恶劣的社会影响。于是,斯琴格日乐一纸诉状将金莎告上法庭,要求金莎立即删除对她进行侮辱谩骂的博文,在国家级媒体上公开道歉,并赔偿精神损失费30万元。从一场"争执"到博客骂战,再到使用法律手段起诉,让斯琴格日乐和金莎一下子成了公众的焦点。6月12日,"泼妇门"骂战也正式升级,斯琴格日

---

① 参见张能宝主编:《案例分析专题例解》,法律出版社2015年版,第194页。

乐诉金莎名誉权案在北京市东城区人民法院公开审理。庭审时,斯琴格日乐的代理律师称,金莎利用此事进行炒作,"泼妇门"似乎已经向"炒作门"的方向发展,但斯琴格日乐与金莎均没有出现在庭审现场作出相关回应。6月18日,法院一审宣判金莎败诉,判决金莎在10日内删除其发表在博客上的《当女歌手变成泼妇》《出阴招是一种艺术》等三篇文章,并在其博客中刊登向斯琴格日乐赔礼道歉的声明,同时赔付精神损害抚慰金人民币1万元。对于审判结果,斯琴格日乐的律师表示基本满意,金莎的代理律师则当庭表示要提起上诉。2009年2月,经历了近一年的波折,"泼妇门"案件终审判决结果出炉。北京市第二中级人民法院经审理认为,金莎采用贬损的方式描述斯琴格日乐的言行,并将其公之于众,致使斯琴格日乐社会评价降低,其行为构成对斯琴格日乐名誉权的侵害,故驳回被告方上诉,维持原判。

2."嘴大"惹祸被判道歉

2008年10月,著名导演谢晋回老家浙江上虞,参加母校校庆活动后在酒店突然辞世,后被诊断为心源性猝死。之后,在宋祖德、刘信达开设的博客中出现了诽谤谢晋的内容。为此,谢晋遗孀徐大雯向上海市静安区人民法院起诉,请求判令宋祖德、刘信达停止侵害、撤销所发侵权文章、公开赔礼道歉并赔偿经济损失10万元及精神损害抚慰金40万元。宋、刘两人对此辩称上传文章是黑客所为。一审法院审理后认为,宋、刘两人共同侵犯了谢晋的名誉权,判令两人立即停止对谢晋名誉的侵害,并在国内多家网站、报纸刊登赔礼道歉的声明,并赔偿徐大雯经济损失费人民币89951.62元、精神损害抚慰金人民币20万元,共计约29万元。宋祖德、刘信达认为法院确认博客文章是他俩所为缺乏依据,不服一审判决,向上海市第二中级人民法院提起上诉,并申请追加7家媒体为共同侵权第三人以承担共同侵权的责任。2010年2月,上海市第二中级人民法院开庭对本案进行了审理。宋祖德、刘信达的委托代理人及徐大雯的委托代理人参加了诉讼。宋、刘两人追加多家媒体为第三人的申请因不符合法律规定被驳回。双方都未向法院提供新证据,仍就有关博客文章是否由宋、刘两人本人上传等问题进行了辩论。经过两个小时的庭审,审判长当庭作出宣判。法官认为,宋、刘两人应对自己的博客内容承担法律责任,徐大雯一方提供的证据足以证明涉案诽谤文章是由宋、刘两人上传到博客的。宋、刘两人事后也未澄清、删除文章,反而在接受媒体采访时认可博客文章的内容。宋祖德、刘信达辩称涉案博客文章并非两人本人上传,系他人冒用两人的名义,但两人对此既未能提供相应的证据予以印证,也无法作出令人信服的合理解释。因此二审法院认为宋、刘两人构成对谢晋名誉的共同侵权,当庭宣判,驳回上诉,维持原判。同时,判决宋祖德在全国多家报刊连续10天刊登公开致歉声明,广告费由宋、刘两人支付。据悉,此次判决为终审判决。

3. 崔永元起诉"美福乐"生产厂家华麟公司侵犯其名誉权与肖像权案

1996年6月23日,在中央电视台《实话实说》的一期节目中,崔永元和现场观众一起讨论了"该不该减肥"的话题。央视一向有规定:新闻节目不允许存在广告倾向。在那期节目里,没人提及任何厂家、任何商品的名称。但华麟公司未经中央电视台和崔永元本人同意,从1997年上半年开始,擅自对该期节目的录像带进行剪接、添加、拼凑甚至伪造,制作了一个"美福乐"的减肥广告,广告中赫然出现了崔永元主持的节目片段和他的肖像。这则广告在全国90家电视台播出后,崔永元很快接到了一封寄自新疆的观众来信……以后来信越来越多,电话也不断打来,大致都是说:你崔永元在为"美福乐"减肥药做广告,而我们购买、服用之后如何如何,说崔永元欺骗了观众。

崔永元找到了台里的法律顾问,正式与厂家取得了联系。然而,反馈回来的消息却令崔永元气愤不已。据崔永元介绍,该厂家提出两点解决办法:一是给崔永元几万元钱,广告接着做;二是如果崔永元想要打官司,可能一分钱也得不到。1999年4月23日,崔永元起诉"美福乐"生产厂家华麟集团,要求停止侵犯其肖像权、名誉权,并提出索赔180万元的诉讼请求。

经过审理,法院最后认定华麟公司侵犯了崔永元的肖像权、名誉权,判决华麟公司赔偿崔永元经济损失共计10万元,并在中央电视台一套节目黄金时间公开向原告崔永元赔礼道歉,同时驳回崔永元要求赔偿经济损失180万元的诉讼请求。

第三讲 民事法律行为

【案情】张馨予起诉"港怂萨沙"严重侵犯其名誉权案

2012年10月23日上午,张馨予的代理律师证实,张馨予已起诉"港怂萨沙"严重侵犯其名誉权,索赔50.5万元,北京市朝阳区人民法院正式受理此案。

2012年9月2日,微博实名认证网友"港怂萨沙",于凌晨发布了一条微博:张馨予原名张燕,当初在无锡某夜总会坐台,转到杭州某夜总会坐台,杭州红牌,出台很贵,起码3000元。在这条微博中,"港怂萨沙"还使用了张馨予和新男友李晨的合影作为配图。

9月7日上午,张馨予在所属公司的安排下,在北京召开了"澄清谣言记者会"。其间张馨予难掩激动的情绪,一度伤心落泪。对于"坐台风波",张馨予说这次她不得不站出来说出事实:照片中的当事人——网友所谓的"客人",都是我的发小,那些照片是一起去K歌聚会时照的。张馨予称,"港怂萨沙"为博取大众眼球,利用她和好朋友的合影,捏造了她曾"坐台"的谣言,已经严重影响了她的正常工作和生活。在这次记者会上,张馨予表示要起诉"港怂萨沙"。

10月23日上午,张馨予的代理律师向记者表示,对"港怂萨沙"的身份等情况进行确认后,已向朝阳区人民法院提起诉讼,目前法院已正式受理该案。"这名网友的微博内容已经远远超越了言论自由的底线。"该律师表示,"港怂萨沙"的不实博文,使得大量不明真相的网友对张馨予产生了严重的质疑,对其名誉造成了极其严重的伤害。在诉讼请求上,张馨予请求法院判令"港怂萨沙"在微博及媒体上公开道歉,致歉持续时间不少于90天,并赔偿经济损失20万元、精神损失费30万元,另外包括合理维权支出5000元。

点评:任何人均有言论自由,但言论必须在法律的框架内行使才能受到法律的保护,合法的行为在民法中被称为"民事法律行为",民事法律行为要具备相应的要件,而违法行为不仅不能受到法律的保护,而且还有可能涉嫌侵权。在本案中,网友"港怂萨沙"在网络上的言论明显侵犯了他人的名誉,网络虽属虚拟世界,但网友"港怂萨沙"的报料却是指名道姓,明星虽属公众人物,但其仍享有隐私权,更何况若网友"港怂萨沙"的报料可能存在捏造,故其行为属违法,应受到相应的制裁。

知识结构回忆

《民法总则》:第六章　民事法律行为(第133条至第160条)
　　第一节　一般规定(第133条至第136条)
　　第二节　意思表示(第137条至第142条)
　　第三节　民事法律行为的效力(第143条至第157条)
　　第四节　民事法律行为的附条件和附期限(第158条至第160条)

一、民事法律行为的定义
二、意思表示
三、民事法律行为的效力
四、附条件、附期限的民事法律行为

一、民事法律行为的定义

《民法总则》第 133 条:"民事法律行为是民事主体通过意思表示设立、变更、终止民事法律关系的行为。"

《民法通则》第 54 条:"民事法律行为是公民或者法人设立、变更、终止民事权利和民事义务的合法行为。"

对比:依据《民法通则》对民事法律行为的定义可知,具有相应民事行为能力的民事主体之间基于真实意思表示,并在不违反相关规定的情况下签订合同的行为,应认定为双方设立民事权利与义务的合法行为,该行为合法有效。

《民法总则》沿用了《民法通则》概念,但改变了《民法通则》中"民事法律行为"只限于合法行为的含义,将无效、可撤销和效力待定的法律行为亦囊括其中,充分尊重了民事主体的意思表示,民事法律行为以意思表示为核心要素,无意思表示则无民事法律行为。

二、意思表示

《民法总则》第 142 条:"有相对人的意思表示的解释,应当按照所使用的词句,结合相关条款、行为的性质和目的、习惯以及诚信原则,确定意思表示的含义。无相对人的意思表示的解释,不能完全拘泥于所使用的词句,而应当结合相关条款、行为的性质和目的、习惯以及诚信原则,确定行为人的真实意思。"

意思表示的构成要素:

1. 内在:目的意思+效果意思,即欲发生私法上效力的意思要素。
2. 外在:表示行为,包括(1)明示;(2)默示;(3)沉默。

《民法总则》第 140 条:"行为人可以明示或默示作出意思表示。沉默只有在法律规定、当事人约定或者符合当事人之间的交易习惯时,才可以视为意思表示。"

[案例1]在某经济法研讨会上,秘书长宣布,希望大家进会场前先签到,好统计到会人数。李教授到会场门口,看到桌上有两份书面文件,误认为都是签到表,就一并签上了自己的名字。后来获悉,一份是签到表,另一份是为了纪念前任会长而认购其《经济法系列论文汇编》。在李教授到会场前,关于认购《论文汇编》一事,秘书长曾经进行了宣布,是自愿签署,由高等师范出版社六五折销售,但是李教授并不知情。

问:对于《论文汇编》,李教授与出版社之间是否成立合同?

[案例2]姜博士于2018年4月29日致函某外语培训机构,表示接受该培训机构的要约,担任该机构教务主任一职,于当天发出信函。5月1日,经邮差投入培训中心的信箱。姜博士发信后,接到某高校某项研究项目的邀请,感到任务艰巨,分身乏术,于是30日又发了撤回应聘之事的信函,该信函于5月2日被邮差送至该中心的信箱。由于当年,按照2018年国务院放假办法,5月1日至5月4日,为法定节假日。5月5日上午,外语培训机构负责人先拆阅姜博士同意应聘之信,随即办理了同意姜博士入职的人事决定。5月3日下午,方拆阅了姜博士撤回应聘之信。

问:姜博士与培训机构之间的合同是否成立?

三、民事法律行为的效力

(一)民事法律行为有效的条件

《民法总则》第143条:"具备下列条件的民事法律行为有效:(一)行为人具有相应的民事行为能力;(二)意思表示真实;(三)不违反法律、行政法规的强制性规定,不违背公序良俗。"

[案例3]2018年2月,有配偶的方某与洪某同居,并以夫妻名义共同生活。之后,方某在洪某的陪同下前往医院做了人工流产手术。同年6月,方某与其配偶办理离婚手续。2019年1月,方某、洪某解除同居关系,洪某自愿向方某出具欠条一份,欠条载明:洪某向方某支付精神损失费6万元。

方某以本人与洪某曾建立同居关系,同居期间做过人工流产手术,洪某遂承诺支付精神损失费,洪某应当依约给付精神损失费为由,提起诉讼,请求判令洪某给付其精神损失费6万元。

问:解除同居关系后基于真是意思表示达成的赔偿约定是否有效?

(二)无民事行为能力人行为的效力与限制民事行为能力人行为的效力

《民法总则》第 144 条:"无民事行为能力人实施的民事法律行为无效。"

《民法总则》第 145 条:"限制民事行为能力人实施的纯获利益的民事法律行为或者与其年龄、智力、精神健康状况相适应的民事法律行为有效;实施的其他民事法律行为经法定代理人同意或者追认后有效。相对人可以催告法定代理人自收到通知之日起一个月内予以追认。法定代理人未作表示的,视为拒绝追认。民事法律行为被追认前,善意相对人有撤销的权利。撤销应当以通知的方式作出。"

(三)注意通谋虚伪表示与恶意串通之法律行为的区分

《民法总则》第 146 条:"行为人与相对人以虚假的意思表示实施的民事法律行为无效。以虚假的意思表示隐藏的民事法律行为的效力,依照有关法律规定处理。"

《民法总则》第 154 条:"行为人与相对人恶意串通,损害他人合法权益的民事法律行为无效。"

(四)违背公序良俗之无效

《民法总则》第 153 条:"违反法律、行政法规的强制性规定的民事法律行为无效,但是该强制性规定不导致该民事法律行为无效的除外。违背公序良俗的民事法律行为无效。"

公序良俗包括但不限于——危害国家政治、经济、财政、税收、金融、治安等秩序;违反人权和人格尊严;危害家庭关系;限制经济自由、违反公正竞争;违反消费者保护、劳动者保护等特殊群体保护。

[案例 4] 甲,本生活在江南小镇,已婚,有妻乙。婚后辞职创业,从事电脑游戏研发。由于两款游戏成功获得融资,将事业中心转移至上海。妻子留在老家照顾老人与幼子。甲到上海后,与丙女同居。为维持同居关系,赠与丙房屋一套,并办理了过户登记。后乙获悉,去上海,找到丙,丙并不知道甲已经结婚,乙向丙痛说当年自己如何与丈夫艰难创业,自己在家照顾老小如何辛苦,丙甚为感动。决计与甲分开。丙与甲谈,甲为了与丙分开,决定赠与丙 50 万元以结束同居关系,供丙生活之用,丙同意,并将赠与合同做了公证。1 个月后,甲又找到丙,说依然要保持同居关系,丙严词拒绝,甲则表示将不赠与其

50 万元。

问：房屋赠与合同是否有效？丙可否请求甲支付 50 万元？

（五）显失公平

《民法总则》第 151 条："一方利用对方处于危困状态、缺乏判断能力等情形，致使民事法律行为成立时显失公平的，受损害方有权请求人民法院或者仲裁机构予以撤销。"

［案例 5］武某与陈某均为某中学在校学生，事发时均为限制民事行为能力人。武某和陈某在教室互相奔跑追逐，陈某突然撞袭，造成武某被撞后身体向后倾倒撞到讲台桌的桌角而受伤。武某被送往医院治疗，被诊断为：脾破裂、急性弥漫性腹膜炎、肠梗阻。武某的父亲甲与陈某的父亲乙签订《协议书》，约定："由陈某家长一次性支付武某家长医药费，双方家长不再互相追究其他责任。"该协议已经履行完毕。之后，武某通过鉴定获知自身损伤构成六级伤残。

问：甲、武某能否以《协议书》内容显失公平，严重损害其合法权益为由，提起诉讼，请求撤销甲与乙签订的《协议书》？

（六）重大误解（意思表示错误）

《民法总则》第 147 条规定，行为人有权"基于重大误解实施的民事法律行为请求人民法院或者仲裁机构予以撤销。"

［案例 6］一房产公司与甲就未建成房屋签订了商品房买卖合同时，并未通过样板房、平面图等口头或书面方式告知甲房屋具体空间结构情况，合同中虽对房屋架构、面积等事项进行了约定，且甲按约支付了购房款，但房产公司通知甲接受房屋时，甲经实地察看，发现房屋结构形式、空间尺寸与合同约定不符，严重影响使用，遂致函房产公司，要求解除购房合同，退还房款及利息，房产公司予以拒绝。双方就此发生纠纷。

甲以其对房屋结构存在重大误解为由，提起诉讼，请求判令撤销与房产公司签订的商品房买卖合同，并退还购房款及利息。

房产公司辩称：该商品房买卖合同系双方自愿协商签订的，不存在重大误解，不同意撤销合同。

请对本案进行分析。

(七)欺诈

1. 单方欺诈

《民法总则》第148条:"一方以欺诈手段,使对方在违背真实意思的情况下实施的民事法律行为,受欺诈方有权请求人民法院或者仲裁机构予以撤销。"

《民法总则》第148条与《民法通则》相比,受欺诈而实施民事法律行为不再是直接确定无效,而是由受欺诈方申请撤销。

2. 第三方欺诈

《民法总则》第149条:"第三人实施欺诈行为,使一方在违背真实意思的情况下实施的民事法律行为,对方知道或者应当知道该欺诈行为的,受欺诈方有权请求人民法院或者仲裁机构予以撤销。"

[案例7]自小酷爱汽车的蔡某,获取驾照的第二天便去某市二手车销售中心处,打算用自己多年的积蓄购买二手车一辆。经仔细挑选,蔡某看中一台大众朗逸轿车,标价10万元。蔡某找销售中心工作人员甲询问,此车是否发生过交通事故,甲表示确无其事,蔡某于是付款驱车。5日后,蔡某的好友乙,曾就读于某著名大学汽车设计与制造专业,与蔡某一起驾此车外出,感觉到此车发动机之声音听起来异常,于是建议蔡某对汽车详细检查。蔡某于是去某汽修部检查该车。经详细检查,该车果然曾经发生过严重交通事故。同时,汽车里程表也有问题,显示已行驶5万公里,其实已行驶了8万公里。于是,蔡某开车到二手车销售中心处,表示要撤销合同,请求返还10万元价款及利息,并赔偿自己因购买该车而支出的费用。二手车销售中心表示不知道甲的不实陈述,拒绝蔡某之请求。

问:蔡某可以通过什么途径寻求救济,请阐明各自的请求权基础及理由。

[案例8]钟某生病住院,经查钟某为肝癌晚期,最多再有1年之寿命。钟某的妻子刘某与医院均对钟某隐瞒了病情。回家后,刘某建议钟某投人寿保险,指定刘某为受益人,钟某同意。保险公司要求钟某提供指定医院提供的体检表,正巧刘某与其中一所指定医院的某主治医生是好友,故未将钟某患有肝癌之病情记入体检表。钟某投保半年后,因肝癌死亡,保险公司经调查,发现了此事。

问:保险公司可否以欺诈为由主张撤销该保险合同?

(八)胁迫

《民法总则》第150条:"一方或者第三人以胁迫手段,使对方在违背真实意思的情况下实施的民事法律行为,受胁迫方有权请求人民法院或者仲裁机构予以撤销。"

关于受胁迫方的撤销权,《民法总则》第151条结合了《民法通则》第58条以及《合同法》第54条的规定,但对民事胁迫行为的态度从无效转变为可撤销。

(九)撤销权行使期间

《民法总则》第152条:"有下列情形之一的,撤销权消灭:(一)当事人自知道或者应当知道撤销事由之日起一年内、重大误解的当事人自知道或者应当知道撤销事由之日起三个月内没有行使撤销权;(二)当事人受胁迫,自胁迫行为终止之日起一年内没有行使撤销权;(三)当事人知道撤销事由后明确表示或者以自己的行为表明放弃撤销权。当事人自民事法律行为发生之日起五年内没有行使撤销权的,撤销权消灭。"

《民法总则》第152条与《合同法》第55条之规定相比而言,更加细致、更加完备,实践中应当注意期间不同的起算点。

项目	无效民事法律行为	可撤销民事法律行为	效力待定民事法律行为
效力	自始、当然无效	撤销前有效;撤销后有溯及力,自始无效	即非有效,亦非无效
类型	行为能力欠缺者实施的民事行为;恶意串通行为;虚假行为;违反强制性规范及公序良俗的行为	欺诈;胁迫;重大误解;显失公平	限制民事行为能力人待追认的行为;欠缺代理权的代理行为
法律效果	停止履行;返还财产;赔偿损失;追缴财产	被欺诈方、被胁迫方、受损害方(1年)、重大误解的当事人可行使撤销权(3个月)	追认权;催告权;撤销权

四、附条件、附期限的民事法律行为

(一)附条件的民事法律行为

附条件的民事法律行为,是指当事人在法律行为中特别约定一定的条件,并以条件是否成就来决定法律行为效力的发生或者消灭的法律行为。

所附条件的要求是:应是将来发生的事实;应是不确定的事实;应是当事人约定的事实;应是合法的事实。

不得附条件的民事行为主要有:身份行为、票据行为、单方行为。

(二)附期限的民事法律行为

附期限的民事法律行为是指当事人在民事法律行为中约定一定期限,并把该期限的到来作为行为人的民事权利和民事义务发生、变更、消灭的前提的民事法律行为。

期限必须是将来事实和必成事实,期限可分始期和终期。

[提示:当事人为了自己的利益不正当地阻止条件成就的,视为条件已成就;不正当地促成条件成就的,视为条件不成就。]

真题链接

1. 潘某去某地旅游,当地玉石资源丰富,且盛行"赌石"活动,买者购买原石后自行剖切,损益自负。潘某花 5000 元向某商家买了两块原石,切开后发现其中一块为极品玉石,市场估价上百万元。商家深觉不公,要求潘某退还该玉石或补交价款。对此,下列哪一选项是正确的?(2016/03/03)

A. 商家无权要求潘某退货
B. 商家可基于公平原则要求潘某适当补偿
C. 商家可基于重大误解而主张撤销交易
D. 商家可基于显失公平而主张撤销交易

答案:A

【考点】意思表示 可撤销法律行为 重大误解 显失公平 射幸行为

【解析】法律行为需要具备三个有效要件,行为人具有相应的民事行为能力;意思表示真实;不违反法律、行政法规的强制性规定,不违背公序良俗。本题中,商家明知原石有可能是极品玉石,仍作出以5000元出售之意思表示,并不存在重大误解,C项不选。买者购买原石后自行剖切,损益自负,故不受等价有偿约束,自无公平原则之适用,即使存在明显不对等之情形,亦不构成显失公平,故而B项、D项不选。双方当事人意思表示真实,合同有效成立,对当事人均有约束力,故A项正确。

2. 齐某扮成建筑工人模样,在工地旁摆放一尊廉价购得的旧蟾蜍石雕,冒充新挖出文物等待买主。甲曾以5000元从齐某处买过一尊同款石雕,发现被骗后正在和齐某交涉时,乙过来询问。甲有意让乙也上当,以便要回被骗款项,未等齐某开口便对乙说:"我之前从他这买了一个貔貅,转手就赚了,这个你不要我就要了。"乙信以为真,以5000元买下石雕。关于所涉民事法律行为的效力,下列哪一说法是正确的?(2017/03/03)

  A. 乙可向甲主张撤销其购买行为
  B. 乙可向齐某主张撤销其购买行为
  C. 甲不得向齐某主张撤销其购买行为
  D. 乙的撤销权自购买行为发生之日起2年内不行使则消灭
答案:B

【考点】可撤销法律行为 债的相对性

【解析】《民法总则》第149条规定:"第三人实施欺诈行为,使一方在违背真实意思的情况下实施的民事法律行为,对方知道或者应当知道该欺诈行为的,受欺诈方有权请求人民法院或者仲裁机构予以撤销。"本题中,甲作为第三人存在欺诈行为,受欺诈人乙有权主张撤销该合同。实际上,齐某以廉价购得的旧蟾蜍石雕,冒充新挖出文物等待买主,其行为构成欺诈。甲某在本题的交易中为第三人,也存在欺诈行为。即使没有甲的欺诈行为,乙与齐某签订的买卖合同也属于可撤销合同。根据债的相对性,乙应当向齐某主张,而非向甲主张。故A项错误,B项正确,C项错误。撤销权受除斥期间限制,该期间为1年,故D项错误。

3. 陈老伯考察郊区某新楼盘时,听销售经理介绍周边有轨道交通19号线,出行方便,便与开发商订立了商品房预售合同。后经了解,轨道交通19号线属市域铁路,并非地铁,无法使用老年卡,出行成本较高;此外,铁路房的升值空间小于地铁房。陈老伯深感懊悔。关于陈老伯可否反悔,下列哪一说法

是正确的?(2017/03/10)

   A. 属认识错误,可主张撤销该预售合同

   B. 属重大误解,可主张撤销该预售合同

   C. 该预售合同显失公平,陈老伯可主张撤销该合同

   D. 开发商并未欺诈陈老伯,该预售合同不能被撤销

答案:D

【考点】可撤销法律行为重大误解

【解析】行为人因对行为的性质、对方当事人、标的物的品种、质量、规格和数量等的错误认识,使行为的后果与自己的意思相悖,并造成较大损失的,可以认定为重大误解。我国现行立法并未规定错误,规定了重大误解。陈老伯因对轨道交通19号线存在错误认识,不属于对标的物的错误认识,不可以主张撤销该预售可同,故 A 项错误,B 项错误。该预售合同签订时,并不存在乘人之危、显失公平之情形,故 C 项错误。销售经理并不存在欺诈之情形,预售合同不能因欺诈而被撤销,故 D 项正确。

4. 甲欠乙30万元到期后,乙多次催要未果。甲与丙结婚数日后即办理离婚手续,在《离婚协议书》中约定将甲婚前的一处住房赠与知悉甲欠乙债务的丙,并办理了所有权变更登记。乙认为甲侵害了自己的权益,聘请律师向法院起诉,请求撤销甲的赠与行为,为此向律师支付代理费2万元。下列哪些选项是正确的?(2017/03/58)

   A.《离婚协议书》因恶意串通损害第三人利益而无效

   B. 如甲证明自己有稳定工资收入及汽车等财产可供还债,法院应驳回乙的诉讼请求

   C. 如乙仅以甲为被告,法院应追加丙为被告

   D. 如法院认定乙的撤销权成立,应一并支持乙提出的由甲承担律师代理费的请求

答案:BD

【考点】债权人的撤销权

【解析】离婚协议书不因存在债权人无偿转让财产行为而无效,故 A 项错误。

因债务人放弃其到期债权或者无偿转让财产,对债权人造成损害的,债权人可以请求人民法院撤销债务人的行为。如甲证明自己有稳定工资收入及汽车等财产可供还债,则其赠与行为并未对债权人造成损害,法院应驳回乙的诉

讼请求。故 B 项正确。

债权人依照《合同法》第 74 条的规定提起撤销权诉讼时只以债务人为被告,未将受益人或者受让人列为第三人的,人民法院可以追加该受益人或者受让人为第三人。故 C 项错误。

撤销权的行使范围以债权人的债权为限。债权人行使撤销权的必要费用,由债务人负担。债权人行使撤销权所支付的律师代理费、差旅费等必要费用,由债务人负担;第三人有过错,应当适当分担。故 D 项正确。

综合案例分析

1.李老汉在老伴亡故后与独生女相依为命。近日,女儿感染疾病,但苦于无钱治疗,十分着急。邻居许某就想购买李老汉家祖传的一幅郑板桥字画,一直因李老汉不想出卖而不得。这次,许某认为机会来了,遂找到了李老汉,提出以 5 万元的价格购买该幅实际价值为 20 万元的字画。李老汉因仓促之间无法找到买主,不得已答应了这桩买卖。双方交货付款完毕。后李老汉的女儿终因不治身亡,李老汉十分痛心,心灰意冷,明确表示不再追究许某的责任。逾半月,李老汉终因过度伤心也亡故了。其弟李老二继承了李老汉的遗产,得知李老汉与许某的买卖后,要求许某补足价款或者返还字画,许某不允,李老二遂诉至法院。

问:(1)李老汉与许某之间的字画买卖行为效力如何?为什么?

(2)李老二是否有权请求变更或者撤销该买卖行为?为什么?

2.林某和张某在一起散步时,林某捡到 20 元钱。两人约定,20 元钱由两人均分。由于当时都没有零钱,说好回去再分。两人在回家的路上,看到一个体育彩票销售点在发售体育彩票。林某即用捡到的 20 元钱买了 10 注,张某没有阻止。在开奖后,林某所买的体育彩票中了 6000 元的奖金,张某要求均分奖金,遭林某拒绝,两人发生争吵。体育彩票工作人员得知原委后,以购买奖券的 20 元钱是非法所得为由拒付奖金。林某便以体彩中心为被告,向人民法院起诉要求体彩中心给付奖金。张某则作为有独立请求权的第三人请求均分奖金。

问:(1)林某对捡到的 20 元钱是否具有所有权?

(2)林某对张某许诺均分捡到的 20 元钱是一种什么行为?是否对林某产生约束力?

(3)林某和体彩中心之间是一种什么法律关系?体彩中心拒付奖金是否有理?

(4)法院应如何处理本案?

第四讲　代　理

【案情】周璇遗产案

这是发生在20世纪80年代的一宗比较著名的案例。因被告黄宗英为演员、作家和著名电影明星赵丹的遗孀的身份,原告是中国早期电影著名女演员、民国时期一代歌后、"金嗓子"周璇之子而名重一时。案件从受理到终审历时近四年。当事人的身份及背后的故事一直是当时人们茶余饭后的谈资。

1986年11月8日,上海《新民晚报》首先刊登了一条引人注目的新闻《周伟要求黄宗英归还周璇遗产》。这篇新闻写道:"金嗓子"周璇在北京工作的次子周伟,10月中旬向上海市中级人民法院提出民事诉讼,要求黄宗英归还保管他母亲周璇的遗产。周伟认为,他母亲1957年病逝后,留下了一笔遗产。当时他们兄弟俩均年幼,由母亲的生前好友、著名电影演员黄宗英保管,但他在诉讼状中没有提到这笔遗产究竟有多大数目和是什么东西。在此之前,周伟曾向市电影局等单位反映过此事。担任一审任务的上海市中级人民法院受理此案后,就着手进行了司法调查,诉状副本已送黄宗英。

1988年11月,法院向黄宗英发出传票,通知她11月28日到法庭参加诉讼。不久,黄宗英因病回到上海,住进了华东医院。法官们便到医院看望了黄宗英,并且同意了她因病延期开庭的要求。法院将开庭日期改为12月15日。1988年12月15日上午,上海市中级人民法院开庭审理这起周璇遗产纠纷案。黄宗英没有出庭,她写了两份书面材料《我扶养周璇遗孤的前前后后》《我的态度》,由委托代理人王珉律师在法庭上宣读。

法庭调查证实:周璇遗产共有七万余元,利息五万余元,共计本息十二万余元。这笔钱一直由黄宗英作为周璇遗孤监护人的身份保管和使用。法庭上围绕黄宗英使用这笔钱是否构成侵权行为和如何处置遗产,当事双方展开了激烈的争辩。

上海市中级人民法院认为:原告周伟是周璇之子,有事实依据和公证证明,应予确认。周璇死亡后,所遗财产已归其法定继承人周民和周伟所有,故周民和周伟为系争财产的共有人,其中一半应归周伟所有。周璇死亡后,在周民和周伟未成年期间,黄宗英为他们的监护人。作为监护人,黄宗英保管周民和周伟所有的财产,并可以为教养他们而处分保管的财产。监护人的这些权利和义务在1963年上海电影局致中国银行上海分行函中已予明确。在周民和周伟未成年时,黄宗英尽了监护责任。周民和周伟成年时,设立监护的原因消灭,黄宗英对周民和周伟的监护自行解除,则应将所保管的被监护人所有的财产予以返还。黄宗英既未将财产返还,也未将财产情况告知原告或有关组织,没有履行因监护关系所产生的财产保管人应尽的义务。在周伟向黄宗英询问财产情况时,黄宗英仍未告知,而且提取了全部钱款,至今不提供财产去向。黄宗英的行为侵犯了周伟的财产所有权,应负民事责任。据此,黄宗英除应返还周伟所有的财产外,还应赔偿由此造成的周伟所有存款的利息损失。周民主张系争财产的权利,但不主张由黄宗英返还,是对自己这部分民事权利的处分,本院予以准许。周民否认周伟是周璇之子,否定周伟对系争财产的权利无事实依据和法律依据,本院不予支持。黄宗英在周民、周伟未成年时所提取的钱款视为已用于被监护人;所垫付的用于周伟的必要开支加利息后,可在返还款中扣除;用于周伟的必要开支以黄宗英提出的账目为准;周伟成年后给付周伟的钱款,以周伟认可的为准;支付给保姆洪雪珍的费用,部分作为周伟的生活开支计算。据此,本院确认黄宗英用于周伟的费用和给付周伟的钱款总计本息为人民币10318.6元。另,黄宗英和洪雪珍分得系争财产没有法律依据。

1989年9月5日下午二时,上海市中级人民法院作出如下判决:"一、被告黄宗英返还原告周伟钱款人民币53920.16元。二、被告黄宗英赔偿原告周伟利息损失款人民币31459.2元。三、以上两项总计人民币85379.36元在本判决生效时给付。1989年5月起至本判决执行时的利息损失以53920.16元为本金,按中国银行上海分行原周璇户同种类存款利息计算累加,由黄宗英赔偿给周伟。本案受理费人民币732.28元由黄宗英承担。"

上海市中级人民法院宣判时,黄宗英没有到庭,她因病在广州住院。1990年8月30日上午九时,上海市高级人民法院依法组成合议庭,公开审理周璇遗产纠纷案。法院认为:原审法院确认周伟是周璇所生之子,有事实依据和合法有效的证明文书佐证;原审法院确认黄宗英的行为侵犯了周伟的财产所有权,应承担由此而产生的民事责任是正确的。黄宗英要求扣除在周璇生前抚养周民而垫付的生活费作为债权可予支持,应在周璇遗产中偿还。关于黄宗英和洪雪珍以对周璇尽了义务为由,要求分得周璇的遗产,无法律依据,不予支持。法院判决如下:"一、变更上海市中级人民法院〔1986〕沪中民字第37号民事判决书主文第一项、第二项、第三项。二、准予黄宗英从保管财产中扣除垫付周民六年生活费人民币14083.99元。三、黄宗英返还周伟钱款人民币45739.85元,赔偿周伟利息损失款人民币26686.45元,两项共计人民币72426.3元,在判决后三十天内给付。四、黄宗英、周民其他上诉请求不予支持。二审受理费人民币732.28元,黄宗英、周民共同承担632.28元,周伟承担100元。"上海市高级人民法院从1989年9月立案后,花了将近一年的时间,对上诉人的要求和一些有争议的事实作了认真细致的调查,开庭审理了周璇遗产纠纷案,并作出终审判决。这起历时四年之久的为海内外广为关注的案件有了结果。

点评:代理权不仅仅是一项权利,更是一项义务,代理权行使的规则包括代理人应当积极行使代理权,尽勤勉和谨慎的义务,同时代理人还应禁止滥用代理权,代理人在行使代理权的过程中不得有损害被代理人利益的行为。在本案中周璇生前的好友黄宗英虽尽心尽力地抚养了周伟,但其只能代管周璇的遗产,而不能擅自处分,在没有遗嘱或遗赠的前提下,周璇的遗产应依据法定继承顺序,由其子女继承。

知识结构回忆

《民法总则》:第七章 代理(第161条至第175条)
第一节 一般规定(第161条至第164条)(包括代理适用范围、代理效力、代理类型、不当履职与恶意串通的民事责任)
代理类型:法定代理与委托代理(删去了指定代理)
第二节 委托代理(第165条至第172条)
第三节 代理终止(第173条至第175条)

一、代理的概念和类型
二、代理权

一、代理的概念和类型

(一)代理的概念和特征

代理,是指代理人依据代理权,以被代理人的名义与第三人实施民事法律行为而后果由被代理人承担的法律制度。代理的特征如下。

1.代理人实施的行为原则上须是民事法律行为。主要包括:

(1)申请行为:请求国家有关部门授予某种资格或特许权的行为,如行政许可的申请、专利申请、商标申请等行为。

(2)申报行为:向国家有关部门履行法定告知义务和给付义务的行为,如代理缴税。

(3)诉讼行为:在民事诉讼、行政诉讼和刑事附带民事诉讼中,作为原告、被告或者第三人的诉讼代理人参加诉讼。

但是,下列行为不得代理:

(1)意思表示具有严格人身性质,必须由本人亲自表达、作出决定的行为,如订立遗嘱、婚姻登记、收养或送养子女等。

(2)法律规定或当事人约定应当由特定的人亲自为之的行为,如演出、讲课等。

(3)违法行为不可代理。代理人知道或者应当知道代理事项违法仍然实施代理行为,或者被代理人知道或者应当知道代理人的代理行为违法未作反对表示的,被代理人和代理人应当承担连带责任。

2.代理人必须以被代理人的名义实施民事法律行为。

3.代理人必须在代理权限范围内实施代理行为。

4.代理人独立实施民事法律行为。

5.代理行为的法律效果直接归属于被代理人。

(二)代理的类型

1. 以代理权的产生根据不同划分——委托代理、法定代理

2. 以代理权的来源不同划分——本代理和复代理

基于被代理人授权而成立的代理为本代理。

代理人基于复任权以自己的名义在选定他人担任被代理人的代理人的,

为复代理。

复任权的发生＝约定＋法定

(1)约定:代理人需要转委托第三人代理的,应当取得被代理人的同意或者追认。

(2)法定:在紧急情况下为了维护被代理人的利益需要转委托第三任代理的,无须经被代理人同意。"紧急情况"是指由于急病、通讯联络中断等特殊原因,委托代理人自己不能办理代理事项,又不能与被代理人及时取得联系的,如不及时转托他人代理,会给被代理人的利益造成损失或者扩大损失的情形。

3.以是否以本人名义为标准划分——直接代理与间接代理

(1)直接代理:指代理人以被代理人的名义从事法律行为,后果由被代理人承担的代理。

(2)间接代理:指代理人以自己的名义从事代理活动,后果间接由本人承担的代理。

根据《合同法》规定,间接代理根据相对人是否知道代理关系的存在,又可以分为显名的间接代理和隐名的间接代理。

显名的间接代理,是指受托人以自己的名义订立合同,而相对人在订立合同时知道受托人与委托人内部的委托关系。(《合同法》第402条)

隐名的间接代理,是指受托人以自己的名义订立合同,而相对人在订立合同时不知道受托人与委托人内部的委托关系。(《合同法》第403条)

	显名的间接代理	隐名的间接代理
合同效力	合同原则上直接约束委托人和第三人。	合同原则上约束受托人与第三人。
第三人未履行义务	委托人直接请求第三人承担违约责任。	1.受托人向委托人披露第三人; 2.委托人享有介入权,行使对第三人的权利。但第三人排斥该委托人时除外。
委托人未履行义务	第三人直接请求委托人承担违约责任。	1.受托人应向第三人披露委托人; 2.第三任有选择权,可选择受托人或者委托人主张权利,选定后不得变更。

续表

	显名的间接代理	隐名的间接代理
特别效力	如有确切证据可证明该合同只约束受托人和第三人,委托人不直接承担责任。	1.委托人介入的,第三人可主张对受托人的抗辩; 2.第三人选定委托人的,委托人可主张其对受托人的抗辩以及受托人对第三人的抗辩。

二、代理权

代理权不是一种权利,而是一种资格和地位。

(一)代理权行使的规则

1.代理人必须自己处理委托事务。
2.代理人应当积极行使代理权,尽勤勉和谨慎的义务。
3.禁止滥用代理权。

代理权滥用,是指代理人在行使代理权过程中损害被代理人利益的行为。法律为了禁止这种违背代理权设置目的的行为,设置了以下限制性措施:

(1)自己代理:原则禁止+例外允许

《民法总则》第168条第1款:代理人不得以被代理人的名义与自己实施民事法律行为,但是被代理人同意或者追认的除外。

(2)双方代理:原则禁止+例外允许

《民法总则》第168条第2款:代理人不得以被代理人的名义与自己同时代理的其他人实施民事法律行为,但是被代理的双方同意或者追认的除外。

(3)通谋代理

代理人和第三人恶意串通,损害被代理人的利益的,由代理人和第三人负连带责任。

(二)无权代理

1. 狭义的无权代理

无权代理指欠缺代理权而以被代理人名义实施民事法律行为。包括:

(1)根本未经被代理人授权。

(2)超越代理权范围而为代理行为。

(3)代理权终止后仍实施代理行为。

2. 无权代理的效力

《民法总则》第171条:"行为人没有代理权、超越代理权或者代理权终止后,仍然实施代理行为,未经被代理人追认的,对被代理人不发生效力。相对人可以催告被代理人自收到通知之日起一个月内予以追认。被代理人未作表示的,视为拒绝追认。行为人实施的行为被追认前,善意相对人有撤销的权利。撤销应当以统治的方式作出。行为人实施的行为未被追认的,善意相对人有权请求行为赔偿,但是赔偿的范围不得超过被代理人追认时相对人所能获得的利益。相对人知道或者应当知道行为人无权代理的,相对人和行为人按照各自的过错承担责任。"

(1)被代理人的追认权(属形成权)。可以是明示或默示,但不得沉默。被代理人未作表示的,视为拒绝追认。

(2)相对人的催告权与善意相对人的撤销权。

(3)无权代理未被追认的法律后果:善意相对人的选择权。

(三)表见代理

表见代理指行为人没有代理权、超越代理权或者代理权终止后,仍以被代理人名义实施代理行为,相对人有理由相信行为人有代理权的,该代理行为有效。

1. 表见代理的构成要件:(1)无代理权;(2)有权利外观;(3)相对人善意且无过失;(4)必须权利外观归因于被代理人(本人的行为与权利外观的形成具有牵连性)。

2. 本质:无权代理

3. 法律效果:和有权代理同样的效力,即代理人从事代理行为的后果直接归属与被代理人。

4. 典型情形

(1)常涉及的相对人"有理由相信"有代理权的典型情形:

①行为人在双方以往的交易中均有代理权,而代理权终止后未及时通知;

②被代理人以明示或默示方式向第三人表示行为人为代理人,但事实上未予授权;

③被代理人与代理人的代理关系无效、被撤销或者终止的,未采取必要措施并及时收回代理证书的;

④代理终止后,行为人持有被代理人的介绍信,还有合同专用章或公章的空白合同。

(2)存在下列情形之一,不适用表见代理。

①行为人伪造或盗用他人介绍信、合同专用章或者公章的空白合同书签订合同的。

②借用他人介绍信、合同专用章或者盖有公章的空白合同书签订合同的。

[提示:这种情况本来可以构成表见代理,但是,《最高人民法院关于适用〈中华人民共和国民事诉讼法〉的解释》第65条规定:借用业务介绍信、合同专用章、盖章的空白合同书或者银行账户的,出借单位和借用人为共同诉讼人。对于此规定,可以理解为出借人和借用人之间承担的是连带责任。因而排除了认定此种情形构成表见代理的必要,因为一旦构成表见代理,承担责任的方式是直接由被代理人承担,而不是连带责任。]

[案例1]杨某,28岁,工作四年有一定积蓄,想购买一辆价格在12万元左右的小轿车。徐某,杨某的表弟,17岁,在某汽修厂从事汽车维修工作,有一定工作经验。于是杨某委托徐某代其购买一辆小轿车。徐某到顺通汽车销售中心处,由业务员丁某接待并提供服务。徐某经过丁某的推荐,购买了一辆价格11万元的汽车,丁某以顺通汽车销售中心的名义进行了承诺。徐某付款取车,并交于杨某。3日后,杨某驾驶新车与老友吕某一起出行,吕某根据经验判断此车存在问题,建议杨某去做详细检查。经检查,该车果然有重大瑕疵,是之前曾经历过重大交通事故后翻新而成的车辆。丁某明知此事,故意不告知。

问:(1)杨某、顺通汽车销售中心的合同是否成立?

(2)杨某可怎样维权?依据是什么?

[案例2]吴某授权郝某,让郝某以12000元购买一块表,但郝某在订立合同之时,错误表述为21000元。

问:(1)合同可否撤销?

(2)撤销权应该归谁享有?为什么?

(3)被代理人在什么情况下有必要通过行使撤销权以保护自己的合法权利?

(4)如果被代理人以重大误解为由撤销合同,会产生什么法律后果?

[案例3] 甲有儿子乙(8岁)和丙(4岁)。甲赠与A房给乙,赠与B房给丙,并办理了过户登记。丁需要租赁房屋2套,于是委托甲,并授权甲代自己租赁房屋。甲一方面代理乙和丙,一方面代理丁,分别订立了乙丁之间、丙丁之间的租赁合同。

问:(1)甲乙之间、甲丙之间的赠与合同是否有效?乙丙可否获得房屋的所有权?

(2)乙丁之间、丙丁之间的租赁合同是否有效?

真题链接

1.下列哪些情形属于代理?(2012/03/53)

A.甲请乙从国外代购1套名牌饮具,乙自己要买2套,故乙共买3套一并结账

B.甲请乙代购茶叶,乙将甲写好茶叶名称的纸条交给销售员,告知其是为自己的朋友买茶叶

C.甲律师接受法院的指定担任被告人乙的辩护人

D.甲介绍歌星乙参加某演唱会,并与主办方签订了三方协议

答案:ABC

【考点】代理的狭义、广义之分

【解题】狭义代理仅指代理人以本人的名义进行的代理,即直接代理,也称显名代理;广义的代理,还包括间接代理,即代理人以自己的名义实施民事法律行为,而后将该行为效果间接归于本人的代理,也称隐名代理。在我国《民法通则》规定的是直接代理,但《合同法》在"委托合同"一章中,又规定了间接委托,间接承认了隐名代理。在选项A中,乙基于委托权,以自己的名义购买的饮具属于间接代理。在选项B中,乙的行为是明显的直接代理行为。在C选项中,辩护人甲在维护乙的民事权益的时候是享有一定的代理权的。而在D选项中,甲的行为构成的是居间,甲为实施法律行为,不构成代理。故本题选择ABC。

2.吴某是甲公司员工,持有甲公司授权的委托书。吴某与温某签订了借款合同,该合同由温某签字,吴某用甲公司合同专用章盖章。后温某要求甲公

司还款。下列哪些情形有助于甲公司否定吴某的行为构成表见代理？（2014/03/52）

　　A.温某明知借款合同上盖的章是甲公司的合同专用章而非甲公司公章，未表示反对

　　B.温某未与甲公司核实，即将借款交给吴某

　　C.吴某出示的甲公司授权委托书载明甲公司仅授权吴某参加投标活动

　　D.吴某出示的甲公司空白授权委托书已届期

答案：CD

【考点】表见代理的构成

【解析】单位作为当事人签订合同时，在合同书上加盖单位的合同专用章和加盖单位公章具有同等的法律效力。只有在吴某不享有代理权，但持有甲公司的合同专用章，温某是善意的且无过失，与吴某订立合同的，才会成立表见代理。选项A、B，均不影响表见代理的认定。在C选项中，温某知道吴某与自己订立的借款合同超越了吴某自己的代理权限，还与其订立合同，可知，温某绝非善意，不能构成表见代理。关于D选项，温某主观上是恶意的，因此也不构成表见代理。故选择CD。

　　3.甲公司员工唐某受公司委托从乙公司订购一批空气净化机，甲公司对净化机单价未作明确限定。唐某与乙公司私下商定将净化机单价比正常售价提高200元，乙公司给唐某每台100元的回扣。商定后，唐某以甲公司名义与乙公司签订了买卖合同。对此，下列哪一选项是正确的？（2016/03/04）

　　A. 该买卖合同以合法形式掩盖非法目的，因而无效

　　B. 唐某的行为属无权代理，买卖合同效力待定

　　C. 乙公司行为构成对甲公司的欺诈，买卖合同属可变更、可撤销合同

　　D. 唐某与乙公司恶意串通损害甲公司的利益，应对甲公司承担连带责任

答案：D

【考点】代理权滥用

【解析】合法形式掩盖非法目的的存在于双方虚伪表示行为。《民法总则》第146条规定："行为人与相对人以虚假的意思表示实施的民事法律行为无效。以虚假的意思表示隐藏的民事法律行为的效力，依照有关法律规定处理。"如果隐藏行为违反了法律、行政法规的强制性规定或违反社会公序良俗，则属于合法形式掩盖非法目的，隐藏行为无效。本题中，只有一个法律行为，即唐某滥用代理权与乙公司签订的买卖合同，并不存在所谓虚伪行为与

隐藏行为之区分,该合同因恶意串通损害第三人利益而无效,并非因合法形式掩盖非法目的而无效。故 A 项错误。进而 B 项、C 项关于合同效力的认定也不正确。《民法总则》第 164 条第 2 款规定:"代理人和相对人恶意串通,损害被代理人合法权益的,代理人和相对人应当承担连带责任。"故 D 项应选。

综合案例分析

1.2017 年 3 月,甲公司与杨某进行口头约定,将其 50 间仓库库房出售给杨某,在两年内可行使回购权,每年向杨某支付 100 万元,以此实现融资 500 万元。3 月 10 日,杨某与徐某等人(周某、严某)签订《委托协议》,授权徐某等人与甲公司签订《购房合同》,并约定杨某为实际购房者,徐某等人不享有任何实体权利;该协议上具有杨某、徐某二人的签名,周某、严某的签名则由他人书写。之后,杨某及徐某等人分别与甲公司签订《购房合同》,且甲公司与杨某签订《补充协议》约定:"实际购买人为杨某,徐某等人在《购房合同》及本补充协议中应履行的义务,杨某须全部承担,享有的权利,杨某有权行使。"

2019 年 1 月,甲公司依约向杨某行使回购权未果,遂向法院提起诉讼,要求杨某与徐某等人履行《补充协议》,回购公寓房。

问:授权委托书中的签字非本人所签,代理人是否享有代理权?

2. 甲与乙是夫妻关系,争议房屋登记在甲名下。2015 年 4 月,在某经纪公司的介绍下,乙以甲的名义与丙签订涉案房屋的买卖合同及补充协议,并于合同签订当日给付定金。上述文件上均签有"甲、乙代。"之后,乙一直未按合同约定办理过户手续。丙向房屋管理部门查询得知,甲已将涉案房屋卖给了丁并已经办理了过户手续。

为此,丙以合同无法履行,乙、甲、经纪公司侵犯其合法权益为由,提起诉讼,请求解除其与乙、经纪公司签订的涉案房屋买卖合同及补充协议,乙、甲双倍返还购房定金并承担居间服务损失 3000 元。

问:夫妻一方未经授权以对方名义签订的房屋买卖合同是否有效?

第五讲　诉讼时效

【案情】福建采光权受阻第一案

2000年3月,福州市晋安区北环东路沁园新村的5户居民以被告福建铁路房地产综合开发公司擅自改变规划,将原先6层半的楼房改为7层半,致使楼距缩小,住户的日照权受到侵犯为由,向被告提出经济损失赔偿每户1万元。2000年12月13日,一审法院以证据不足、诉讼时效超过为由驳回原告的诉讼请求。①

点评：随着生活品质与居住环境的提高,作为所有权重要组成部分的相邻权近年来越来越受到公民的关注,相邻关系是不动产相邻各方对各自所有或占有的不动产行使所有权或使用权,因相互间依法应给予方便或接受限制而发生的权利义务关系。相邻关系包括建筑物相邻关系,要求相邻各方修建房屋或其他建筑物,应与邻人的房屋保持适当距离,不得妨碍邻人的通风和采光。在本案中沁园新村的居民提起相邻权之诉有法律依据,但居民提出的停止侵害、赔偿损失等诉请因存在证据与诉讼时效问题最终仍被法院驳回,此案留下诸多遗憾,但时至今日我们除了敬佩多年前公民的权利意识外,应思考的是人民法院以诉讼时效为由驳回诉讼请求是否妥当？相邻权属于物权,诉讼时效一般仅适用于债权,希望人民法院处理类似案件时,能多一些法律效果的考虑。

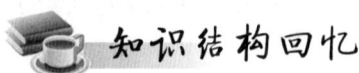

《民法总则》:第九章　诉讼时效(第188条至第199条)

一、诉讼时效的概念
二、诉讼时效的适用范围

---

① 参见《东南快报》2000年12月16日第8版。

三、诉讼时效的期间
四、诉讼时效的起算
五、诉讼时效的中止
六、诉讼时效的中断
七、诉讼时效的延长

[案例1] **诉讼时效的计算**

材料一：2014年甲因为做生意向乙借了15万元，约定2017年10月10日归还，甲届期没有还款，乙于2017年11月11日通过手机短信催促还款。

材料二：甲在2015年出售一批货物给乙，约定当年的12月22日交货，乙收货4个月后付款。乙没有如约付款。

材料三：2012年甲借给乙10万元，写了借条，但是没有明确还款日期，后经甲催要，乙承诺在2016年1月15日前还款。可是乙到期依然没有偿还。2016年3月5日乙向甲表示，因为生活困难请求再延期一年，甲未同意。

问：(1)材料一中，乙若要通过诉讼实现债权，则时效何日届满？

(2)材料二中，甲若起诉乙，从哪一天开始就可能被驳回诉讼请求？

(3)材料三中，甲至迟应在哪一天起诉才能得到法院的支持？

一、诉讼时效的概念

(一)诉讼时效

诉讼时效是指债权人在法定期间内不行使债权请求权，相对人就可以据此行使抗辩权的法律制度。

(一)性质

诉讼时效为法律的强制性规定，当事人之间对于诉讼时效的事先约定不具有效力。(《民法总则》第197条)

(二)诉讼时效经过的法律后果

1. 时效抗辩说

《最高人民法院关于审理民事案件适用诉讼时效制度若干问题的规定》

(以下简称《诉讼时效规定》)及《民法总则》采用了时效抗辩说。诉讼时效期间届满,义务人可以提出不履行义务的抗辩。

2. 诉讼时效抗辩的提出

(1)《民法总则》第193条:人民法院不得主动适用诉讼时效的规定。

(2)诉讼时效抗辩应当在一审时提出。若一审未提出抗辩的,二审时原则上不再行使,但其基于新的证据能够证明对方当事人的请求权已过诉讼时效期间的情形除外。

(3)诉讼时效经过后主动履行:不构成不当得利。

(4)诉讼时效期间届满,当事人一方向对方当事人作出同意履行义务的意思表示或者自愿履行义务的,视为放弃诉讼时效抗辩,不得再以诉讼时效期间届满为由进行抗辩,应当依照请求履行债务。

二、诉讼时效的适用范围

(一)诉讼时效的适用对象

诉讼时效主要适用债权请求权,此外,还能适用于未登记的动产物权的权利人请求返还财产的权利。债权请求权包括合同债权请求权、侵权请求权、不当得利请求权、无因管理请求权、缔约过失请求权。

[提示:传统民法认为,物权请求权均不适用诉讼时效。为了促使权利人及时行使返还原物请求权,《民法总则》特别规定,有例外:未登记的动产物权的权利人请求返还财产的,受到诉讼时效的限制。举例:甲有一电脑,借给好友乙使用,乙占有期间将电脑丢失,被甲的好友丙拾得,甲得知后,碍于与丙的情面一直未主张返还。3年后,甲、丙交恶,甲提出丙的电脑为其所有,要求丙返还。因为电脑为未登记的动产,丙可提出诉讼时效已经经过的抗辩而拒绝返还。]

(二)不适用诉讼时效的请求权

1. 依据《诉讼时效规定》第1条规定,当事人可以对债权请求权提出诉讼时效抗辩,但对下列债权请求权提出诉讼时效抗辩的,人民法院不予支持:

(1)支付存款本金及利息请求权;

(2)兑付国债、金融债券以及向不特定的对象发行的企业债券本息请求权;

(3)基于投资关系产生的交付出资请求权;

(4)其他依法不适用诉讼时效规定的债权请求权。例如:未进入流通领域的国家财产受到侵害时的请求权,不适用诉讼时效。

2.依据《民法总则》第196条规定,不适用诉讼时效的请求权:

(1)请求停止侵害、排除妨碍、消除危险;

(2)不动产物权和登记的动产物权的权利人请求返还财产;

(3)请求支付抚养费、赡养费或者扶养费;

(4)依法不适用诉讼时效的其他请求权。

三、诉讼时效的期间

(一)普通诉讼时效

普通诉讼时效为3年,自知道或应当知道权利受侵害及义务人之日起算。

(二)特殊诉讼时效

[**提示**:取消了《民法通则》第136条规定的四种适用1年短期时效的情形。]

1.4年——国际货物买卖合同、技术进出口合同纠纷。(《合同法》第129条)

2.5年——人寿保险的被保险人或者受益人对保险人请求给付保险金的权利,自其知道保险事故发生之日起5年不行使而消灭。(《保险法》第26条)

(三)最长诉讼时效

自权利被侵害之日起算——20年。从权利被侵害之日起算,不适用中止和中断,但可延长。

四、诉讼时效的起算

(一)一般规定

《民法总则》第188条第2款:"诉讼时效期间自权利人知道或者应当知道权利受到损害以及义务人之日起计算。法律另有规定的,依照其规定。"

[**提示**:增加了"知道义务人"。举例:甲驾车超速撞伤正在路上正常行走

的乙后逃逸。1年后,乙才知道甲为肇事者。若乙被撞伤即起算时效,显然人为缩短了乙主张权力的诉讼时效期间。因此作了新规定。]

(二)例外规定

1. 离婚之后发现一方离婚分割财产时隐匿财产要求重新分割的,从发现财产之次日起计算诉讼时效。[《最高人民法院关于适用〈中华人民共和国婚姻法〉若干问题的解释(一)》(以下简称《婚姻法解释(一)》)第31条]

2. 一般保证合同,保证债务的诉讼时效从对主债务人诉讼判决、裁决生效之日起算。

(三)特别规定

1. 合同之债

(1)定有清偿期的:从清偿期届满之日起算。

(2)不能确定清偿期的:从债权人要求债务人履行义务的宽限期届满之日起计算,但债务人在债权人第一次向其主张权利之时明确表示不履行义务的,诉讼时效期间从债务人明确表示不履行义务之日起计算。

(3)分期履行的合同:自最后一期届满之日起算。(《民法总则》第189条)

(4)合同撤销后返还之债:被撤销之日起算。

2. 侵权之债

(1)人身侵权赔偿:当即发现,侵害发生之日起算;当时未发现,伤势确诊之日起算。

(2)未成年人遭性侵:自受害人年满18周岁之日起算。(《民法总则》第191条,新增)

(3)无或限制民事行为能力人对其法定代理人的请求权的诉讼时效期间:自该法定代理终止日起计算。(《民法总则》第190条,新增)

3. 不当得利之债(《诉讼时效规定》第8条)

自知道或应当知道不当得利事实及对方当事人之日起计算。

4. 无因管理之债(《诉讼时效规定》第9条)

(1)管理人请求必要费用:行为结束并且知道本人之日起算。

(2)本人请求损害赔偿:知道或应当知道管理人及损害事实之日起算。

五、诉讼时效的中止

《民法总则》第194条:"在诉讼时效期间的最后六个月内,因下列障碍,不能行使请求权的,诉讼时效中止:(一)不可抗力;(二)无民事行为能力人或者限制民事行为能力人没有法定代理人,或者法定代理人死亡、丧失民事行为能力、丧失代理权;(三)继承开始后未确定继承人或者遗产管理人;(四)权利人被义务人或者其他人控制;(五)其他导致权利人不能行使请求权的障碍。自中止时效的原因消除之日起满六个月,诉讼时效期间届满。"

[提示:1.对于诉讼时效中止事由消除后的效力,《民法通则》规定是继续计算,而《民法总则》规定一律剩余6个月。2.中止的事由存在于诉讼时效期间临届满的最后6个月内。(1)如果在最后6个之前发生的,持续到最后6个月时中止。(2)如果发生在最后6个月内,则立即中止。(3)无论何时中止,均是在中止事由消失后继续计算6个月。]

六、诉讼时效的中断

《民法总则》第195条:"有下列情形之一的,诉讼时效中断,从中断、有关程序终结时起,诉讼时效期间重新计算:(一)权利人向义务人提出履行请求;(二)义务人同意履行义务;(三)权利人提起诉讼或者申请仲裁;(四)与提起诉讼或者申请仲裁具有同等效力的其他情形。"

1. 权利人向义务人提出履行请求的。

根据《诉讼时效规定》第10条,具有下列情形之一的,应当认定为"提出履行请求",产生诉讼时效中断的效力:

(1)当事人一方直接向对方当事人送交主张权利文书,对方当事人在文书上签字、盖章或者虽未签字、盖章但能够以其他方式证明该文书到达对方当事人的;

(2)当事人一方以发送信件或者数据电文方式主张权利,信件或者数据电文到达或者应当到达对方当事人的;

(3)当事人一方为金融机构,依照法律规定或者当事人约定从对方当事人账户中扣收欠款本息的;

(4)当事人一方下落不明,对方当事人在国家级或者下落不明的当事人一方住所地的省级有影响的媒体上刊登具有主张权利内容的公告的,但法律和司法解释另有特别规定的,适用其规定。

前款第(1)项情形中,对方当事人为法人或者其他组织的,签收人可以是其法定代表人、主要负责人、负责收发信件的部门或者被授权主体;对方当事人为自然人的,签收人可以是自然人本人、同住的具有完全行为能力的亲属或者被授权主体。

2. 义务人同意履行义务的。

根据《诉讼时效规定》第16条,义务人作出分期履行、部分履行、提供担保、请求延期履行、制定清偿债务计划等承诺或者行为的,应当认定为"义务人同意履行义务"。

3. 权利人提起诉讼或者申请仲裁的。

4. 与提起诉讼或者申请仲裁具有同等效力的其他情形。

包括:(1)申请支付令;(2)申请破产、申报破产债权;(3)为主张权利而申请宣告义务人失踪或死亡;(4)申请诉前财产保全、诉前临时禁令等诉前措施;(5)申请强制执行;(6)申请追加当事人或者被通知参加诉讼;(7)在诉讼中主张抵销;(8)其他与提起诉讼具有同等诉讼时效中断效力的事项;(9)债权人向相关部门提出权利保护请求或者提出控告。

七、诉讼时效的延长

《民法总则》第188条第2款:"诉讼时效期间自权利人知道或者应当知道权利受到损害以及义务人之日起计算。法律另有规定的,依照其规定。但是自权利受到损害之日起超过二十年的,人民法院不予保护;有特殊情况的,人民法院可以根据权利人的申请决定延长。"

 **真题链接**

1.甲公司向乙公司催讨一笔已过诉讼时效期限的10万元货款。乙公司书面答复称:"该笔债务已过时效期限,本公司本无义务偿还,但鉴于双方的长期合作关系,可偿还3万元。"甲公司遂向法院起诉,要求偿还10万元。乙公司接到应诉通知后书面回函甲公司称:"既然你公司起诉,则不再偿还任何货款。"下列哪一种选项是正确的?(2014/03/05)

A.乙公司的书面答复意味着乙公司需偿还甲公司3万元

B.乙公司的书面答复构成要约

C.乙公司的书面回函对甲公司有效

D.乙公司的书面答复表明其丧失了10万元的时效利益

答案:A

【考点】时效利益的抛弃

【解析】《诉讼时效规定》第22条规定:"诉讼时效期间届满,当事人一方向对方当事人作出同意履行义务的意思表示或者自愿履行义务后,又以诉讼时效期间届满为由进行抗辩的,人民法院不予支持。"乙向甲支付10万元货款已过诉讼时效期间,但题中乙对甲作出同意部分履行3万元义务的意思表示,则诉讼时效重新开始计算。但对于剩余的7万元债务的时效利益,乙并未放弃,可主张诉讼时效期间经过,拒绝支付。综上所述,A选项当选。

2.下列哪些请求不适用诉讼时效?(2014/03/53)

A.当事人请求撤销合同

B.当事人请求确认合同无效

C.业主大会请求业主缴付公共维修基金

D.按份共有人请求分割共有物

答案:ABCD

【考点】诉讼时效的客体

【解析】在民事权利中,仅请求权适用诉讼时效,支配权、形成权、抗辩权均不适用诉讼时效。选项A中的撤销权属于形成权,不适用诉讼时效。B选项中确认合同无效的也是属于形成权,不适用诉讼时效。在选项C中,虽然业主大会请求业主缴付公共维修基金属于请求权,但是业主缴付公共维修基金的法定义务是随业主身份的存在而存在的,不因时间经过而消灭,故不适用诉讼时效。按份共有人分割共有物的权利属于形成权,不适用诉讼时效。故D选项错误。

综合案例分析

1.2014年10月3日,甲出售并交付一批货物给乙,双方约定在1个月内乙向甲付款。后乙因琐事未曾付款,甲也一直未向乙催要。2016年7月4日甲因车祸受伤成为植物人,由于家庭原因,直到2016年8月4日才确定由丙担任监护人。2016年11月5日,丙在清理财产时发现尚有乙欠款未追回,于次日向乙讨要欠款。乙认为该项债务诉讼时效已过不愿偿还,丙遂于 2016 年 11 月 20 日向法院提起诉讼。

问:本案中的债权是否已经超过诉讼时效期间?

2.1991 年 10 月 29 日,赵某妻子宫某在通化市人民医院产下一男婴。按院方规定,男婴放在婴儿室看护,3 天后将婴儿抱回。赵某夫妇给抱回的男婴起名赵达。2011 年 3 月,赵某夫妇偶然发现赵达的血型与两人不符,并非自己的亲生儿子。二人随后对亲子进行寻找。遂找到了当年与宫某在同一个产房的李某的儿子孙超。2012 年 1 月底,经过辽宁省公安厅 DNA 亲子鉴定,赵达与赵某夫妇没有血缘关系,孙超是赵氏夫妇的亲生儿子,而赵达与孙超养父母孙某、李某却没有血缘关系。从而引发"串子"事件。尽管经过多方寻找,赵达的亲生父母及孙某夫妇的亲生儿子至今毫无下落。此一串后果系通化市人民医院疏于管理所致。

2012 年夏天,孙、赵"两家"6 人以侵权为案由起诉通化市人民医院,通化市东昌区法院受理案件。在原告的诉讼请求中,6 人共要求医院赔付精神损害抚慰金、赡养费、抚养费、寻亲费等共计 360 多万元。

问:本案是否超过了法律规定的最长诉讼时效?

3.1970 年出生的甲在 2016 年向法院起诉称:他 1 岁患病时到某医院治疗,静脉注射治疗时,输液的针头折断而留在腕部血管中。该医院为甲实施了手术,但手术失败,针头没有取出来。由于保护措施不当,针头顺血液流入肩部被卡住。医院为他再次进行手术。针头突然随血液通过心脏到肺部,手术再次失败。当时医院承诺,今后终生为甲免费治疗。甲认为,45 年来针头一直留在他的肺部,给他和他的家属造成巨大精神压力。由于手术造成甲颈部歪斜,给其生活及工作带来极大不便。甲为此要求医院支付取针费 10 万元、残疾补助费 10 万元、精神损害赔偿金 20 万元。法院经审理认为:本案事故发生在 1971 年,《民法通则》于 1987 年 1 月 1 日起施行时,甲的民事权利被侵害已超过 20 年。甲在《民法通则》实施后向人民法院请求保护,该诉讼时效依法应从 1987 年 1 月 1 日起计算,一年后诉讼时效期间完成。原告提出诉讼主张时,已经超过法律规定的时效期间。因此法院驳回了原告的诉讼请求。

问:幼年时注射针头折断留在血管中,45 年后起诉能否因超过诉讼时效被驳回诉讼请求?

专题二 物权法

第一讲 物权概述

经典案例

【案情】赵文卓索要采光权案——民法中的相邻权纠纷

北京市朝阳区人民法院温榆河法庭两位名人对簿公堂,原告是著名演员赵文卓(曾主演过《霍元甲》《七剑下天山》《苏乞儿》等影视作品),被告是著名画家方力钧(其创造的"光头波皮"形象成为一种经典),打官司的原因是因为赵文卓认为邻居方力钧私自扩建别墅遮挡了自家的采光和通风,颇有意思的是方力钧也曾以类似的理由把赵文卓推上了被告席。赵文卓和方力钧是东山墅小区的邻居。赵文卓诉称,2006年5月,方力钧对别墅进行改扩建,物业人员发现,被告拆除了别墅书房前的外立面,拟建二层楼房。物业公司立即制止并报城管部门,但未能阻止方力钧扩建完工。赵文卓表示,方力钧别墅的扩建严重影响了他家房屋的正常使用,遮挡了其居住房屋的采光、通风和视野。2008年8月,赵文卓一纸诉状将方力钧告上法院,要求他拆除扩建,恢复原状。方力钧辩称,二者房屋至少相距7米,且赵的房屋处于小区通风量最大的位置,扩建房屋未影响赵家的采光、通风,从两栋房屋的朝向来看,也不存在遮挡。方力钧还认为,他扩建是否违法,应由规划和城管部门认定并处理,如违反了小区管理公约,也应由物业而非赵文卓起诉。

赵文卓的妻子张丹露代替丈夫出现在了原告席上。据张丹露讲，方立钧在没有经过物业允许，也没有和他们商量的情况下就将别墅进行了改扩建，建出了两层房屋，这块违章建筑正好挡住了自家别墅的采光和通风。

张丹露说，当时物业和城管都出面制止过，要求停止扩建、恢复原状，但都被方力钧拒绝，他们在协商不可能的情况下才选择了起诉到法院。经过审理，人民法院认为不动产的相邻权利人应当按照有利生产、方便生活、团结互助、公平合理的原则正确处理相邻关系。方力钧建造的临时建筑没有合法的审批手续，且其建筑在一定程度上对赵文卓的房屋视野构成了妨碍。

人民法院查明，方力钧在其门廊与书房前扩建期间，小区物业在一个半月的时间内曾7次向他发出施工整改通知书，要求其停止施工，并将违规部位恢复。东山墅业主与开发商签订的购房合同约定：未经所有业主同意，买受人不得改变该商品房屋面和外墙面的颜色和形状，不得添加任何附加物。《业主临时公约》也明确：不得改变楼宇的外观、颜色及结构或加建、扩建、拆除任何建筑物。此案经过二审后，北京市第二中级人民法院认为，方力钧在未经行政管理部门审批的情况下，非法扩建二层房屋，经制止仍未改正，现方力钧建成的建筑物对赵文卓的房屋存在遮挡，赵文卓要求方力钧恢复原状，理由正当，其请求应予支持。法院终审判决赵文卓胜诉后，赵文卓向朝阳区人民法院申请执行。方力钧一家在法官的监督下对私建进行了拆除。

点评：相邻关系是伴随不动产所有权的产生而产生的。"盖不动产既系位置固定不移之物，而天下之不动产又不能尽归一人所独有，则甲之不动产与乙之不动产，势必结邻，加以居今之世，又非古人所谓'阡陌交通鸡犬相闻，民至老死不相往来'之社会，因而相邻间彼此权利之行使，即难免发生冲突，此种冲突若不解决，则直接影响于所有物之完全利用者固大，间接影响于社会秩序及国民经济者亦复不小，为此法律对于各所有权之内容，既不能不于一定之范围内加以限制，同时对于各所有权人亦不能不于一定之范围内，课以协力之义务，必能调和双方之利害，而期达到共存共荣之目的。此种所有权有时受限制，有时得扩张之情形，即所谓相邻关系是也。"[①]在本案中，经人民法院审理，明晰方力钧建造的临时建筑没有合法的审批手续，且其建筑在一定程度上对赵文卓的视野构成妨碍。据此，人民法院判决方力钧将改扩建房屋自行拆除并恢复原状。最终人民法院支持了赵文卓的诉讼请求，符合《民法通则》关于

[①] 郑玉波：《民法物权》，台湾三民书局1986年版，第77页。

采光权的规定。采光权是物权的一种,是资产权的一部分,以往人们对于通风、采光这些私人拥有的权利比较漠视,随着生存环境和质量的提高,人们开始追求更高层次的物质和精神生活,房间的采光等权利也变得越来越重要。

知识结构回忆

一、物权法的基本原则
二、物权效力
三、物权的保护
四、物权的变动

物权是指权利人依法对特定的物享有直接支配和排他的权利。
物权特征:物权是对世权、绝对权、支配权、排他性的权利。

一、物权法的基本原则

(一)物权法定原则

《物权法》第5条:"物权的种类和内容,由法律规定。"

我国《物权法》中规定的物权有:所有权、用益物权、担保物权、占有。理论上常见的物权类型有:(1)完全物权和定限物权;(2)用益物权和担保物权;(3)动产物权、不动产物权和权利物权;(4)主物权和他物权;(5)意定物权和法定物权。

[案例1]请分析下列当事人的约定效力如何?

(1)钟老师与长期照顾她的姑姑约定,姑姑对钟老师所有的四室一厅住房中的一室享有居住权,姑姑对该房间的居住权可以对抗任何人的其他权利。

(2)某村民委员会与该村村民徐某签订的土地承包合同中约定,徐某对该村集体所有的一块30亩耕地享有土地承包经营权,徐某有权在该土地上开办生产鸡饲料的饲料厂。

(二)公示、公信原则

《物权法》第6条:"不动产物权的设立、变更、转让和消灭,应当依照法律规定登记。动产物权的设立和转让,应当依照法律规定交付。"

二、物权效力

物权效力是指法律赋予物权的强制性作用力。具体有追及效力、排他效力、优先效力。

(一)物权的追及效力

物权的追及效力,是指物权成立后,无论其标的物辗转至何人之手,权利人均可以追及标的物之所在,并直接行使权利。但追及效力有可能会因为善意取得而被阻断。

(二)物权的排他效力

物权的排他效力,是指同一物上不得同时存在两个所有权或两个内容相冲突的他物权。如两个质押权就不能同时存在。根据物权法"一物一权"的原则,一个物之上,不能同时存在两个所有权,同时,也不可能存在两个相互冲突的他物权,如两个质押权就不能同时存在。

(三)物权的优先效力

物权的优先效力,是指同一物上存在数个互相冲突的权利时,效力较强的权利排斥效力较弱的权利而率先获得实现。这种优先效力表现在两个方面:(1)物权优先于债权;(2)物权之间的优先性。

1. 物权优先于债权

在同一标的物上同时并存物权与债权时,除非法律另有规定,物权优先于债权得以实现。具体表现为四种情形:

(1)所有权优先于债权。
(2)担保物权优先于债权。
(3)用益物权优先于债权。
(4)具有物权效力的债权优先于不具有物权效力的债权。

例外:"买卖不破租赁"制度、"预告登记"制度。

[案例2] 材料一:甲有房屋一套欲出卖,5月19日与乙签订了房屋买卖合同,售价60万元;6月12日与丙签订了房屋买卖合同,售价70万元;6月23日又与丁签订了房屋买卖合同,售价80万。后乙、丙、丁得知甲签订了三份合同后,均诉至法院,要求甲履行合同。

问：法院应该如何处理？

材料二：甲企业法人现有净资产100万元整，两年前欠乙企业法人100万元，一年半前欠丙企业法人100万元，一年前又欠丁企业法人100万元。

问：乙丙丁的债权如何实现？

材料三：甲与乙6月8日签订房屋买卖合同，售价58万；与丙6月9日签订房屋买卖合同，售价68万元；与丁6月10日签订房屋买卖合同，售价78万，并于当日办理了产权变更登记。后乙、丙得知后诉至法院，请求确认甲丁转让房屋行为无效。

问：乙丙的请求是否于法有据？本案应如何处理？

材料四：企业法人甲有净资产（一栋楼房）100万元整。两年前欠乙100万元；一年半前欠丙100万元；一年前欠丁100万元，但一年前甲丁签订了一份以甲仅有的房屋抵押的合同并办理了抵押登记。

问：乙丙丁的债权如何实现？

上述材料一、材料二明显无误地显示了债的平等性原理，但如果将该两个案例情节变一下，效果立刻不同。如材料三、材料四显示了同一物上既存在物权，又存在债权时，物权的实现优先于债权。

[案例3] 甲有一栋房屋，于2012年9月1日出租给乙，租期5年。2014年3月1日，甲将房屋卖予丙并登记。后丙手持房产证要求乙搬出，乙不允，于是产生争议。

问：丙能否要求乙搬出房屋？

2. 物权相互之间的优先性

物权相互间的优先效力：效力较强的物权对于效力较弱的物权的优先效力。

(1)法定物权优先于约定物权。如留置权优先于抵押权和质权。

(2)登记物权优先于非登记物权。如法定登记的抵押权优于质权。

(3)如果物权均进行登记，则先登记的物权优先于后登记的物权。

(4)如果物权均不需要登记，则占有物权优于非占有物权。如未登记的抵押权和动产质权发生冲突时，质权优先。

(5)如果物权均不需要登记且均不占有，则按照债权比例受偿，无优先性问题。如多个不登记的抵押权发生冲突时，按债权比例受偿。

在动产担保的场合，如抵押权先于质押权设立，公式为：留置权＞法定登记设立的抵个押权＞质押权＞未登记的抵押权；如质押权先于抵押权设立，公式为:留置权＞质押权＞抵押权。

[案例4]甲有楼房一栋,估价2000万元。8月1日甲向乙银行借款1000万元,并以楼房签订抵押合同,于8月7日向市房产局做了登记手续。8月3日甲又向丙银行借款1000万元,以同一栋楼房签订抵押合同,于当日在市房产局办理了抵押登记手续。一年后,乙、丙银行债权到期,甲无力偿还。乙、丙银行申请拍卖楼房,得款1500万元。

问:(1)乙、丙如何受偿?

(2)设上例中,甲与乙在8月3日上午8点在市土地局办理了抵押登记手续,同日下午4点,甲与丙在市房产局办理了抵押登记手续。乙、丙如何实现债权?

(3)设上例中,甲、乙未办理抵押登记。乙、丙的债权如何实现?

[案例5]甲有汽车一辆,估价20万。6月1日向乙借款10万元,订立汽车抵押合同并于当天办理了抵押登记。6月2日,向丙借款10万元,又以该车抵押并登记。后甲不能还款,变卖汽车得款16万元。

问:(1)乙、丙的抵押权如何实现?

(2)设上例中,甲、乙的汽车抵押未登记。乙、丙的抵押权如何实现?

(3)设上例中,两个抵押权都未登记。乙丙之债权如何实现?

三、物权的保护

当物权被他人侵害时,权利人救济自己权利的方式:首先,先确认物权的归属。其次,行使物上请求权。

1.物权请求权,包括返还原物请求权、排除妨害请求权、消除危险请求权。

2.占有保护请求权,包括占有返还请求权、排除妨害请求权、消除危险请求权。

3.恢复原状请求权,包括修理、更换、重作。

物上请求权的行使一般不受诉讼时效的限制。物上请求权的行使不必非以诉讼的方式进行,物权人可依意思表示的方式为之。

四、物权的变动

物权的变动,是指物权的设立、变更、转让和消灭。

举例:你现在用自己的积蓄买了一部手机。你就立刻取得了这部手机的所有权,即所谓物权的设立;一段时间,你觉得这部手机样式功能都太过陈旧,将他抛弃,即所谓物权的消灭;如果不将它抛弃,而是卖给了好友王五,即所谓物权的转让,转让后的结果即你丧失了对手机的所有权,而王五取得对手机的所有权,即所谓物权的变更。

(一)"物债两分"原则

举例:甲乙3月1日签订了一份房屋买卖合同,约定甲方出卖一栋楼房给乙,价款1000万元,3月9日双方一手交钱一手交房并过户。后来,双方几经协调,最终甲在3月12日交房并过户,乙在3月13日交款。至此两清。

分析:(1)债权效力:3月1日,买卖合同成立并生效,由此建立了债权债务关系。

(2)物权效力:3月13日,经由货币的交付行为,甲取得了所有权,3月12日,经由房屋的过户登记行为,乙也取得了房屋的所有权。可见,此处的物权变动依赖的是登记、交付行为,并非登记行为。

《物权法》第15条规定:"当事人之间订立有关设立、变更、转让和消灭不动产物权的合同,除法律另有规定或者合同另有约定外,自合同成立时生效;未办理物权登记的,不影响合同效力。"

(二)物权变动的原则及原因

物权变动贯彻公示原则。

所谓公示,即"让人知",是指物权在变动时,必须将物权变动的事实通过一定的方法向社会公开,从而使第三人知道物权变动的情况,以避免第三人遭受损害并保护交易安全。

公示方法:关于物权的变动,我国物权法以"登记"作为不动产物权变动的公示方法;以"交付"作为动产物权变动的公示方法。

1. 基于民事法律行为的物权变动:不动产

原则:有效的债权合同+登记

不动产物权变动以登记为生效要件(即不登记,物权不变动,仅具有合同债权效力)的有:(1)建设用地使用权的设立、转让、抵押;(2)荒地承包经营权的抵押;(3)乡镇企业用地连同乡镇企业用房的抵押;(4)房屋所有权的转让及抵押,在建房屋的抵押。

例外:不动产物权变动以登记为对抗要件(即不登记,物权仍变动,但"变动了的物权"不能对抗"善意第三人")的有:(1)地役权的设立。地役权自地役合同生效时设立。当事人要求登记的,可以向登记机构申请地役权登记;未经登记的,不得对抗善意第三人(《物权法》第 127 条);(2)土地承包经营权的互换和转让。当事人要求登记的,应当向县级以上地方人民政府申请土地承包经营权变更登记;未登记的,不得对抗善意第三人(《物权法》第 129 条)。

[提示:物权变动效力与变动物权合同的效力相区分,当事人之间订立有设立、变更、转让和消灭不动产物权的合同,除法律另有规定或者合同另有约定外,自合同成立时生效;未办理物权登记的,不影响合同效力。]

三种情形下的登记:

(1)更正登记(《物权法》第 19 条第 1 款)

更正登记指权利人、利害关系人有证据证明不动产登记簿记载事项确有错误的,可以直接向登记机关申请更正登记。不动产登记簿记载的权利人书面同意更正或者有证据证明登记簿确有错误的,登记机关应依法定程序予以更正。

(2)异议登记(《物权法》第 19 条第 2 款)

异议登记指利害关系人对不动产登记簿记载的物权归属等事项有异议的,可以通过异议登记以保护其权利。在办理异议登记后,申请人应当在异议登记之日起 15 日内提起诉讼,否则异议登记失效。异议登记并不剥夺或者限制权利人的权利,其仍可以处分其不动产,但因为存在异议登记,受让人不能构成善意取得。若异议登记不当,给权利人造成损失的,权利人有权请求赔偿损失。

(3)预告登记(《物权法》第 20 条)

当事人签订买卖房屋或者其他不动产的协议,为保障将来实现物权,按照约定可以向登记机构申请预告登记。预告登记后,未经预告登记的权利人同意,处分该不动产的,不发生物权效力。

[案例 6] 甲公司因企业改制分立成乙公司和丙公司。乙公司对登记在丙公司名下一栋房产的归属提出异议,认为该房产应属于乙公司所有。经咨询律师后,乙公司于 8 月 8 日到登记机关办理了异议登记手续。8 月 10 日,丙公司将该栋房产抵押给丁公司,以担保到期支付约定的贷款,双方签订了书面抵押合同,但未办理抵押登记。9 月 8 日,付款期限届至,丙公司无力支付,丁公司准备行使抵押权,乙公司提出异议,引起纠纷。经查,乙公司自办理了异议登记后未再采取任何其他措施。

问:(1)丙公司是否有权处分其房产?

(2)丁公司是否有权对该房产主张抵押权?

2. 基于民事法律行为的物权变动:动产

原则:有效的债权合同+交付

动产物权的变动以交付为生效要件(即若无交付,物权不变动,但不影响债权合同的效力)。

特殊动产物权以登记为对抗要件的有:(1)汽车、飞行器、船舶的转让和抵押;(2)正在建造的船舶的抵押;(3)浮动抵押。

所谓浮动抵押,是以企业现在和将来所有的全部财产,包括动产、不动产、知识产权和财产性权利设立抵押的一项担保制度。《物权法》第181条规定:"经当事人书面协议,企业、个体工商户、农业生产经营者可以将现有的以及将有的生产设备、原材料、半成品、产品抵押,债务人不履行到期债务或者发生当事人约定的实现抵押权的情形,债权人有权就实现抵押权时的动产优先受偿。"

交付通常指现实交付,法律许可观念交付替代现实交付。观念交付方法主要有:

(1)简易交付。即受让人已经占有动产,如受托人已通过寄托、租赁等方式实际占有了该动产,则物权变动的合意成立时,视为交付。(《物权法》第25条)

(2)指示交付。动产物权设立和转让前,第三人依法占有动产的,出让人将其对第三人的返还请求权让与受让人以代替交付。指示交付有两个合意:移转动产所有权的合意;返还请求权让与的合意。(《物权法》第26条)

(3)占有改定。即动产物权的让与人与受让人之间特别约定,标的物仍然由出让人继续占有,则在物权让与的合意成立时,视为交付,受让人取得间接占有。占有改定有两个合意:受让人已经取得动产所有权的合意;让与人和受让人成立借用、保管、租赁等债权合同的合意,使得受让人间接占有。(《物权法》第27条)

(4)拟制交付。即出让人将标的物的权利凭证(仓单、提单)交给受让人以代替物的现实交付。

[案例7]甲公司借用乙公司的一套测量仪器,在使用过程中,不慎将某部件弄坏,于是甲公司向乙公司提出买下该套仪器,乙公司同意以2.5万元的价格卖给甲公司。双方还口头约定在甲公司支付价款前,乙公司保留这套仪器的所有权。在甲公司支付价款前,甲公司生产车间失火,造成该套仪器烧毁。

问:(1)该交付属于何种交付?

(2)该套仪器最后所有权归谁?风险谁承担?

[案例 8]甲有一辆货车,租与乙经营,租期半年,在第三个月甲将该车卖给丙,因租期未满,甲无法现实交付,便与丙达成协议,在租期届满时,丙直接向乙请求交付该车。甲通知了乙。至第四个月,该车因泥石流被损害。因保险金额不足以弥补该车损失而引起纠纷。

问:甲丙买卖合同效力如何?该损失应由谁承担?

3. 非基于法律行为的物权变动

(1)因生效文书发生物权变动

《物权法》第 28 条:因人民法院、仲裁委员会的法律文书或者人民政府的征收决定等,导致物权设立、变更、转让或者消灭的,自法律文书或者人民政府的征收决定等生效时发生效力。

(2)因继承和受遗赠取得物权

《物权法》第 29 条:因继承或者受遗赠取得物权的,自继承或者受遗赠开始时发生效力。

(3)因事实行为设立或消灭物权

《物权法》第 30 条:因合法建造、拆除房屋等事实行为设立或者消灭物权的,自事实行为成就时发生效力。

真题链接

1. 蔡永父母在共同遗嘱中表示,二人共有的某处房产由蔡永继承。蔡永父母去世前,该房由蔡永之姐蔡花借用,借用期未明确。2012 年上半年,蔡永父母先后去世,蔡永一直未办理该房屋所有权变更登记,也未要求蔡花腾退。2015 年下半年,蔡永因结婚要求蔡花腾退,蔡花拒绝搬出。对此,下列哪一选项是正确的?(2016/03/05)

A. 因未办理房屋所有权变更登记,蔡永无权要求蔡花搬出

B. 因诉讼时效期间届满,蔡永的房屋腾退请求不受法律保护

C. 蔡花系合法占有,蔡永无权要求其搬出

D. 蔡永对该房屋享有物权请求权

答案:D

【考点】非基于法律行为的物权变动 物权请求权

【解析】因继承而取得之物权,属于非基于法律行为的物权变动,无须办理登记即可取得所有权。本案中,蔡永因继承取得该房产所有权,从而享有物权请求权,故 D 项正确。A 项认为蔡永不享有物权请求权不正确。蔡永要求蔡花腾退房屋是在行使原物返还请求权。依《民法总则》第 196 条之规定,不动产物权和登记的动产物权的权利人请求返还财产之请求权不适用诉讼时效的规定。故 B 项不正确。蔡永父母与蔡花之间的借用合同,因继承之发生而由蔡永概括承受,故蔡永为借用合同之当事人,合同未约定借用期限,出借人有权随时要求借用人返还,但须给对方必要的准备时间。故 C 项不正确。

2. 庞某有 1 辆名牌自行车,在借给黄某使用期间,达成转让协议,黄某以 8000 元的价格购买该自行车。次日,黄某又将该自行车以 9000 元的价格转卖给了洪某,但约定由黄某继续使用 1 个月。关于该自行车的归属,下列哪一选项是正确的?(2017/03/05)

A. 庞某未完成交付,该自行车仍归庞某所有

B. 黄某构成无权处分,洪某不能取得自行车所有权

C. 洪某在黄某继续使用 1 个月后,取得该自行车所有权

D. 庞某既不能向黄某,也不能向洪某主张原物返还请求权

答案:D

【考点】简易交付 占有改定 返还原物请求权

【解析】黄某通过简易交付取得自行车的所有权,故 A 项错误。黄某将自行车转卖给洪某,属于有权处分,故 B 项错误。洪某通过占有改定取得该自行车的所有权,故 C 项错误。庞某通过简易交付让渡了自行车的所有权,故其不再享有所有权,也不再享有物权请求权。故 D 项正确。

3. 甲遗失手链 1 条,被乙拾得。为找回手链,甲张贴了悬赏 500 元的寻物告示。后经人指证手链为乙拾得,甲要求乙返还,乙索要 500 元报酬,甲不同意,双方数次交涉无果。后乙在桥边玩耍时手链掉入河中被冲走。下列哪一选项是正确的?(2017/03/06)

A. 乙应承担赔偿责任,但有权要求甲支付 500 元

B. 乙应承担赔偿责任,无权要求甲支付 500 元

C. 乙不应承担赔偿责任,也无权要求甲支付 500 元

D. 乙不应承担赔偿责任,有权要求甲支付 500 元

答案：B

【考点】拾得遗失物

【解析】拾得遗失物,应当返还权利人。拾得人在遗失物送交有关部门前,有关部门在遗失物被领取前,应当妥善保管遗失物。因故意或者重大过失致使遗失物毁损、灭失的,应当承担民事责任。权利人悬赏寻找遗失物的,领取遗失物时应当按照承诺履行义务。拾得人侵占遗失物的,无权请求保管遗失物等支出的费用,也无权请求权利人按照承诺履行义务。

对于拾得者在主张报酬时是否有同时履行抗辩权或留置权,存在争议。通说认为不存在该留置权或同时履行抗辩权。即乙负有返还之义务,违反此义务构成侵占。不但无权要求甲支付500元的悬赏抽筋,并且因过失造成遗失物毁损的,应当承担赔偿责任。故A项错误,B项正确,C项错误,D项错误。

4. 2016年8月8日,玄武公司向朱雀公司订购了一辆小型客用汽车。2016年8月28日,玄武公司按照当地政策取得本市小客车更新指标,有效期至2017年2月28日。2016年年底,朱雀公司依约向玄武公司交付了该小客车,但未同时交付机动车销售统一发票、合格证等有关单证资料,致使玄武公司无法办理车辆所有权登记和牌照。关于上述购车行为,下列哪些说法是正确的？（2017/03/57）

A. 玄武公司已取得该小客车的所有权
B. 玄武公司有权要求朱雀公司交付有关单证资料
C. 如朱雀公司一直拒绝交付有关单证资料,玄武公司可主张购车合同解除
D. 朱雀公司未交付有关单证资料,属于从给付义务的违反,玄武公司可主张违约责任,但不得主张合同解除

答案：ABC

【考点】从给付义务动产物权变动

【解析】动产因交付而移转所有权,故A项正确。朱雀公司交付单证属于从给付义务,故B项正确。如朱雀公司一直拒绝交付有关单证资料,玄武公司无法办理所有权登记和牌照,影响到了合同目的的实现,则玄武公司可以解除合同。故C项正确,D项错误。

5. 甲遗失一部相机,乙拾得后放在办公桌抽屉内,并张贴了招领启事。丙盗走该相机,卖给了不知情的丁,丁出质于戊。对此,下列哪一种说法不正确？（2018年模拟题）

A. 乙对相机的占有属于无权占有

B. 丙对相机的占有属于他主占有
C. 丁对相机的占有属于自主占有
D. 戊对相机的占有属于直接占有

【答案】B

【考点】占有的种类

【解析】A项：根据占有人对占有物是否有合法依据可分为有权占有和无权占有，拾得遗失物的乙对相机的占有没有合法依据，属于无权占有，该项表述正确。

B、C项：根据占有人对占有物是否以据为己有的所有意思可分为自主占有和他主占有，丙盗走该相机，是以据为己有的意思占有该相机，属于自主占有，善意第三人购买了该相机，也是以所有意思占有该相机的，属于自主占有，可知，B项错误，C项正确。

D项：根据占有物是否在占有人在事实上由自己直接管理，可分为直接占有与间接占有质权人戊在事实上占有该相机，属于直接占有，该项表述正确。

甲有两子女，因其生前主要有大女儿乙照顾，就立遗嘱将自己一套三居室的房屋留给乙，乙一直居住其中。而乙的妹妹丙对此一直耿耿于怀，认为是乙强迫母亲立的遗嘱。某年，乙买了一处新房，为了筹措购房款，决定将这处房子卖掉，就在买卖双方准备办理过户登记手续时，乙才发现丙已经将房子抢先过户，而且正与人谈价钱准备卖出去。乙该如何维护自己的合法权益呢？

第二讲　所有权

【案情】"美猴王"打起家庭官司

2001年1月16日，在舞台和荧屏上塑造了两代孙悟空形象的著名演员"六龄童"章宗义、"六小龄童"章金莱父子，联名向浙江省绍兴市中级人民法院提起诉讼,将他们的亲人章金耀("六龄童"之子、"六小龄童"之兄)告上了法庭。要求依法判令章金耀立即返还章宗义、章金莱所有的字画、照片及部分其他物品,价值 50 万元。

"六龄童""六小龄童"说,这次"猴王世家"的字画之争,起因是"六龄童""六小龄童"曾多次要求章金耀归还这些本属于他们的四箱名人字画和照片,但均遭拒绝。这些字画原先一直存放在与父母同住的章金耀处。最近,章金耀家要搬迁新居了,他要与父母分开居住,由此,就涉及这批珍贵字画由谁来保管的问题。

在这些字画中,有 20 世纪 60 年代初毛泽东、董必武、郭沫若、田汉等观看由"六龄童"主演的绍剧《孙悟空三打白骨精》后所写的诗词和题词手迹;有周总理看戏后抱着"小六龄童"(已病故)与"六龄童"的合影;有李鹏、乔石等为"六小龄童"主演的电视剧《猴娃》的题词;有刘海粟、程十发、舒同、赵朴初、刘旦宅、关山月、关良、张乐平、唐云、戴敦邦等书画家所赠的书画……由于这些字画大多是领导人、名人所题,因此十分珍贵,它们的归属就十分引人瞩目。

"六龄童""六小龄童"说,虽然章金耀在收集和保存这些名贵字画中有他的一份功劳,但是如果以此为理由把这些字画占为己有是没有任何道理的。因为,这些字画都是指名道姓赠送给"六龄童"或"六小龄童"的,其归属权是十分明确的。至于章金耀对收集和保存这些字画也出过力,这是自家人的相互帮助,他们也会酌情对他的劳动给予一定的酬谢。但这并不意味着这些字画的归属权会因此发生变更。

在多次家庭内部协商无效的情况下,"六龄童""六小龄童"只得被迫诉至法庭。法庭迅速查封和扣押了四箱名人字画,并保证了这些珍贵字画最后物归原主。

2001 年 2 月,这起在当时引起广泛关注的猴王世家名贵字画纠纷案结案。经浙江省绍兴市中级人民法院审理,"六龄童"章宗义、"六小龄童"章金莱两代"美猴王"胜诉,原存放在他们的亲属章金耀("六龄童"之子、"六小龄童"之兄)处的 400 多幅名人字画、照片全部物归原主。

点评:所有权人对自己的财产依法享有占有、使用、收益、处分的权利。如果所有权人的财产受到他人的侵害,所有权人有权行使追及权。在本案中,章金耀占有他人财产却无法律与合同依据,财产所有权人"六龄童"章宗义、"六小龄童"章金莱依法要求章金耀返还财产正是财产所有权人行使权利的体现。

专题二 物权法

 知识结构回忆

一、所有权的类型
二、所有权的取得方式
三、建筑物的区分所有权
四、相邻关系
五、共有

《物权法》第 39 条规定:"所有权人对自己的不动产或者动产,依法享有占有、使用、收益和处分的权利。"

一、所有权的类型

根据《物权法》的规定,所有权被分为国家所有权、集体所有权、私人所有权和其他所有权。

(一)国家所有权

1. 专属于国家所有的物:包括矿藏、水流、海域;城市市区的土地;无线电频谱资源;国防资源。

2. 可以属于国家所有的物:

(1)农村或城市郊区的土地——原则上归集体所有,法律有特殊规定的归国家所有。

(2)森林、山岭、草原、荒地、滩涂等自然资源——原则上归国家所有,法律有特殊规定的归集体所有。

(3)野生动植物资源、文物、铁路、公路、电力设施、电信设施和油气管道等基础设施——法律规定归国家所有的,归国家所有。

(二)集体所有权

1. 森林、山岭、草原、荒地、滩涂等自然资源——原则上归国家所有,法律有特殊规定的归集体所有。

2. 集体所有的建筑物、生产设施、农田水利设施。

3. 集体所有的教育、科学、文化、卫生、体育等设施。

4. 集体所有的其他动产和不动产。

(三)私人所有权和其他所有权

私人所有权即自然人所享有的所有权;其他所有权主要表现为法人所有权。

二、所有权的取得方式

(一)分类

1. 依据是否为法律行为而分为:
(1)基于法律行为:买卖(互易)、赠与、遗赠。
(2)非基于法律行为:善意取得,添附,继承,发现隐藏物、埋藏物,拾得遗失物,征收、征用、没收财产、罚款、罚金,其他。
2. 依据是否基于原权利人的意志及权利分为:
(1)继受取得:买卖(互易)、赠与、遗赠、继承。
(2)原始取得:先占,发现隐藏物、埋藏物,拾得遗失物、漂流物、失散的饲养动物,善意取得,添附,时效取得,其他。

[案例1]甲的父亲爱好收藏,收藏了许多奇石。甲继承了父亲的遗产后,对其中一块鸡血石钟爱有加,遂将其加工雕刻成石雕。雕刻完成后,鸡血石身价倍增,有人愿意以10万元购买,但甲不舍得卖。某日,甲的父亲的老战友来家中索要该鸡血石,甲方得知该鸡血是其父亲从战友处借来鉴赏之物。但甲认为此时鸡血石身价倍增,早已不是当初那块只值数千元的普通的石头了,应当归自己所有。

问:该鸡血石应该归谁所有?

(二)拾得遗失物

[案例2]甲遗失结婚钻戒一枚,被乙拾得。为找回钻戒,甲张贴了悬赏1000元的寻物告示。后有人告知,钻戒为乙拾得,甲要求乙返还,乙索要1000元报酬,甲不同意,双方数次交涉无果。

问:(1)拾得人乙有什么义务?
(2)拾得人乙有什么权利?可否主张悬赏报酬?
(3)拾得人乙在什么情况下可能会丧失权利?

1. 拾得人的义务

(1)返还遗失物。

《物权法》第109条:"拾得遗失物,应当返还权利人。拾得人应当及时通知权利人领取,或者送交公安等有关部门。"

权利人:包括所有权人,也包括其他有权占有人,如物的承租人、借用人等。

(2)妥善保管遗失物。

《物权法》第111条:"拾得人在遗失物送交有关部门前,有关部门在遗失物被领取前,应当妥善保管遗失物。因故意或者重大过失致使遗失物毁损、灭失的,应当承担民事责任。"

[提示:一般过失导致遗失物损坏的,无须承担赔偿责任。]

2. 拾得人的权利

(1)拾得人无法定报酬权。举例:上述案例中如果甲没有悬赏,那甲如果找到乙要求返还钻戒,乙可否要求甲给自己1000元的报酬?否,遗失物拾得人无法定报酬请求权。

(2)有权请求支付保管等必要费用。

(3)获得悬赏报酬。权利人悬赏寻找遗失物的,领取遗失物时应当按照承诺履行义务。

[提示:权利人悬赏寻找遗失物,拾得人归还遗失物时可主张悬赏报酬。但若权利人拒绝履行义务的,拾得人不得行使留置权。]

(4)拾得人权利的丧失。

《物权法》第112条:拾得人侵占遗失物的,无权请求保管遗失物等支出的费用,也无权请求权利人按照承诺履行义务。

(三)善意取得

善意取得又称即时取得,无权处分人在不法将其受托占有的他人的物(动产或者不动产)转让给受让人的,如受让人取得该物时系出于善意,则受让人取得该物的所有权,原权利人丧失所有权。换言之,善意取得发生的前提是发生了无权处分。

1. 适用范围

对善意取得制度而言,动产、不动产、权利均可适用。传统民法认为善意取得仅仅适用于动产,实际上,善意取得中受让人的善意来自于对无权处分人占有动产或者在不动产证书上被登记为权利人这一类事实所产生的权利推定的信赖,也即对于物权公示的公信力的信赖,这一点上,动产与不动产的公示所具有的公信力并无区别,所以动产、不动产应该一体适用善意取得制度,《物权法》第106条确认了这一点。第106条明确规定了善意取得的标的物包括动产和不动产在内,区别仅在于受让人有理由信赖无权处分人有处分权的缘由不同:前者源于动产占有的公信力,后者源于不动产登记的公信力。但占有也罢,登记也好,都会产生被推定的权利人与真正权利人不符的情况。

(1)在动产情况下,我们将动产分为两类,即占有委托物和占有脱离物。

只有占有委托物可以适用善意取得,而占有脱离物即盗赃物、遗失物绝对不能适用善意取得。

(2)在不动产情况下

①夫妻共有房屋,但产权只登记在一人名下。

《最高人民法院关于适用〈中华人民共和国婚姻法〉若干问题的解释(三)》[以下简称《婚姻法解释(三)》]第11条规定:一方未经另一方同意出售夫妻共同共有的房屋,第三人善意购买、支付合理对价并办理了产权登记手续的,另一方主张追回该房屋的,人民法院不予支持。夫妻一方擅自处分共同共有的房屋造成另一方损失,离婚时另一方请求赔偿损失的,人民法院应予以支持。

②记名产权人和实际产权人不一致。

[案例3]甲和乙共有一套房屋,所有权登记在甲名下。2018年2月12日,法院判决甲和乙离婚,并且判决房屋归乙所有,但是并未办理房屋所有权变更登记。3月10日,乙将该房屋出卖给丙,丙基于对判决书的信赖支付了80万元价款,并入住了该房屋。4月11日,甲又将该房屋和丁签订了买卖合同,丁在查阅了房屋登记簿确认房屋归甲所有后,支付了80万元的价款,并于5月18日办理了所有权变更登记手续。

问:房屋所有权根据不同时间点的变化?

③房屋买卖合同被认定为无效或被撤销后尚未办回过户手续期间。

举例:甲卖房给乙,并办理了房屋登记,后乙又卖予丙并办理了房屋登记,但甲、乙买卖合同被宣告无效或撤销的。

根据"债权形式主义"立法模式,如果债权行为被宣告无效,物权也就不能发生物权的变动,此时买方就要将房屋返还给卖方,返还的方式就是进行变更登记,将房屋过户给卖方。如果在变更登记前,买方将房屋出卖给第三人,此时的第三人就有可能构成善意取得。

2. 构成要件

(1)卖方无权处分。

(2)买方主观善意。

如何判断买方主观善意呢？需明确此时的主观善意是法律行为发生时，也就是只要买方(丙)在签订买卖合同时主观善意即可,事后知道该物不属于卖方所有,并不影响买房构成善意取得。

(3)买方客观支付合理对价(必须有偿)。

(4)不动产已登记,动产已交付。

举例：甲乙结婚后购得房屋一套,仅以甲的名义进行了登记。后甲乙感情不和,甲擅自将房屋以时价出售给不知情的丙,并办理了房屋所有权变更登记手续。问:甲丙之间的房屋买卖合同效力如何？房屋所有权是否转移？

分析：买卖合同有效,房屋所有权已经转移。

3. 他物权的善意取得

依据《物权法》第106条第3款,他物权也可以适用善意取得。其实早在《物权法》颁行前,《最高人民法院关于适用〈中华人民共和国担保法〉若干问题的解释》(以下简称《担保法解释》)第54条第2款、第84条、第108条就分别规定了动产抵押权、动产质权、留置权的善意取得。他物权的善意取得与所有权的善意取得在法理、构成要件等方面是一样的。

4. 遗失物能否善意取得

遗失物绝对不能善意取得。

《物权法》第107条:"所有权人或者其他权利人有权追回遗失物。该遗失物通过转让被他人占有的,权利人有权向无处分权人请求损害赔偿,或者自知道或者应当知道受让人之日起二年内向受让人请求返还原物,但受让人通过拍卖或者向具有经营资格的经营者购得该遗失物的,权利人请求返还原物时应当支付受让人所付的费用。权利人向受让人支付所付费用后,有权向无处分权人追偿。"

《物权法》第109条:"拾得遗失物,应当返还权利人。拾得人应当及时通知权利人领取,或者送交公安等有关部门。"

三、建筑物的区分所有权

《物权法》第70条规定,业主对建筑物内的住宅、经营性用房等专有部分享有所有权,对专有部分以外的共有部分享有共有和共同管理的权利。

据此可知,建筑物的区分所有权实质上是三个权利相加的结果,即建筑物的区分所有权＝专有权＋共有权＋成员权。

举例:甲购买了实达花园2号楼2单元302号房,那甲取得了该房屋套内空间面积的专有权,同时,对于楼梯、外墙皮、楼顶等也就取得了共有权;对于该小区的事务和选聘物业服务企业、选举业主委员会等事务,甲也就具有了表决权(作为该小区成员的权利)。

对于这三项权利,专有权是共有权和成员权的前提,如果没有购买实达花园的房屋,甲也就不是该小区的业主,也就不可能享有共有权和成员权。

(一)专有权

专有权指对专有部分享有的占有、使用、收益和处分的权利。

(二)共有权

共有权指区分所有人依据依照法律和管理规约的规定,对共有部分所享有的占有、使用和收益的权利。

项 目		内　容
分类	全小区共有	包括小区的道路,绿地,其他公共场所、公用设施,物业服务用房,车位车库(原则上属于开发商所有,开发商通过出售、附赠、出租等方式转移所有权或使用权,但小区内的新增车位车库属于全小区共有),维修资金。
	全楼共有	包括建筑物基础、承重结构、外墙、屋顶等基本结构部分,通道、楼梯、大唐等公共通行部分,消防、公共照明灯附属设施、设备,避难层,设备层或设备间等结构部分。
	两户共有	包括楼板,承重墙以外的其他墙体(对于楼板和墙体,采用"墙体中间层说",即双方权利到墙体的中间,而承重墙属于全楼共有非两户共有)。

(三)成员权(管理权)

成员权指建筑物区分所有人基于一栋建筑物的构造、权利归属和使用上的密切关系而形成的作为建筑物管理团体的一名成员所享有的权利和承担的义务。

项目		内容
成员权 (表决权)	一般事项	(1)制定和修改业主大会议事规则； (2)制定和修改建筑物及其附属设施的管理规约； (3)选举或更换业委员会成员； (4)选聘和解聘物业服务企业或其他管理人。
	特殊事项	(1)筹集和使用建筑物及其附属设施的维修基金； (2)改建、重建建筑物及其附属设施。

1. 对一般事项口诀："定改规则和规约,选换委员聘企业"

表决要求："双1/2",即专有部分占建筑物总面积1/2以上的业主且占总人数1/2以上的业主同意。

2. 对特殊事项口诀："筹资金,改设施"

表决要求："双2/3",即专有部分站建筑物总面积2/3以上的业主且占总人数2/3以上的业主同意。

(四)关于"住改商"的规则

《物权法》第77条：居民住宅商用的,遵循规约,并经有利害关系的业主同意。

《最高人民法院关于审理建筑物区分所有权纠纷案件具体应用法律若干问题的解释》第10条规定：业主将住宅改变为经营性用房,未按照《物权法》第77条的规定经有利害关系的业主同意,有利害关系的业主请求排除妨害、消除危险、恢复原状或者赔偿损失的,人民法院应予支持。将住宅改变为经营性用房的业主以多数有利害关系的业主同意其行为进行抗辩的,人民法院不予支持。第11条规定：业主将住宅改变为经营性用房,本栋建筑物内的其他业主,应当认定为《物权法》第77条所称"有利害关系的业主"。建筑区划内,本栋建筑物之外的业主,主张与自己有利害关系的,应证明其房屋价值、生活质量受到或者可能受到不利影响。

举例：洪元小区2号楼102宅业主想用自己的住房做生意,开一家快餐店。此时,就要求该业主必须经利害关系人全体一致同意。其中,利害关系人包括本栋建筑内的其他业主、本栋建筑之外的业主,主张与自己有利害关系的,应证明其房屋价值、生活质量受到或可能受到不利影响。

(五)关于业主撤销权问题

根据《最高人民法院关于审理建筑物区分所有权纠纷案件具体应用法律若干问题的解释》第12条的规定,业主以业主大会或者业主委员会作出的决定侵害其合法权益或者违反了法律规定的程序为由,依据《物权法》第78条第2款的规定请求人民法院撤销该决定的,应当在知道或者应当知道业主大会或者业主委员会作出决定之日起1年内行使。

(六)物业服务合同及其纠纷解决

1.物业服务合同的当事人

物业服务合同,是由物业服务企业与业主大会或业主委员会签署的,但签署完毕后,约束的主体是物业服务企业与全体业主(因为业主大会或业主委员会是代表全体业主签约的)。

2.物业服务合同的内容

物业服务企业公开作出的服务承诺及制定的服务细则,应当认定为物业服务合同的组成部分。

3.物业费

业主(包括承租人、借用人或其他物业使用人)不得以未享受或无须接受相关物业服务为由拒绝缴纳物业费。如所有人与承租人约定由物业使用人缴纳物业费,在二者相互推诿拒交物业费时,物业服务企业有权请求二者承担连带责任。

[案例4] 甲在某小区购买了一套3居室住宅。开发商2016年4月交房后,甲即将该房屋租给了来本地做生意的乙,并约定由乙负责物业费的缴纳,对于这一约定,甲也及时书面告知了物业服务公司,物业服务公司人员当时也表示认可。然而,就在乙退租后一个月,甲突然接到物业服务公司的催缴通知,要求甲结清乙承租期间所欠交的物业费6000多元。甲认为,既然当时自己与乙约定该笔费用由乙承担,并且物业服务公司也认可该约定,那么,物业服务公司就应该要求乙偿还,而不是向自己催缴。

对此,甲想了解,自己是否有权拒绝缴纳这笔欠交的物业费。如果你是律师,该如何给甲答复?

[案例5] 陈小姐于年初正式搬入自己位于北市区某小区的新居,并以每

月 180 元的价格向开发商租赁了一个紧挨自家楼下的露天停车位来停自己的爱车。然而,不久前,陈小姐在小区业主群里听说:按照相关规定,小区内的露天停车位都应属于小区业主共同所有,开发商无权处置或是出租,甚至有业主提出应当向开发商收回露天车位的所有权及管理权,并提议业主间应采用先到先停的原则使用小区内有限的露天停车位。对此,陈小姐一方面既对其他业主提出的免费停车颇感兴趣,而另一方却更担心一旦停车位认定为业主共有后,自己与开发商所签订的定点车位租赁合同将不受法律保护,那么自己将很有可能因为下班时间较晚而找不到停车的地方。于是,陈小姐希望了解自己所租赁的停车位究竟是否属于业主共有车位。

问:如果你是律师,该如何给陈小姐答复?

四、相邻关系

相邻关系是指不动产相邻各方对各自所有或占有的不动产行使所有权或使用权,因相互间依法应给予方便或接受限制而发生的权利义务关系。

(一)常见的相邻关系的类型

常见的相邻关系的类型包括:土地相邻关系;水流相邻关系;环境相邻关系;建筑物相邻关系。

1. 土地相邻关系

《物权法》第 87 条:不动产权利人对相邻权利人因通行等必须利用其土地的,应当提供必要的便利。

《物权法》第 88 条:不动产权利人因建造、修缮建筑物以及铺设电线、电缆、水管、暖气和燃气管线等必须利用相邻土地、建筑物的,该土地、建筑物的权利人应当提供必要的便利。

2. 水流相邻关系

《物权法》第 86 条:不动产权利人应当为相邻权利人用水、排水提供必要的便利。对自然流水的利用,应当在不动产的相邻权利人之间合理分配。对自然流水的排放,应当尊重自然流向。

3. 环境相邻关系

《物权法》第 89 条:建造建筑物,不得违反国家有关工程建设标准,妨碍相邻建筑物的通风、采光和日照。

4. 建筑物相邻关系

《物权法》第 90 条:不动产权利人不得违反国家规定弃置固体废物,排放大气污染物、水污染物、噪声、光、电磁波辐射等有害物质。

《物权法》第 91 条:不动产权利人挖掘土地、建造建筑物、铺设管线以及安装设备等,不得危及相邻不动产的安全。

(二)处理相邻关系的原则

处理相邻关系的原则有利于生产、方便生活、团结互助、公平合理。

五、共有

《物权法》第 93 条规定:不动产或者动产可以有两个以上单位、个人所有。

(一)种类

共有包括按份共有和共同共有。按份共有和共同共有的判断:只有当事人之间存在夫妻关系、家庭关系、遗产继承关系或合伙关系才会被认定为共同共有,除此之外,都认定或推定为按份共有。

1. 按份共有,是指各个共有人对共有物按照各自份额享有所有权,也即各共有人对共有物按既定的各自份额分享权利,分担义务、责任。

2. 共同共有,是指各个共有人不分份额地对共有物享有权利承担义务,共同共有存续期间,每个共有人对共有物分享共同的权利,承担共同的义务、责任,即每个共有人并无明确份额,份额是潜在的,唯在共有关系终止时,每个共有人的份额才清楚显现。

二者的区别在于有无份额的问题。

(二)认定

1. 一般认为,共同共有只能基于共同关系而生,所以《物权法》第 103 条规定:"共有人对共有的不动产或者动产没有约定为按份共有或者共同共有,或者约定不明确的,除共有人具有家庭关系等外,视为按份共有。"

原则上认定为按份共有,以下三种情形除外:

(1)夫妻关系(夫妻共同共有财产);

(2)家庭成员关系(家庭共同共有财产);

(3)从法定继承开始到分割完毕这一期间的遗产。

2. 既然按份共有在共有期间是有份额的,那么该份额如何明确呢?《物权法》第104条明确了三条规则:

(1)有约定,按约定;

(2)没有约定或约定不明确的,按照出资额确定;

(3)不能确定出资额的,视为等额享有。

(三)按份共有的内部关系

1. 收益(《物权法》第104条)
2. 管理:按约定管理,没有约定,各个共有人都有管理的权利和义务。
3. 重大修缮:须取得2/3以上的份额的共有人同意。
4. 处分共有物(《物权法》第97条)

(1)必须取得2/3以上份额的共有人同意。

(2)若其中一人或几个共有人擅自处分,构成无权处分。若第三人为有偿、善意的,依善意取得规则取得所有权,其他共有人再来追究擅自处分人的侵权责任。

5. 分割共有物(《物权法》第99条)

(1)明确约定共有期间不得分割,从之;但是,有重大理由需要分割的,仍然可以请求分割。

(2)如没有约定不得分割的,按份共有人随时可以请求分割。

(四)共同共有的内部关系

1. 收益:全体共有人不分份额地共同享有。
2. 管理:人人均可为之。
3. 重大修缮(《物权法》第97条):全体共有人的同意方可为之。
4. 处分共有物[《物权法》第106条、《最高人民法院〈关于审理买卖合同纠纷案件适用法律问题的解释〉》(以下简称《买卖合同解释》)第3条、《婚姻法解释(一)》第17条]

(1)共同共有财产的处分应由全体共有人共同为之;若部分共有人擅自处分的,构成无权处分,若第三人有偿、善意的,可适用善意取得。

(2)关于夫妻处分共同财产的相互代理权。其一,因日常生活需要,如买几斤肉、买辆单车之类的事务,任何一方都可单独决定。其二,非因日常生或需要,对夫妻共同财产做重要决定的,如卖房、投资买房等,应平等协商取得一致意见,方可为之。但此种情况下,第三人有理由相信其为夫妻共同决定的,该行为有效,夫妻一方不得以不知道、不同意为由对抗善意第三人。

5. 分割共有物(《物权法》第99条)

(1)明确约定不得分割,从之。但共有人有重大理由需要分割的,仍然可以分割。

(2)没有约定的,共同共有人只能在两种情况下可以请求分割,否则,因分割对其他共有人造成损害的,应当给予赔偿。一是共有的基础丧失的,如夫妻离婚。二是有重大理由需要分割的,重大理由参照《婚姻法解释(三)》第4条规定。

(五)共有的外部关系

因共有物发生的对外债权债务关系,按份共有和共同共有都被推定为承担连带债务,享有连带债权,除非第三人知道共有人不具有连带债权债务关系。在这一点上两者没区别。

[案例6] 2011年A、B、C三人各出资2万元、3万元、5万元购买了一套邮票。想在价格上涨后卖出以赚取利润,利润按照出资比例分配。后A想贷款买车,银行要求A提供抵押,A提出用自己在共有邮票中的份额进行抵押,遭到了B和C的强烈反对。A便用自己的房子进行了抵押。2012年B和C认为邮票的价格已经涨到了高峰,想要将邮票卖出,但是A认为时机还未到,坚决不同意,于是B和C瞒着A找买主欲将邮票卖出。他们首先找到了D,双方合同约定买卖价款为13万元,D随后便将13万元交给了B和C。后E表示愿意15万元买该套邮票,B和C认为之前卖亏了,便又与E签订了买卖合同,然后找到了D想将钱退还给D,解除与D的买卖合同。D不同意,向人民法院起诉,要求B和C交付买卖合同的标的物。E得知后,也要求B和C继续履行他们之间的合同。

B向银行抵押贷款购买了一套房屋,与开发商的合同约定分期付款期限为10年,若期间B未支付到期价款的金额达到全部价款的8%,则开发商可以要求B支付全部价款或者解除合同。B还了5年贷款后,与F结婚,婚后两人共同还贷,但房屋登记人依然为B。6年后,二人感情不和起诉离婚,F要求获得房屋的所有权,B坚决不同意。

问:(1)B和C是否有权反对A以自己的共有份额进行抵押?为什么?

(2)D和E在诉讼后谁能获得合同的实际履行?为什么?

(3)A得知邮票被处分后,是否可以B、C无权处分为由请求确认两份合同无效?为什么?

(4)若B以A、B、C三人的名义将邮票卖出,则善意相对人在得知后可以采取什么措施?

(5)若B于某次未支付到期价款的金额达到了全部价款的9%,开发商起诉要求B支付全部价款,B可以如何保护自己的权利?

(6)若法院判决B与F婚姻关系解除,那么关于B和F的房屋所有权,法院会如何判决?

(7)若在B、F二人婚姻关系存续期间政府要征收该房屋,则政府应当怎样保障B、F的权益?

真题链接

1.甲、乙二人按照3∶7的份额共有一辆货车,为担保丙的债务,甲、乙将货车抵押给债权人丁,但未办理抵押登记。后该货车在运输过程中将戊撞伤。对此,下列哪一选项是正确的?(2016/03/08)

A. 如戊免除了甲的损害赔偿责任,则应由乙承担损害赔偿责任

B. 因抵押权未登记,戊应优先于丁受偿

C. 如丁对丙的债权超过诉讼时效,仍可在2年内要求甲、乙承担担保责任

D. 如甲对丁承担了全部担保责任,则有权向乙追偿

答案:D

【考点】按份共有

【解析】按份共有人对外为连带责任关系,故甲、乙应对戊承担连带责任,债权人免除部分共同侵权人责任的,其他责任人对放弃部分不承担责任,故A项错误。按份共有人对内为按份责任,故部分共有人承担全部责任后,有权向其他共有人追偿,故D项正确。动产抵押权不以登记为生效要件,仅为对抗要件,故本题中抵押权无须登记即可成立,根据物权之优先效力,丁应当优先于一般债权人戊受偿,故B项错误。《物权法》第202条规定:"抵押权人应当在主债权诉讼时效期间行使抵押权;未行使的,人民法院不予保护。"(注意:此

处和《担保法》及其司法解释之规定不同)故 C 项错误。

2. 甲被法院宣告失踪,其妻乙被指定为甲的财产代管人。3 个月后,乙将登记在自己名下的夫妻共有房屋出售给丙,交付并办理了过户登记。在此过程中,乙向丙出示了甲被宣告失踪的判决书,并将房屋属于夫妻二人共有的事实告知丙。1 年后,甲重新出现,并经法院撤销了失踪宣告。现甲要求丙返还房屋。对此,下列哪一说法是正确的?(2016/03/06)

A. 丙善意取得房屋所有权,甲无权请求返还
B. 丙不能善意取得房屋所有权,甲有权请求返还
C. 乙出售夫妻共有房屋构成家事代理,丙继受取得房屋所有权
D. 乙出售夫妻共有房屋属于有权处分,丙继受取得房屋所有权

答案:B

【考点】共同共有无权处分善意取得

【解析】失踪人所欠税款、债务和应付的其他费用,由财产代管人从失踪人的财产中支付。但财产代管人并无其他情形下之处分权。该房屋登记在乙的名下,但属于夫妻共同共有,房屋之处分应经共有人一致同意。乙独自作出出售房屋之行为属于无权处分。丙因知晓房屋属于夫妻共有之事实而不构成善意,故不成立善意取得,丙不能因之取得房屋所有权。甲作为共有权人享有返还原物请求权。A 项、D 项错误。B 项正确。本题中乙是财产代管人,并非代理人,且家事代理限于日常生活事务之代理行为,而处分夫妻共有不动产之行为显然不构成家事代理。C 项错误。

3. 甲、乙、丙、丁按份共有某商铺,各自份额均为 25%。因经营理念发生分歧,甲与丙商定将其份额以 100 万元转让给丙,通知了乙、丁;乙与第三人戊约定将其份额以 120 万元转让给戊,未通知甲、丙、丁。下列哪些选项是正确的?(2017/03/54)

A. 乙、丁对甲的份额享有优先购买权
B. 甲、丙、丁对乙的份额享有优先购买权
C. 如甲、丙均对乙的份额主张优先购买权,双方可协商确定各自购买的份额
D. 丙、丁可仅请求认定乙与戊之间的份额转让合同无效

答案:BC

【考点】按份共有人的优先购买权

【解析】按份共有人之间转让共有份额,其他按份共有人主张根据《物权

法》第101条规定优先购买的,不予支持,但按份共有人之间另有约定的除外。甲将其份额转让给其他共有人丙的,乙、丁并无优先购买权。故 A 项错误。

乙向第三人转让份额的,其他共有人有优先购买权,故 B 项正确。

两个以上按份共有人主张优先购买且协商不成时,请求按照转让时各自份额比例行使优先购买权的,应予支持。故 C 项正确。

以其优先购买权受到侵害为由,仅请求撤销共有份额转让合同或者认定该合同无效的,不予支持。故 D 项错误。

4. 蒋某是 C 市某住宅小区 6 栋 3 单元 502 号房业主,入住后面临下列法律问题,请根据相关事实予以解答。(2017/03/86—88)

请回答第(1)—(3)题。

(1)小区地下停车场设有车位 500 个,开发商销售了 300 个,另 200 个用于出租。蒋某购房时未买车位,现因购车需使用车位。下列选项正确的是:( )

 A. 蒋某等业主对地下停车场享有业主共有权

 B. 如小区其他业主出售车位,蒋某等无车位业主在同等条件下享有优先购买权

 C. 开发商出租车位,应优先满足蒋某等无车位业主的需要

 D. 小区业主如出售房屋,其所购车位应一同转让

答案:C

【考点】建筑物区分所有权地下车库

【解析】建筑区划内,规划用于停放汽车的车位、车库应当首先满足业主的需要。故 C 项正确。

建筑区划内,规划用于停放汽车的车位、车库的归属,由当事人通过出售、附赠或者出租等方式约定。占用业主共有的道路或者其他场地用于停放汽车的车位,属于业主共有。

地下车库并非共有权的客体,故 A 项错误。小区其他业主与蒋某等其他业主就地下车库不存在共有关系,故蒋谋等不享有优先购买权,故 B 项错误。地下车库为单独的所有权客体,故 D 项错误。

(2)该小区业主田某将其位于一楼的住宅用于开办茶馆,蒋某认为此举不妥,交涉无果后向法院起诉,要求田某停止开办。下列选项正确的是:( )

 A.如蒋某是同一栋住宅楼的业主,法院应支持其请求

 B.如蒋某能证明因田某开办茶馆而影响其房屋价值,法院应支持其请求

C.如蒋某能证明因田某开办茶馆而影响其生活质量,法院应支持其请求

D.如田某能证明其开办茶馆得到多数有利害关系业主的同意,法院应驳回蒋某的请求

答案:ABC

【考点】建筑物区分所有权

【解析】业主不得违反法律、法规以及管理规约,将住宅改变为经营性用房。业主将住宅改变为经营性用房的,除遵守法律、法规以及管理规约外,应当经有利害关系的业主同意。蒋某若不同意,田某不能开办茶馆。如果蒋某是同一栋住宅楼的业主,则必须经其同意,无论是否对其产生影响,故 A 项正确。如果田某开办茶馆影响其房屋价值或生活质量,则其可要求其停止开办,故 B 项、C 项正确。D 项表述和前面选项矛盾。

(3)对小区其他业主的下列行为,蒋某有权提起诉讼的是:( )

A.5 栋某业主任意弃置垃圾

B.7 栋某业主违反规定饲养动物

C.8 栋顶楼某业主违章搭建楼顶花房

D.楼上邻居因不当装修损坏蒋某家天花板

答案:D

【考点】建筑物区分所有权

【解析】业主大会和业主委员会,对任意弃置垃圾、排放污染物或者噪声、违反规定饲养动物、违章搭建、侵占通道、拒付物业费等损害他人合法权益的行为,有权依照法律、法规以及管理规约,要求行为人停止侵害、消除危险、排除妨害、赔偿损失。业主对侵害自己合法权益的行为,可以依法向人民法院提起诉讼。故 A 项错误,B 项错误,C 项错误,D 项正确。

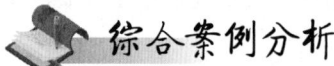

综合案例分析

赵某看中了某小区四号楼顶层的一套三居室,与房地产开发公司签订了商品房预售合同,约定房地产开发公司 2017 年 5 月底交付房屋,房屋价款 112 万元,2 年内分三期付清,并约定房屋交付后半年内将房屋产权证办妥,双方到房管部门对该合同进行了预告登记。2017 年 5 月 23 日,赵某拿到了房屋钥匙后开始装修房屋。在装修过程中,出于安全,考虑到其住房位于顶层且只有其一家住户,便在通往顶层过道上安装了防盗门,并用板材封闭了楼梯扶

手部分。但赵某封闭顶层的行为引起了楼下邻居林某的不满。

一日,赵某之好友范某登门拜访赵某以贺乔迁之喜,在经过小区三号楼时,不幸被从三号楼坠落的烟灰缸砸伤后脑勺。

赵某喜爱收藏古玩,拥有一宋代古砚(A砚),听说同小区的二号楼住户曲某收藏一汉代古玉(B玉),十分欣喜,故委托杨某与曲某订立互易合同。杨某对曲某伪称A砚为商代古砚,导致曲某误信而订立合同,并移转B玉所有权。半年后,曲某发现事实真相,向赵某请求返还B玉时,赵某表示已将该玉赠送给秦某,秦某不知欺诈之情事。

2017年9月,房地产开发公司聘请了天启物业管理公司对该小区进行管理,物业公司见小区车位已售完,部分业主还没有停车车位,便在小区道路上区划了一些车位,每个车位按照4万元进行出售。另外,广告公司在小区的电梯里设立电梯广告,物业公司每年收取租金25万元。2017年年底,该小区的业主全部入住后成立业主委员会,见小区的物业费偏高且治安混乱,故想解聘天启物业管理公司,房地产开发公司不同意,双方发生纠纷。

问:(1)林某是否有权请求赵某拆除防盗门和封闭楼梯扶手的板材?为什么?

(2)范某对自身所遭受的损害如何进行救济?

(3)曲某是否可以撤销互易合同?为什么?

(4)曲某是否可以向秦某请求返还B玉?为什么?

(5)天启物业管理公司是否有权出售车位?为什么?

(6)业主委员会是否有权解聘天启物业管理公司?为什么?

(7)天启物业公司允许广告公司在小区电梯里设立广告的做法是否正确?电梯广告的租金25万元归谁所有?

第三讲 用益物权

【案情】原告李蒙诉称原告系被告村村民,父母及原告全家四口人。2004年12月19日经被告确权,确定原告是该经济组织成员,发放了农户土地承包

经营权(确权权利)证书,并说明23年的有效期限。2004年8月27日,原告因上学由农业户口转为非农业户口。截至2007年,原告始终享有本村村民待遇(包括粮油、土地补偿款)。2007年11月底,南邵村进行集体经济制度改革,改为股份制。2008年6月公布三榜时,原告发现被告在公布户籍榜上没有原告的户籍股。原告多次找被告,被告以原告农转非为借口,说股份制是针对农民的。根据北京市人民政府办公厅《关于印发贯彻执行〈北京市撤制集体村队资产处置办法〉实施细则的通知》第16条的规定,有下列情况之一除外:"一是死亡;二是户口迁出本市的;三是国家工作人员"的撤制集体村队人员可享受分配。原告于2008年7月毕业,现在还在待业,被告的行为直接侵犯了原告的合法权益,故起诉请求确认原告在被告处享有户籍股。

被告南邵村委会辩称,关于原告要求被告给予享受户籍股的请求,因其不符合享受户籍股的政策规定和本村实施方案的条件,请求法庭予以驳回,理由如下:(1)实行农村集体经济产权制度改革是政策性决定,被告是依据市、区、镇各级政府关于推进农村集体经济产权制度改革的文件精神、相关的法律法规,结合本村实际,通过广泛征求村民意见,经村民代表同意等民主方式制定和实施本村集体经济产权制度方案的。(2)南邵村集体经济产权制度改革分为集体股和个人股,个人股分为户籍股、劳龄股、土地确权股和独生子女奖励股,依据各级政府的文件和本村方案享受户籍股的条件必须是本集体经济组织成员,原告作为农转非人员不再是本集体经济组织成员,因此不能享有户籍股。根据北京市农委及昌平区文件的规定,原集体经济组织成员已通过农转非不再是本集体经济组织成员,根据其投资和劳动贡献,享有相应的集体资产所有权。南邵镇文件和本村方案第3条第(6)项明确规定,享受户籍股的条件是1985年以后至改革基准日在册的农业户口人员。(3)具备经济组织成员最基本的条件必须是农户,而原告现在是居民,按照产权制度改革政策,原告是不享受户籍股的。(4)原告虽然持有土地确权证书并享受了分配待遇,但是并不能以此认定是经济组织成员,而享受户籍股权利。土地确权的条件必须是经济组织成员。因原告是农转非无社会保障人员,故基于原告的特殊情况给原告进行了土地确权,但原告仅享受经济组织成员土地确权待遇。(5)原告不享受户籍股与确权证书载明23年不变不相矛盾,之所以设置土地确权股,就是保证原告对土地确权待遇的维护。(6)农村土地确权只是一种土地收益单一分配依据,而产权制度改革是将本村包括土地、资产积累等全部财产进行清理以股份的形式量化到人。如同家庭析产,产权制度改革并没有取消原告土地确权应享受的权益,所有持有确权证的人都享受到了土地确权股,至于户籍股、劳龄股、独生子女奖励股都设有条件,只有根据各自的条件对号入座,并不是每个人都能全部享有这4个股种的。产权制度改革相对于土地确权更加全面、更为合理,打破了不合理的平均分配,确保的是经济组织成员、农村的长远利益,农转非人员必定不是农民不是本经济组织成员,相对少的占有本村集体资产也是合情、合理、合法的,与农民享受同等待遇是不公平的,况且农转非人员是有条件有机会享受社会保障的,因而不能享受双重待遇。(7)农村集体经济产权制度改革是按照北京市委、市政府的文件逐级制定、统一落实的,类似原告这种农转非人员,全镇各个村、全区各个村乃至全市各个村都没有享受户籍股,因此原告也不能突破政策,享受政策以外的特殊政策。综上所述,农村集体经济产权制度改革政策,是依据《土地承包法》《北京市农村集体资产管理条例》等涉及农村农民的法律法规而制定的,是最大限度地维护广大农民利益的,被告是依据各级政府的文件规定和法律法规,制定本村方案的,并且是严格按照方案实施的,原告作为农转非人员明显不符合享受户籍股的条件。被告不予认定原告的户籍股没有过错,请求法庭驳回原告的诉讼请求。

经北京市昌平区人民法院审理查明,原告李蒙原系北京市昌平区南邵镇南邵村农民,2004年因上学转为非农业户口。2004年12月17日,被告南邵村委会向原告李蒙及李云停、李秀珍、李建民核发了(昌)南南确权确利证(2005)第066号《农户土地承包经营权确权确利证书》,该证书载明李蒙家庭确权人口数为4人。2007年11月30日,被告将其制定的《南邵村关于集体经济产权制度改革方案》发放到户,于12月19日以户代表投票的方式进行表决。2007年12月21日公示唱票结果:全村402户,投票396户,同意334户占83%,不同意62户占15%。原告对被告陈述的唱票结果有异议,称被告当时说不给外来户钱,签字后村里就分钱,并没有看到具体的方案。《南邵村关于集体经济产权制度改革方案》确定:改革基准日为2007年12月10日;本集体经济组织成员界定范围第1条"1985年12月31日至本次改革基准日仍在册的农业户口人员及其在1986年1月1日至产权制度改革基准日期间,因婚姻关系迁入和生育的、农业户口人员,按国家政策安置迁入的农业户口人员,不包括基准日前死亡的人员";享受户籍股条件第1款规定"1985年12月31日至本次改革基准日仍在册的农业户口人员及其在1986年1月1日至产权制度改革基准日期间,因婚姻关系迁入和生育的、农业户口人员,按国家政策安置迁入的农业户口人员,不包括基准日前死亡的人员"。被告南邵村委会因原告李蒙办理了"农转非",依据村里制定产权制度改革方案,确认原告李蒙不享有户籍股,并进行公示。原告李蒙在公示中发现没有确认其享有户籍股后,双方产生争议。为此,原告李蒙诉至法院。北京市昌平区人民法院认为被告南邵村委会制定的《南邵村关于集体经济产权制度改革方案》是其根据法律规定行使的村民自治权利,符合村民民主议事的规定。原告李蒙作为居民,其依据《农户土地承包经营权确权确利证书》要求确认其享有户籍股,依据不足,法院不予支持。依照《中华人民共和国民法通则》第6条、《中华人民共和国村民委员会组织法》第19条、第20条、《中华人民共和国民事诉讼法》第64条之规定,于2009年6月19日判决驳回原告李蒙的诉讼请求。

点评:将承包经营权原先的债权性质改变为用益物权性质系《物权法》的一大亮点,土地是农民安身立命之根本,也是农民作为经济实体从事生产经营活动最基本的资本与前提。承包经营权被确定为用益物权有助于更好地保障农民的根本利益,农民的承包地在承包期限内除了国家因公共利益需要进行征收或征用外,不能随意被收回,有利于实现我国农民传统上对农地稳定性的要求。

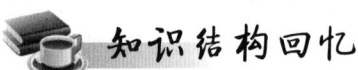

知识结构回忆

一、建设用地使用权

二、农村土地承包经营权

三、宅基地使用权

四、地役权

用益物权是指对他人所有的不动产或者动产,依法享有的占有、使用和收益的权利。特征如下:第一,标的物主要是不动产;第二,以对物的占有为前提;第三,是他物权、期限物权、限制物权;第四,是以使用、收益为目的的独立物权。

我国的用益物权主要研究的是土地制度。《物权法》规定的用益物权体系主要包括:(1)建设用地使用权(城市);(2)宅基地使用权(农村住的问题);(3)土地承包经营权(农村吃的问题);(4)地役权(城市+农村)。

一、建设用地使用权(《物权法》第 135 条至第 151 条)

建设用地使用权指建设用地使用人依法对国家所有或者集体所有的土地享有占有、使用、收益并利用该土地建造建筑物、构筑物及其附属设施的权利。适用对象是国家所有的土地。

[案例 1] 朝阳公司是一房地产开发企业,朝阳公司与 A 市土地局签订土地使用权出让合同,约定朝阳公司以出让方式取得该市郊区的一幅土地用于修建住宅楼。

问:(1)朝阳公司自何时取得土地使用权?

(2)朝阳公司取得土地使用权后,为筹借资金建房向银行借款,甲公司是否有权直接以该土地使用权抵押?

(3)朝阳公司取得土地使用权后,是否有权直接将该土地使用权转让?

(4)朝阳公司将土地使用权转让给瑞福公司,瑞福公司决定将该土地用于修建篮球场,瑞福公司需要采取哪些措施才可以改变该土地用途?

二、农村土地承包经营权(《物权法》第 124 条至第 134 条)

土地承包经营权适用于农民集体所有和国家所有由农民集体使用的耕地、林地、草地等从事种植业、林业、畜牧业等农业生产用地;国家所有的农用地,准用之。《物权法》第 124 条:"农村集体经济组织实行家庭承包经营为基础、统分结合的双层经营体制。农民集体所有和国家所有由农民集体使用的耕地、林地、草地以及其他用于农业的土地,依法实行土地承包经营制度。"

土地承包经营权是对家庭承包经营为基础、统分结合的双层经营体制在民事法律中的具体体现。

[案例 2] 薛某是薛家村的农民。2015 年薛某承包了村东头 3.8 亩的土地,栽种蔬菜。但销路不佳,收入颇低。于是薛某便将土地留给妻子一人耕种,自己独自进城务工。在城里薛某经朋友介绍认识了李老板,李老板有辆用来跑客运的中巴车,手续齐全。薛某与李老板协商由自己租用李老板的车跑运输。两人就此事达成一致并谈妥了租金、保养维修、年检费用、保险及万一发生事故费用的承担等事宜。

请分析本案中发生的法律关系。

[案例 3] 卧龙村村民郑某与村委会签订了书面形式的土地承包经营合同,承包经营一幅 9 亩的耕地,但未进行登记。

问:(1)郑某的土地承包经营权是否成立?

(2)如果郑某与同村村民徐某互换土地承包经营权,是否需要村委会同意?郑某与徐某的互换是否需要登记才能发生效力?

(3)如果郑某将土地承包经营权转让给同村村民周某,需要什么条件?

(4)合同签订3年后郑某向将承包地交回,是否需要村委会同意?交回后,郑某是否有权要求再承包土地?

(5)合同签订3年后,村委会是否有权以郑某大部分时间在城里做生意致使承包地抛荒为由收回郑某的承包经营权?

(6)合同签订6年后,村委会以村里新增人口太多为由要求调整承包地,村委会是否有权调整?

(7)如果郑某死亡,郑某的继承人是否有权继承郑某的土地承包经营权?

三、宅基地使用权(《物权法》第152条至第155条)

宅基地使用权,是指宅基地使用权人依法享有的对集体所有的土地占有和使用以及利用该土地建造住宅及其附属设施的权利。宅基地使用权具有一定的社会福利性质,是农民的安身立业之本。

1.主体:是农村集体经济组织的成员,并且通常只能是本集体经济组织的成员,不能是城镇居民。由于我国现阶段实行"一户一宅"的原则,因此农村集体经济组织成员作为宅基地使用权的主体并不是以自然人的身份单独出现的,而是以"农户"的名义出现的。此外,某些回乡落户的离退休干部、退休、退职职工、复转军人、回乡定居的华侨和港澳台同胞,也可依法取的宅基地的使用权。

2.取得:可以通过法律直接规定或者集体经济组织依法无偿援与而取得。(所谓无偿援与,是指农村村民存在实际居住需求的情况下,集体经济组织负有设定宅基地使用权并转移给村民,供其建造并保有房屋及附属设施的义务。)宅基地使用权的设立是否以登记为生效要件或者对抗第三人的要件,物权法没有作出规定。一般认为,登记并非宅基地使用权的生效要件,法律亦没有必要规定债基地使用权设立登记的对抗效力。但如果宅基地使用权人意欲对其权利进行处分时,则应当办理登记。

《物权法》第155条:"已经登记的宅基地使用权转让或者消灭的,应当及时办理变更登记或者注销登记。"

3.基本上无流转权:《土地管理法》第62条,宅基地使用权实行一户一宅原则,权利人不得买卖或者变相买卖(抵押、出租、出资、赠与)宅基地;当然,权利人可以出卖、出租宅基地上的房屋,但不得另行申请宅基地。

四、地役权

[案例4]某市教育局有东门可以出入,后来由于东门前交通较为拥堵,想另开南门,供教育局内部职工出入使用。但这必须借用相邻某医院的道路通行。于是两家单位便约定,由教育局向医院适当支付使用费,医院允许教育局的职工从此通行,并签订了书面合同,办理了登记。

问:教育局享有的是什么权利?

《物权法》156条:"地役权人有权按照合同约定,利用他人的不动产,以提高自己的不动产的效益。"

地役权指地役权人为了提高自己不动产的效益按照合同约定对他人的不动产进行一定程度的利用或者对他人行使不动产权利进行限制的权利。其中"役"是"使用"的意思。

(一)与相邻关系的区别

相邻关系指两个或者两个以上相邻不动产的所有人或使用人,在行使占有、使用、收益和处分权利时发生的权利义务关系。

地役权与相邻关系的比较:

1.性质不同:相邻关系在本质上是不动产权利的延伸,非独立权利;而地役权是一项独立的用益物权。

2.原因不同:相邻关系的发生基于法律规定;而地役权是通过当事人缔结合同而产生。

3.目的不同:相邻关系是法律为相邻的不动产所有人、使用人形式不动产的所有权、使用权提供了最低限度的便利利益与容忍义务;而地役权的内容深度依当事人自由设定。

4.是否有偿:相邻关系的权利的取得是无偿的;而地役权合同是有偿无偿均可,通常是有偿的。

[案例5]赵某、钱某、孙某依次比邻而居。赵某的房屋年久失修,于春暖花开之季动工修缮。但因为无处堆放建筑材料而发愁。赵某向邻居钱某提出在其院内堆放建材,但钱某素与赵某有矛盾,不允此事。赵某遂向邻居孙某提出在其院内堆放建材,孙某同意,但要求赵某付"存放费"800元,并提出不得超过1个月,赵某同意。修房过程中,赵某搬运建材须从钱某家门前经过,钱

某予以阻拦,并要求赵某也向自己付800元"过路费"。

请分析赵某与孙某之间的法律关系。

(二)地役权的设立

1. 当事人应当订立书面地役权合同。

2. 地役权自地役权合同生效时设立,未经登记,不得对抗善意第三人。

3. 地役权不适用强制登记制度。但是,已经登记的地役权变更、转让、消灭的,应当及时办理相应的登记。

(三)地役权的从属性和不可分性

1.从属性:地役权是为需役地的利益而设定的权利,故从属于需役地而存在。地役权不得与需役地分离而单独让与的三种情形:(1)地役权人不得自己保留需役地的所有权或者使用权,而单独将地役权让与他人;(2)反过来,地役权人也不得自己保留地役权,而仅把需役地的所有权或者使用权让与他人;(3)地役权人也不得把需役地的所有权或者使用权与地役权分别让与不同的人。

2.不可分性:是指地役权的取得、丧失均为全部的,不得分割为数部分或仅有一部分而存在。《物权法》主要规定两个方面的含义:(1)需役地以及需役地上的土地承包经营权、建设用地使用权、宅基地使用权部分转让时,转让部分涉及地役权的,受让人同时享有地役权;(2)反过来,供役地以及供役地上的土地承包经营权、建设用地使用权、宅基地使用权部分转让时,转让部分涉及地役权的,地役权对受让人具有约束力。

(四)地役权的三种转让情形

1."左转弯"

丙—甲(需役地)—乙(供役地)

举例:甲公司和乙公司约定:为满足甲公司开发住宅小区观景的需要,甲公司向乙公司支付100万元,乙公司在20年内不在自己厂区建造6米以上的建筑。甲公司将全部房屋售出后不久,乙公司在自己的厂区建造了一栋8米高的厂房。问:谁有权请求乙公司拆除超过6米的高筑呢?答案:小区业主。

结合本题,所谓"左转弯"就是需役地的所有人转让。在地役权中包括两块土地,一块叫"需役地"(需要看风景的那块土地),另一块叫"供役地"(供他人看风景的那块地)。在左转弯的题目中,要牢记:一旦甲将所有的房屋转让给丙后,其就推出该法律关系,从此以后就只有丙才能向乙主张地役权。因此,本题中,只有小区业主才有权请求乙公司拆除超过6米的建筑,同时要记住小区每一个业主都有权主张全部地役权,此时,体现的就是地役权的不可分性。

2."右转弯"

甲(需役地)—乙(供役地)—丙(善意第三人)

举例:甲为了能在自己的房子里欣赏远处的风景,便与相邻的乙约定:乙不在自己的土地上从事高层建筑;作为补偿,甲每年支付给乙4000元。两年后,乙将该土地使用权转让给丙。丙在该土地上建造了一座高楼,与甲发生纠纷。问:甲是否有权不让丙建造高楼呢?答案:无权。

结合本题,所谓"右转弯"就是供役地的所有人转让。此时,注意:(1)地役权属于"公示对抗主义"即地役权自地役合同生效时设立,不登记不得对抗善意第三人。(2)善意第三人只有在右转弯时才会出现,也就是上面的"丙"。(3)题目中如果没有提及是否经登记,视为没有登记。本题由于甲与乙签订的地役权合同并没有登记,因此不得对抗善意第三人丙(因为没登记,因此丙在受让时不知该土地上有负担,属于善意第三人),换句话说就是丙有权建造高楼。

3."两边转弯"

丙—甲(需役地)—乙(供役地)—丁(善意第三人)

举例:甲为了能在自己房中欣赏远处风景,便与相邻的乙约定:乙不在自己的土地上建造高层建筑,作为补偿,甲一次性支付给乙4万元。两年后,甲将房屋转让给丙,乙将该土地转让给丁。问:丙是否可以禁止丁建造高楼呢?答案:不能。

结合本题,所谓"两边转弯"就是需役地和供役地的所有人均转让。此时,题目变得简单起来,如问题涉及"左转弯"部分,就按"左转弯"处理;如问题涉及"右转弯"部分,就按"右转弯"处理。此例,由于没有登记,因此不得对抗善意第三人丁,丁有权建高楼,丙无权禁止。

[案例6] 某甲房地产开发公司拍得某市区河畔一块土地,准备以"观景"为理念设计并建造了一所高层观景商品住宅楼。但该地前面有一平房生物制药厂,为了该住宅楼业主能在房间里欣赏河畔风景,双方约定:食品厂在35年

内不得在该土地上兴建三层高以上建筑;作为补偿,甲每年向食品厂支付30万元。五年后,生物制药厂将该土地使用权转让给乙公司,乙公司在该土地上动工修建高层电梯公寓。甲公司得知后,便要求乙公司立即停止兴建。但遭到拒绝。甲于是向法院提起诉讼,请求法院判决乙公司停止施工并同时要求食品厂承担违约责任。

问:甲公司和生物制药厂之间的合同是否生效?该合同能否约束乙公司?

 **真题链接**

1.季大与季小兄弟二人,成年后各自立户,季大一直未婚。季大从所在村集体经济组织承包耕地若干。关于季大的土地承包经营权,下列哪些表述是正确的?(2014/03/56)

A.自土地承包经营权合同生效时设立

B.如季大转让其土地承包经营权,则未经变更登记不发生转让的效力

C.如季大死亡,则季小可以继承该土地承包经营权

D.如季大死亡,则季小可以继承该耕地上未收割的农作物

答案:AD

【考点】土地承包经营权

【解析】选项A正确。《物权法》第127条第1款规定,土地承包经营权自土地承包经营权合同生效时设立。《农村土地承包法》第22条规定,承包合同自成立之日起生效。承包方自承包合同生效时取得土地承包经营权。据此可知,土地承包经营权自土地承包经营权合同生效时设立。选项B错误。《农村土地承包法》第38条规定,土地承包经营权采取互换、转让方式流转,当事人要求登记的,应当向县级以上地方人民政府申请登记。未经登记,不得对抗善意第三人。据此可知,土地承包经营权的流转登记不是生效要件,而是对抗要件。选项C错误。《农业部关于发布审理涉及农村土地承包纠纷案件适用法律问题的若干规定(征求意见稿)的通知》第34条第(1)项规定,家庭承包的,家庭成员之一死亡的,不发生土地承包经营权继承问题,承包地由家庭其他成员继续承包经营。家庭成员全部死亡,该土地承包经营权消灭,但承包地为林地的除外。在本题中,季大与季小成年后已各自立户,他们为成年兄弟

关系,不再属于家庭成员关系。因季大一直未婚,且其承包的土地为耕地,因此,季大死亡后,土地承包经营权消灭,季小不能继承。选项 D 正确。《农村土地承包法》第 31 条第 1 款规定,承包人应得的承包收益,依照《继承法》的规定继承。据此可知,如季大死亡,季小可以继承该耕地上未收割的农作物。

2.河西村在第二轮承包过程中将本村耕地全部发包,但仍留有部分荒山,此时本村集体经济组织以外的 Z 企业欲承包该荒山。对此,下列哪些说法是正确的?(2016/03/54)

A.集体土地只能以家庭承包的方式进行承包
B.河西村集体之外的人只能通过招标、拍卖、公开协商等方式承包
C.河西村将荒山发包给 Z 企业,经 2/3 以上村民代表同意即可
D.如河西村村民黄某也要承包该荒山,则黄某享有优先承包权

答案:BD

【考点】土地承包经营权其他承包方式

【解析】《农村土地承包法》第 3 条第 2 款规定:"农村土地承包采取农村集体经济组织内部的家庭承包方式,不宜采取家庭承包方式的荒山、荒沟、荒丘、荒滩等农村土地,可以采取招标、拍卖、公开协商等方式承包。"四荒土地可以不按照家庭承包方式进行承包。故 A 项错误。家庭承包方式仅限于本集体经济组织成员,河西村集体之外的人只能通过招标、拍卖、公开协商等方式承包,故 B 项正确。《农村土地承包法》第 48 条规定:"发包方将农村土地发包给本集体经济组织以外的单位或者个人承包,应当事先经本集体经济组织成员的村民会议三分之二以上成员或者三分之二以上村民代表的同意,并报乡(镇)人民政府批准。"河西村将荒山发包给 Z 企业,除了经 2/3 以上村民代表同意,还须报乡(镇)人民政府批准,故 C 项错误。《农村土地承包法》第 47 条规定:以其他方式承包农村土地,在同等条件下,本集体经济组织成员享有优先承包权。故 D 项正确。

3.村民胡某承包了一块农民集体所有的耕地,订立了土地承包经营权合同,未办理确权登记。胡某因常年在外,便与同村村民周某订立土地承包经营权转让合同,将地交周某耕种,未办理变更登记。关于该土地承包经营权,下列哪一说法是正确的?(2017/03/07)

A.未经登记不得处分
B.自土地承包经营权合同生效时设立

C.其转让合同自完成变更登记时起生效
D.其转让未经登记不发生效力
答案:B
【考点】土地承包经营权
【解析】土地承包经营权的设立采意思主义,土地承包经营权合同生效时设立。在转让时,未经登记不得对抗第三人。故 A 项错误,B 项正确,C 项错误,D 项错误。

综合案例分析

1990 年,某村实行家庭联产承包责任制,林某一家承包了耕地 1.3 亩,承包期 30 年。林某又于 2014 年 2 月 24 日与其所在的村签订了土地承包合同,双方在合同中约定由林某承包该村 5 亩柚子园,承包期为 30 年,每年承包费 2500 元。林某的土地承包经营权未进行登记。2014 年 4 月 12 日,村委会将柚子园交给林某,林某开始经营。林某的柚子园与徐某的菜园相邻,林某的柚子园周围没有井,井在徐某菜园的东边,林某要想浇灌要绕过徐某的菜园,于是希望从徐某的菜园穿行。徐某不同意,后在双方协商下订立合同约定林某可以从菜园穿行,但每年给徐某 300 元,一直到承包期满,双方未进行登记。2016 年,林某因病去世,其妻关某继续经营,但关某因欠缺经验,柚子收成不好,遂于 2017 年将柚子园转让给秦某。秦某要继续从徐某的菜园穿行,但徐某认为穿行造成很多菜苗被踩坏,不同意秦某从其菜园穿行。关某和其子女 2018 年迁至青山镇居住,户口也转为非农业户口,其家的耕地在其迁走后即由村委会调整给王某。

问:(1)林某是否有权基于相邻关系通行徐某的菜园?为什么?

(2)假设 2014 年 11 月 26 日,柚子价格上涨,村委会将该柚子另行发包给杨某,双方签订了承包经营合同,承包费 2500 元,杨某预交了承包费,村委会将柚子元交给了杨某。蔡某发现后提出异议,问杨某是否有权取得该柚子园的承包经营权?为什么?

(3)村委会可否以关某不是承包人为由收回柚子园?为什么?

(4)关某和秦某的承包经营权转让合同,村委会可否主张无效?为什么?

(5)假设关某和秦某的承包经营权转让合同有效,秦某可否请求穿行徐某的菜园?为什么?

(6)在林某承包经营期间,因穿行不慎而被踩坏的菜苗的损失由谁承担?

(7)村委会将关某家的耕地调整给王某的做法是否正确?为什么?

(8)假设林某在2014年11月19日以柚子园的承包经营权做抵押向石某借款2万元,借款期限1年。到期不能归还借款石某可否就柚子园的承包经营权行使抵押权?为什么?

第四讲 担保物权

【案情】1999年1月5日,被告利达商贸有限公司(以下简称利达公司)为装修利达地下商贸城,与原告工商银行瑞通支行(以下简称瑞通支行)签订了借款合同,约定:瑞通支行借给利达公司人民币1000万元,借款以月利率10.98‰计息,借款期限为12个月。双方同时签订了借款抵押合同,约定:利达公司以其对利达地下商贸城(面积1.3万平方米)的管理权和出租权分别为此项借款进行抵押担保。瑞通支行于签约后向利达公司发放了人民币1000万元的贷款。此项借款到期后,瑞通支行仅收回利息人民币131.76万元。至2002年1月5日,利达公司欠瑞通支行借款本金人民币1000万元,利息人民币210.58万元。瑞通支行因此向法院提起诉讼。

法院经审理查明:利达公司用于抵押的利达地下商贸城(面积1.3万平方米),是市人民政府有关部门修建的地下设施。在修建过程中,被告利达公司曾投资5000万元参与建设,市人民政府有关部门为此下达文件确定:该项设施的产权归国家所有,利达公司对地下商贸城享有50年使用管理和出租权。市人民政府有关部门对利达地下商贸城的使用管理和出租权因现在的权利人不能履行债务而转移给他人行使一事,表示同意。

人民法院认为:原告瑞通支行与被告利达公司签订的借款合同,符合《借款合同条例》的规定,合法有效。利达公司未偿还到期借款,依照《借款合同条例》第16条的规定,应当承担偿还借款及利息的责任。故法院判决:(1)利达公司在判决生效后10日内偿还瑞通支行借款本金人民币1000万元,支付利息人民币210.58万元,至本判决生效期间的利息按双方合同约定计算。

(2)利达公司逾期不履行判决,以利达公司抵押的利达地下商贸城的用益物权折价或以拍卖、变卖该用益物权所得价款,用以偿还瑞通支行的债务。

点评:根据《中华人民共和担保法》关于"抵押和抵押物"的规定,抵押人用以抵押的财产,一般应当是对抵押物享有所有权的财产。本案当事人约定担保合同的标的物,不是一般意义上的物权标的。抵押的标的是利达公司对利达地下商贸城享有的一定期限的管理权和出租权,虽然利达公司不是利达地下商贸城的所有权人,在法律上对该项财产没有处分权。其抵押给瑞通支行的,仅仅是对利达地下商贸城享有一定期限的管理权和出租权。该公司对利达地下商贸城享有的有一定期限的管理权和出租权,是能够给权利人带来利益的财产权利,行使权利的结果完全能够达到保证债务履行的目的。将这种权利用于抵押,在我国《担保法》中虽然没有明文规定许可,但是也未明文禁止,而且利达地下商贸城的所有权人对因该抵押引起的权利转移表示同意。所以人民法院对地下商贸城的相应权利作出判决。

知识结构回忆

一、担保物权的概述
二、混合担保
三、抵押权
四、质权
五、留置权
六、担保物权的竞合

一、担保物权的概述

(一)概念

担保物权,是指以担保债务的清偿为目的,以债务人或第三人的特定物或权利作为担保物,在债务人不清偿到期债务或出现约定的情形的,债权人就担保物的交换价值所享有的优先受偿的他物权。包括抵押权、质权和留置权。

(二)担保物权的特征

1.优先受偿性

担保权的存在价值在于担保债券实现,担保的效果在于确保债权人可以就担保物的价值优先受偿,这是担保物权的核心功能。

2.从属性

担保合同是主债权债务合同的从合同,不具有独立性,从属于债权而存在,主要包括:

(1)成立与消灭上的从属性。

主债权不成立,担保物权不成立。主债权消灭的,担保物权消灭。

(2)效力上的从属性。

主债权债务合同无效,担保合同原则上无效。担保人有过错的,承担缔约过失责任,而非担保责任。

(3)移转上的从属性。

债权让与时,担保物权随同债权转让给受让人,但是当事人之间另有约定或者法律另有规定的除外。但是债务承担的情况下,则不能体现担保物权的从属性。《物权法》第175条:"第三人提供担保,未经其书面同意,债权人允许债务人转移全部或者部分债务的,担保人不再承担相应的担保责任。"

3.物上代位性

物上代位性是指担保期间,担保财产毁损、灭失或者被征收等,担保物权的效力不仅及于担保物本身,而且及于担保物的变异物、赔偿金、补偿金以及保险金等代位物。

[案例1](1)A城的甲欠乙1000万元债务,约定9月1日前偿还,甲以楼房一栋抵押。8月1日,A城遭百年不遇的洪水,抵押楼房倒塌。洪水过后,楼房仅余一堆建筑材料,残留价值30万元。问:若甲到期不还债,乙可否就该30万元优先受偿?

(2)设(1)中抵押楼房投了保险,倒塌后甲获得保险公司赔偿金800万元。问:若甲到期不还债,乙可否就该800万元优先受偿?

(3)设例(1)中抵押楼房倒塌的原因不在水灾,而在人祸——系第三人丙所为。甲从丙处获损害赔偿金900万元。问:若甲到期不能还债,乙可否就该900万元优先受偿?

(4)设例(1)中楼房未倒塌,但因公共利益的需要被政府征用,甲从A城政府处获补偿金950万元。问：甲到期不还债，乙可否就该950万元优先受偿？

4. 不可分性

不可分性强调的是担保物权的整体性，具体体现：

(1)担保物部分灭失，以残存部分担保全部债权。

(2)担保物被分割或者部分转让属于不同所有权人，抵押权人可"追及"分割或者转让后的抵押物而行使抵押权。

(3)主债权部分消灭，仍以全部担保物担保剩余债权，但优先受偿的范围相应地缩减。

(4)主债权被分割或者部分转让的，各债权人均得以就其享有的债权份额行使抵押权。

[案例2] 甲公司欠乙公司1000万元，约定9月1日还款。甲以自有厂房5幢提供抵押，每幢厂房估价200万元，后甲到期不能还款。

问：(1)若遭遇地震，2幢厂房被毁。其余3幢价值均上涨至400万元以上。乙可否以此3幢房卖款中的1000万元优先受偿？

(2)若甲分立为丙丁公司，丙可分得3幢厂房，丁分得2幢，且每幢厂房都涨至400万元。乙只请求拍卖丙的3幢厂房以足额优先受偿，可否？

(3)后甲还款400万元，余款600万元到期不还，乙主张一并拍卖5幢厂房以优先受偿，可否？

(4)若乙分立为丙丁两公司，丙分得对甲债权中的600万元，丁分得400万元。现丙请求一并拍卖5幢楼房以优先受偿，可否？

二、混合担保

混合担保指同一债权既有物保（抵押或质押）又有人保（保证）的情形。《物权法》第176条确立了新的规则。

《物权法》第176条：被担保的债权既有物的担保又有人的担保的，债务人不履行到期债务或者发生当事人约定的实现担保物权的情形，债权人应当按照约定实现债权；没有约定或者约定不明确，债务人自己提供物的担保的，债权人应当先就该物的担保实现债权；第三人提供物的担保的，债权人可以就物的担保实现债权，也可以要求保证人承担保证责任。提供担保的第三人承担担保责任后，有权向债务人追偿。

1.约定优先。债权人应当先按照当事人之间的约定实现债权。

2.没有约定或约定不明确的:

(1)债务人提供物保,先实现该担保物权后执行保证。

(2)第三人提供物保,债权人有选择权,即可要求实现物保也可要求实现保证。

3.提供担保的第三人承担责任后,有权向债务人追偿。担保人之间相互不追偿。

[案例3]甲公司向乙银行贷款,丙公司作为甲公司的连带责任保证人,同时甲公司将自己所有的办公楼作为抵押,丁公司也以自己所有的厂方作为抵押担保乙银行对甲公司的债权。甲公司、丙公司和丁公司未与乙银行约定甲公司、丙公司和丁公司之间的担保顺序和比例。甲公司到期无力还本付息。

问:乙银行应如何实现自己的债权?

三、抵押权

[案例4]六达公司向甲银行借款,以自己所有的办公楼抵押。

问:(1)六达公司与甲银行的抵押合同何时生效?

(2)甲银行的抵押权何时成立?

(3)甲银行的抵押权设立后,六达公司是否有权将办公楼出租给李某?如果六达公司将办公楼出租给李某,六达公司到期不能支付本息,甲银行实现自己的抵押权时,李某能否主张自己的租赁权?

(4)六达公司是否有权将办公楼卖给大华公司?

(5)甲银行提出增加担保,六达公司是否可以将公司尚在建造的厂房抵押?

(6)六达公司向乙银行借款,六达公司将公司设备、原材料、产品和半成品一并抵押给了乙银行,抵押权何时成立?抵押权成立后,六达公司是否有权在抵押期间销售产品?

(一)抵押物

抵押财产必须具有可流转性。

项 目	内　　容	
不可抵	(1)土地所有权;(2)依法被查封、扣押、监管的财产;(3)所有权、使用权不明或有争议财产;(4)学校、幼儿园、医院等以公益为目的的事业单位、社会团体的教育设施、医疗卫生设施和其他社会公益设施;(5)违法、违章建筑;(6)集体土地使用权(两个例外:以招标、拍卖、公开协商等方式取得的"四荒"等土地承包经营权;以乡、村企业厂房抵押的,占用范围内的建设用地使用权一并抵押)。	
可抵	以招标、拍卖、公开协商等方式取得的荒地等土地承包经营权;生产设备、原材料、半成品、产品;正在建造的建筑物、船舶、航空器;交通运输工具;法律、行政法规未禁止抵押的其他财产。	
可抵	房地一体主义	以建筑物抵押的,自然及于占有范围内的建设用地使用权;以建设用地使用权抵押的,自然及于该土地上的建筑物。(《物权法》第182条)
可抵	房地一体主义	建设用地使用权抵押后新增的建筑物不属于抵押物,但在实现时应当一并处分,新增建筑物所得的价款不能由抵押权人优先受偿。(《物权法》第200条)

(二)抵押权的设立和生效

设立一个抵押权,必须先签订书面抵押合同,自双方在合同书上签章时,抵押合同成立并生效。

1.不动产抵押权:有效合同+登记=不动产抵押权

2.特殊动产抵押权(汽车、船舶或航空器):有效合同=动产抵押权+登记>第三人(即登记不是生效要件,而是对抗要件)

(三)抵押权顺位

	适用范围	登记情况	清偿顺序
清偿顺位	不动产	甲乙均登	先登优于后登
清偿顺位	动　产	甲登乙未登	甲先(登记优于未登记)
清偿顺位	动　产	甲乙均未登	同一顺序按比例清偿
交换顺位(变更)	抵押权人可以交换抵押权的顺位,但未经其他抵押权人书面同意,不得对其他抵押权人产生不利的影响。		

[案例5] 长江公司以其房屋做抵押,先后向甲银行借款100万元,乙银行借款300万元,丙银行借款500万元,并依次办理了抵押登记。后丙银行与甲银行商定交换各自抵押权的顺位,并办理了变更登记。但乙银行并不知情。因长江公司无力偿还三家银行到期债务,银行拍卖其房屋,仅得价款600万元。

问:三家银行对该价款如何分配?

(四)抵押权的放弃

1.原则:抵押权人可放弃抵押权(因抵押权属于权利,权利可以由当事人自由处分)。

2.《物权法》第194条第2款:"债务人以自己的财产设定抵押,抵押权人放弃该抵押权、抵押权顺位或者变更抵押权的,其他担保人在抵押权人丧失优先受偿权益的范围内免除担保责任,但其他担保人承诺仍然提供担保的除外。"

[案例6] 材料一:甲向银行借款100万元,并以其房屋设定抵押权,担保范围为80万元。同时,乙担当保证人,未约定保证范围。后来,银行放弃了对甲房屋的抵押权。问:乙可否主张免于承担保证责任?

材料二:甲向银行借款100万元,丙以其房屋设定抵押权,担保范围为80万元。同时,乙担当保证人,未约定保证范围。后来,银行放弃了对丙房屋的抵押权。问:乙可否主张免于承担保证责任?

(五)抵押权的实现

1.方式:折价、拍卖、变卖

2.存续期间:抵押权人应当在主债权诉讼时效期间内行使抵押权(是一个可变期间),未行使的,人民法院不予保护。(《物权法》第202条)

抵押权为什么会存在存续期间呢?在于抵押权的设立无须移转抵押物的占有,抵押物仍然在抵押人手里,因此,必须要求抵押人及时行使权力。抵押权的存续期间为主债权诉讼时效期间内,换言之,抵押权人应当在主债权诉讼时效期间内行使抵押权。

[案例7] 甲公司向乙银行贷款1000万元,约定2013年12月2日一次性还本付息。丙公司以自己的一栋房屋做抵押。甲到期没有还债,乙银行每月向甲催收,均无效果。最后一次催收的时间是2015年3月6日,乙银行在什

么时间前行使抵押权,才能得到法院的保护?

(六)抵押权与租赁权的冲突解决

《物权法》第190条:订立抵押合同前抵押财产已出租的,原租赁关系不受该抵押权的影响。抵押权设立后抵押财产出租的,该租赁关系不得对抗已登记的抵押权。

《担保法解释》第65条:抵押人将已出租的财产抵押的,抵押权实现后,租赁合同在有效期内对抵押物的受让人继续有效。

《担保法解释》第66条:抵押人将已抵押的财产出租的,抵押权实现后,租赁合同对受让人不具有约束力。抵押人将已抵押的财产出租时,如果抵押人未书面告知承租人该财产已抵押的,抵押人对出租抵押物造成承租人的损失承担赔偿责任;如果抵押人已书面告知承租人该财产已抵押的,抵押权实现造成承租人的损失,由承租人自己承担。

项 目	内 容
先租后押	租赁不受抵押影响,抵押权实现后,不破租赁,承租人可继续承租。
先押后租	租赁不得对抗登记的抵押权。 如果抵押在先,但没有登记,则抵押权实现后,照样对抵押物任何影响。 如果抵押在先,且办理了登记,则一旦实现抵押权,直接打破租赁。这意味着结束了承租人的租赁关系,此时若承租人有损失,则:如果租赁时,已书面告知抵押事实的,承租人自担;未告知的,抵押人赔。

(七)动产浮动抵押

《物权法》第181条:"经当事人书面协议,企业、个体工商户、农业生产经营者可以将现有的以及将有的生产设备、原材料、半成品、产品抵押,债务人不履行到期债务或者发生当事人约定的实现抵押权的情形,债权人有权就实现抵押权时的动产优先受偿。"

《物权法》第189条:"企业、个体工商户、农业生产经营者以本法第一百八十一条规定的动产抵押的,应当向抵押人住所地的工商行政管理部门办理登记。抵押权自抵押合同生效时设立;未经登记,不得对抗善意第三人。依照本法第181条规定抵押的,不得对抗正常经营活动中已支付合理价款并取得抵押财产的买受人。"

项 目	内 容
主体特殊	专指企业、个体工商户、农业生产经营者。
抵押物特殊	抵押物是现有及将有的生产设备、原材料、半成品、产品。同时,是以这些财产作为一个整体一并进行抵押。
登记机关特殊	登记机关是抵押人住所地的工商部门,而不是抵押财产所在地的工商部门。
效力特殊	自抵押合同生效时设立,未经登记不得对抗善意第三人的基础上,更为特殊的是就算登记了,也不得对抗正常经营活动中已经支付合理价款并取得抵押财产的买受人。
实现的特殊	动产浮动抵押权人要实现抵押权须出现如下两种情形:(1)债务履行期限届满,债权未实现;(2)抵押人被宣告破产或撤销。

[案例8]个体工商户甲将自己饲养的6000只羊以及饲料等一并抵押给工商银行,借款期限3年。在抵押期间,乙找甲购买了60只羊并支付合理价款,甲将羊交给了乙,乙将羊带回家饲养一段时间后将其全部售卖。3年后,甲不能偿还工商银行贷款。问:工商银行是否可以要求乙将当初从甲处购买的羊返还?

(八)最高额抵押权

《物权法》第203条:为担保债务的履行,债务人或者第三人对一定期间内将要连续发生的债权提供担保财产的,债务人不履行到期债务或者发生当事人约定的实现抵押权的情形,抵押权人有权在最高债权额限度内就该担保财产优先受偿。最高额抵押权设立前已经存在的债权,经当事人同意,可以转入最高额抵押担保的债权范围。

四、质权

[案例9]王某向张某借款,以自己所有的一台笔记本电脑作为质押。

问:(1)张某的质权何时成立?

(2)如果王某将电脑交付给张某后,还想再用,张某又将电脑交还给王某,王某把电脑转卖给赵某,张某能否向赵某主张自己的质权?

(3)如果张某擅自使用电脑,中了病毒,使电脑全面瘫痪,王某是否有权要求张某赔偿?

(4)如果张某将电脑出质给李某,李某以为电脑归张某所有,张某到期不能履行债务,李某是否有权行使质权?

(一)动产质权

项 目	内 容	
质押合同	(1)要式合同;除法定或约定外,自双方在合同书上签章,即成立并生效; (2)质押合同生效后,质权人有权请求出质人依约定交付质物,否则构成违约。	
公式	有效合同+交付=动产质权	
质权生效	出质人交付质物时,质押权成立并生效,债权人开始对质物享有优先受偿权。	
	关于交付	(1)当事人不得约定不交付标的物; (2)只能是现实交付、简易交付和指示交付而不能是占有改定; (3)质权人占有质物后又返还给出质人的,动产质权归于消灭; (4)质押物约定与移交不一致的,以实际移交的物品为主。

简易交付又称"无形交付",是指受让人在动产物权变动前已先行占有该动产的,让与人如设立和转让其动产物权,无须再为现实交付,让与合同生效时即发生物权变动的效力的交付方式。

指示交付,是指标的物由双方以外的第三人实际占有时,转让人将对第三人的返还请求权让与受让人,以代标的物的实际交付。

占有改定,是指在动产交易中,出让标的物时,出让人基于生产、生活的需要仍需继续占有动产,此时双方可以通过协议,使受让人取得动产之间接占有,以取代现实交付而取得所有权。

(二)权利质权

项　目	内　　容		
公式	质押合同＋交付(登记)＝质权		
有效证券	交付生效	五类债权证券	汇票、本票、支票、债券、存款单
		两类物权证券	仓单、提单
	登记生效	无权利凭证的,以出质登记为生效要件。	
	背书对抗	以票据出质的,应背书记载"质押"字样,否则,不得对抗第三人。	
		以公司债券出质没有背书记载"质押"字样,不得对抗公司与第三人。	
基金份额、股权	质押合同＋登记＝质权		
知识产权	质押合同＋登记＝质权		
应收账款	质押合同＋登记＝质权		

[案例10]甲将所持有的某公司债券交付乙,作为向乙借款的质押物。双方签订了书面质押合同,但未在债券上背书"质押"两字。借款到期后甲未还款。甲的另一债权人丙向法院申请执行上述债券。问:乙对该债券是否享有质权呢?

五、留置权

留置权是《物权法》规定的唯一的一种法定担保物权,指债权人按照合同约定占有债务人的财产,在债务人逾期不履行债务时,有留置该财产,并就该财产优先受偿的权利。

项　目	内　　容
适用条件	(1)债权已经到期; (2)合法占有债务人动产; (3)债权的发生与动产的占有基于同一法律关系(商事留置除外)。 注意:当事人双方可以事先约定排除留置权的适用。
消灭	(1)留置权人对留置财产丧失占有; (2)留置权人接受债务人另行提供担保。

留置权包括两类:民事留置和商事留置(即企业之间的留置)。债权的发生与动产的占有要基于同一法律关系。这里的同一法律关系主要是指保管合同、加工承揽合同、委托合同、行纪合同、运输合同、仓储合同。而商事留置,则不要求基于同一法律关系,只要债权已到期且合法占有债务人的动产即可。

[案例11]甲公司欠乙公司货款200万元,乙公司与丙公司签订了一份价款为150万元的家具买卖合同。合同签订后,丙公司指示乙公司将该合同项下的家具交付给甲公司。因甲公司届期未清偿所欠货款,故乙公司将该批家具扣留。

问:乙公司的行为是在行使何种权利?

留置权的实现:债权人和债务人应当在合同中约定宽限期,即债权人留置财产后,债务人应当在不少于2个月的期限内履行债务。在此约定的期限届满时,债权人可以不经通知,直接行使留置权;债权人和债务人在合同中未约定上述宽限期的,债权人留置财产后,应当确定2个月以上的期限,通知债务人在该期限内履行债务。

六、担保物权的竞合

所谓担保物权的竞合,亦称为物的担保的竞合,是指在同一标的物上存在不同种类的担保物权,且担保不同的债权,此时应以何类担保物权的效力优先的问题,担保物权的竞合包括了抵押权之间的竞合,抵押权与质权的竞合,抵押权、质权与留置权的竞合。

(一)抵押权与质权并存

1.先设立质权,后设立抵押权:质权当然优先于抵押权。

2.先设立抵押券,后设立质权:(1)登记的抵押权优先于职权;(2)未登记的抵押权不得对抗善意的质权人。(已登记的抵押权>质权>未登记得抵押权)

(二)留置权、质权、抵押权竞合

《物权法》第239条:"同一动产上已设立抵押权或者质权,该动产又被留置的,留置权人优先受偿。"

同一动产上同时存在质权、抵押权、留置权(最后设立)的优先顺序:

1.动产中质押先于抵押设立的:留置权>质权>抵押权

2.动产中抵押先于质押设立的:留置权＞登记的抵押权＞质权＞未登记的抵押权

[案例12] **担保物权的竞合**

同升公司以一套价值100万元的设备作为抵押,向甲借款10万元,未办理抵押登记手续。同升公司又向乙借款80万元,以该套设备作为抵押,并办理了抵押登记手续。同升公司欠丙货款20万元,将该套设备出质给丙。丙不小心损坏了,该套设备送丁修理,因欠丁5万元修理费,该套设备被丁留置。关于甲、乙、丙、丁对该套设备享有的担保物权的清偿顺序,下列哪一排列是正确的?（2011/03/07）

A.甲乙丙丁　　　B.乙丙丁甲　　　C.丙丁甲乙　　　D.丁乙丙甲

真题链接

1.甲对乙享有债权500万元,先后在丙和丁的房屋上设定了抵押权,均办理了登记,且均未限定抵押物的担保金额。其后,甲将其中200万元债权转让给戊,并通知了乙。乙到期清偿了对甲的300万元债务,但未能清偿对戊的200万元债务。对此,下列哪些选项是错误的?（2016/03/55）

A.戊可同时就丙和丁的房屋行使抵押权,但对每个房屋价款优先受偿权的金额不得超过100万元

B.戊可同时就丙和丁的房屋行使抵押权,对每个房屋价款优先受偿权的金额依房屋价值的比例确定

C.戊必须先后就丙和丁的房屋行使抵押权,对每个房屋价款优先受偿权的金额由戊自主决定

D.戊只能在丙的房屋价款不足以使其债权得到全部清偿时就丁的房屋行使抵押权

答案:ABCD

【考点】抵押权

【解析】抵押权具有从属性,跟随主债权的移转而移转,故戊受让之债权亦有抵押权之担保。《担保法解释》第75条第2款规定:"同一债权有两个以上抵押人的,当事人对其提供的抵押财产所担保的债权份额或者顺序没有约定

或者约定不明的,抵押权人可以就其中任一或者各个财产行使抵押权。"戊可以同时就丙和丁的房屋行使抵押权,并且没有比例或份额之限制,故 A 项、B 项、C 项、D 项错误。

2.甲借用乙的山地自行车,刚出门就因莽撞骑行造成自行车链条断裂,甲将自行车交给丙修理,约定修理费 100 元。乙得知后立刻通知甲解除借用关系并告知丙,同时要求丙不得将自行车交给甲。丙向甲核实,甲承认。自行车修好后,甲、乙均请求丙返还。对此,下列哪一选项是正确的?(2016/03/07)

　　A.甲有权请求丙返还自行车
　　B.丙如将自行车返还给乙,必须经过甲当场同意
　　C.乙有权要求丙返还自行车,但在修理费未支付前,丙就自行车享有留置权
　　D.如乙要求丙返还自行车,即使修理费未付,丙也不得对乙主张留置权
　　答案:C

【考点】留置权善意取得占有

【解析】甲将借来的自行车交给不知情的丙修理,丙作为承揽合同权利人因修理费对该自行车享有留置权,属于留置权的善意取得。因此 C 项正确,D 项错误。甲乙之间的借用合同因乙通知甲而解除,甲不再基于借用合同而享有占有和使用的权利,故甲不再享有占有返还请求权,丙将自行车返还给乙也无须甲同意。故 A 项、B 项错误。

3.甲、乙双方于 2013 年 5 月 6 日签订水泥供应合同,乙以自己的土地使用权为其价款支付提供了最高额抵押,约定 2014 年 5 月 5 日为债权确定日,并办理了登记。丙为担保乙的债务,也于 2013 年 5 月 6 日与甲订立最高额保证合同,保证期间为一年,自债权确定日开始计算。水泥供应合同约定,将 2013 年 5 月 6 日前乙欠甲的货款纳入了最高额抵押的担保范围。下列说法正确的是:(　　)(2016/03/89)

　　A.该约定无效
　　B.该约定合法有效
　　C.如最高额保证合同未约定将 2013 年 5 月 6 日前乙欠甲的货款纳入最高额保证的担保范围,则丙对此不承担责任
　　D.丙有权主张减轻其保证责任
　　答案:BC

【考点】最高额抵押、最高额保证

【解析】《物权法》第203条第2款规定:"最高额抵押权设立前已经存在的债权,经当事人同意,可以转入最高额抵押担保的债权范围。"据此,A项错误,B项正确。水泥供应合同是甲乙之间的合同关系,双方之约定不能加重保证人之保证责任,丙可以对最高额保证合同成立前易产生的债务不承担保证责任,但对合同成立后产生的债务应当承担保证责任,故C项正确,D项错误。

4.甲、乙双方于2013年5月6日签订水泥供应合同,乙以自己的土地使用权为其价款支付提供了最高额抵押,约定2014年5月5日为债权确定日,并办理了登记。丙为担保乙的债务,也于2013年5月6日与甲订立最高额保证合同,保证期间为一年,自债权确定日开始计算。甲在2013年11月将自己对乙已取得的债权全部转让给丁。下列说法正确的是:( )(2016/03/90)

A.甲的行为将导致其最高额抵押权消灭

B.甲将上述债权转让给丁后,丁取得最高额抵押权

C.甲将上述债权转让给丁后,最高额抵押权不随之转让

D.2014年5月5日前,甲对乙的任何债权均不得转让

答案:C

【考点】最高额抵押

【解析】《物权法》第204条规定:"最高额抵押担保的债权确定前,部分债权转让的,最高额抵押权不得转让,但当事人另有约定的除外。"据此,甲可以将其部分债权进行转让,且不会导致其最高额抵押权的消灭,故A项、D项错误。由于最高额抵押权并不会随部分债权转让而转让,故B项错误,C项正确。

5.甲、乙双方于2013年5月6日签订水泥供应合同,乙以自己的土地使用权为其价款支付提供了最高额抵押,约定2014年5月5日为债权确定日,并办理了登记。丙为担保乙的债务,也于2013年5月6日与甲订立最高额保证合同,保证期间为一年,自债权确定日开始计算。乙于2014年1月被法院宣告破产,下列说法正确的是:( )(2016/03/91)

A.甲的债权确定期届至

B.甲应先就抵押物优先受偿,不足部分再要求丙承担保证责任

C.甲可先要求丙承担保证责任

D.如甲未申报债权,丙可参加破产财产分配,预先行使追偿权

答案:ABD

【考点】最高额抵押

【解析】《物权法》第206条规定:"有下列情形之一的,抵押权人的债权确定:(一)约定的债权确定期间届满;(二)没有约定债权确定期间或者约定不明确,抵押权人或者抵押人自最高额抵押权设立之日起满二年后请求确定债权;(三)新的债权不可能发生;(四)抵押财产被查封、扣押;(五)债务人、抵押人被宣告破产或者被撤销;(六)法律规定债权确定的其他情形。"若乙被宣告破产,则甲的债权确定,A项正确。《物权法》第176条规定:"被担保的债权既有物的担保又有人的担保的,债务人不履行到期债务或者发生当事人约定的实现担保物权的情形,债权人应当按照约定实现债权;没有约定或者约定不明确,债务人自己提供物的担保的,债权人应当先就该物的担保实现债权;第三人提供物的担保的,债权人可以就物的担保实现债权,也可以要求保证人承担保证责任。提供担保的第三人承担担保责任后,有权向债务人追偿。"由于债务人乙自己提供的抵押担保,故债权人甲应当先行使抵押权,故B项正确,C项错误。《担保法》第32条规定:"人民法院受理债务人破产案件后,债权人未申报债权的,保证人可以参加破产财产分配,预先行使追偿权。"据此,D项正确。

6.甲以某商铺作抵押向乙银行借款,抵押权已登记,借款到期后甲未偿还。甲提前得知乙银行将起诉自己,在乙银行起诉前将该商铺出租给不知情的丙,预收了1年租金。半年后经乙银行请求,该商铺被法院委托拍卖,由丁竞买取得。下列哪一选项是正确的?(2017/03/08)

A.甲与丙之间的租赁合同无效

B.丁有权请求丙腾退商铺,丙有权要求丁退还剩余租金

C.丁有权请求丙腾退商铺,丙无权要求丁退还剩余租金

D.丙有权要求丁继续履行租赁合同

答案:C

【考点】买卖不破租赁 抵押不破租赁 先押后租 合同相对性

【解析】抵押人作为有处分权人,将商铺出租给丙,两者之间的租赁合同有效。故A项错误。先押后租的,租赁权不得对抗抵押权,故丁通过拍卖取得商铺所有权后,有权要求丙腾退商铺。故D项错误。关键在于丙有无权利要求丁退还剩余租金。根据合同相对性,租金为租赁合同之内容,丁并未承受该租赁合同,不受该租赁合同之约束,丙无权要求丁退还剩余租金。故B项错误,C项正确。

7.甲公司以一地块的建设用地使用权作抵押向乙银行借款3000万元,办

理了抵押登记。其后,甲公司在该地块上开发建设住宅楼,由丙公司承建。甲公司在取得预售许可后与丁订立了商品房买卖合同,丁交付了80%的购房款。现住宅楼已竣工验收,但甲公司未能按期偿还乙银行借款,并欠付丙公司工程款1500万元,乙银行和丙公司同时主张权利,法院拍卖了该住宅楼。下列哪些选项是正确的?(2017/03/55)

　　A.乙银行对建设用地使用权拍卖所得价款享有优先受偿权

　　B.乙银行对该住宅楼拍卖所得价款享有优先受偿权

　　C.丙公司对该住宅楼及其建设用地使用权的优先受偿权优先于乙银行的抵押权

　　D.丙公司对该住宅楼及其建设用地使用权的优先受偿权不得对抗丁对其所购商品房的权利

答案:ACD

【考点】抵押权建设工程价款优先权

【解析】乙银行享有抵押权,故A项正确。乙银行抵押权仅及于建设用地使用权,不及于其上的建筑物,虽可乙丙拍卖,但不得就住宅楼拍卖所得价款优先受偿,故B项错误。丙公司因享有建设工程价款优先权,且优先于乙银行的抵押权,故C项正确。丁因商品房买卖合同而享有债权,故丙公司的优先受偿权优先于丁的债权,故D项正确。

8.2016年3月3日,甲向乙借款10万元,约定还款日期为2017年3月3日。借款当日,甲将自己饲养的市值5万元的名贵宠物鹦鹉质押交付给乙,作为债务到期不履行的担保;另外,第三人丙提供了连带责任保证。关于乙的质权,下列哪些说法是正确的?(2017/03/56)

　　A.2016年5月5日,鹦鹉产蛋一枚,市值2000元,应交由甲处置

　　B.因乙照管不善,2016年10月1日鹦鹉死亡,乙需承担赔偿责任

　　C.2017年4月4日,甲未偿还借款,乙未实现质权,则甲可请求乙及时行使质权

　　D.乙可放弃该质权,丙可在乙丧失质权的范围内免除相应的保证责任

答案:BCD

【考点】质权

【解析】质权人有权收取质押财产的孳息,但合同另有约定的除外。前款规定的孳息应当先充抵收取孳息的费用。故A项错误。质权人负有妥善保管质押财产的义务;因保管不善致使质押财产毁损、灭失的,应当承担赔偿责

任。故B项正确。出质人可以请求质权人在债务履行期届满后及时行使质权;质权人不行使的,出质人可以请求人民法院拍卖、变卖质押财产。故C项正确。质权人可以放弃质权。债务人以自己的财产出质,质权人放弃该质权的,其他担保人在质权人丧失优先受偿权益的范围内免除担保责任,但其他担保人承诺仍然提供担保的除外。故D项正确。

9.甲服装公司与乙银行订立合同,约定甲公司向乙银行借款300万元,用于购买进口面料。同时,双方订立抵押合同,约定甲公司以其现有的以及将有的生产设备、原材料、产品为前述借款设立抵押。借款合同和抵押合同订立后,乙银行向甲公司发放了贷款,但未办理抵押登记。之后,根据乙银行要求,丙为此项贷款提供连带责任保证,丁以一台大型挖掘机作质押并交付。关于甲公司的抵押,下列选项正确的是:(　　)(2017/03/89)

A.该抵押合同为最高额抵押合同

B.乙银行自抵押合同生效时取得抵押权

C.乙银行自抵押登记完成时取得抵押权

D.乙银行的抵押权不得对抗在正常经营活动中已支付合理价款并取得抵押财产的买受人

答案:BD

【考点】动产浮动抵押

【解析】该抵押合同为动产浮动抵押合同,自抵押合同生效时抵押权设立,未经登记不得对抗第三人,故A项错误,B项正确,C项错误,D项正确。

10.甲服装公司与乙银行订立合同,约定甲公司向乙银行借款300万元,用于购买进口面料。同时,双方订立抵押合同,约定甲公司以其现有的以及将有的生产设备、原材料、产品为前述借款设立抵押。借款合同和抵押合同订立后,乙银行向甲公司发放了贷款,但未办理抵押登记。之后,根据乙银行要求,丙为此项贷款提供连带责任保证,丁以一台大型挖掘机作质押并交付。如甲公司未按期还款,乙银行欲行使担保权利,当事人未约定行使担保权利顺序,下列选项正确的是:(　　)(2017/03/91)

A.乙银行应先就甲公司的抵押实现债权

B.乙银行应先就丁的质押实现债权

C.乙银行可选择就甲公司的抵押或丙的保证实现债权

D.乙银行可选择就甲公司的抵押或丁的质押实现债权

答案:A

【考点】人保与物保的竞合

【解析】被担保的债权既有物的担保又有人的担保的,债务人不履行到期债务或者发生当事人约定的实现担保物权的情形,债权人应当按照约定实现债权;没有约定或者约定不明确,债务人自己提供物的担保的,债权人应当先就该物的担保实现债权;第三人提供物的担保的,债权人可以就物的担保实现债权,也可以要求保证人承担保证责任。提供担保的第三人承担担保责任后,有权向债务人追偿。故 A 项正确,B 项错误,C 项错误,D 项错误。

综合案例分析

甲公司为了扩大生产经营需要大量资金购买机器设备,于 2009 年 8 月 5 日以其价值 1000 万元的自由厂房作抵押向乙银行借款 540 万元,借款期限自合同签订之日起至 2010 年 12 月 31 日止,抵押期限为借款到期后 6 个月。2010 年 2 月 8 日,甲公司以该厂房作抵押向丙银行借款 400 万元,借款期限为 1 年。其后,2010 年 5 月 10 日,甲公司在告知了丁银行该厂房已抵押的事实后,以该厂房作抵押向丁银行借款 108 万元,借款期限为 6 个月。上述抵押借款均办理了登记手续,乙银行为第一顺位抵押权人,丙银行和丁银行分别为第二顺位和第三顺位抵押权人。在生产经营过程中,因周转不灵急需流动资金,2010 年 8 月 9 日,甲公司以价值 30 万元的汽车作抵押向戊工厂借款 25 万元,借款期限为 1 年,未办理登记。其后,甲公司于 2010 年 9 月 2 日又将汽车质押给王某取得借款 15 万元,合同汇总约定借款期限为 6 个月,汽车于 2010 年 9 月 13 日交给王某。

后来,甲公司将生产出的 100 台价值 50 万元的电视机存放在宋某的仓库,约定存放 3 个月,保管费 2 万元。一家电代理商急需电视机,甲公司要求宋某允许其将电视机提走,10 日内即付清保管费。宋某不同意,并将 100 台电视机全部扣留。两日后,该仓库遭雷击失火,100 台电视机损毁,甲公司无法向家电代理商交货,支付给家电代理商违约金 1 万元。①

问:(1)乙银行可否于 2011 年 8 月 11 日行使抵押权?为什么?

(2)若甲公司与乙银行之间对借款利息支付期限未作约定,应如何支付利息?

---

① 参见张能宝主编:《案例分析专题例解》,法律出版社 2015 年版,第 212 页。

(3)甲公司与丁银行之间的抵押权设立行为效力如何？为什么？

(4)若乙银行为了丁银行的抵押权利益，将自己第一顺位的优先受偿利益抛弃给丁银行，其后，甲不能清偿三个银行的到期债务，厂房变价900万元，那么这900万元应如何分配？

(5)甲公司与戊工厂的借款合同的效力如何？

(6)甲公司与戊工厂的抵押合同的效力如何？为什么？

(7)甲公司与王某的质押合同何时生效？为什么？

(8)甲公司的损失应当如何承担？

专题三

债 法

第一讲 债法总论

【案情】陈发树诉红塔集团股权转让合同案

2009年9月,陈发树与云南白药第二大股东红塔集团签订转让合同,陈发树支付总价款22亿元受让红塔集团持有的云南白药12.32%股权(尚需国资监管部门批准)。2012年1月,作为红塔集团上级主管单位的中国烟草总公司,以"为确保国有资产保值增值,防止国有资产流失"为由,否决了这一转让交易。冗长的审批时间本已让陈发树不满,而"否决"的结论更是出乎陈发树意料。陈发树不甘心,随后通过法律途径试图保住这份昂贵的合同。

2012年8月23日在云南省高院的庭审,是继3月15日首次交换证据后,控辩双方第一次对簿公堂的公开审理。陈发树方面的核心观点有二:一是中国烟草总公司无权否决合同,审批的权力在国资监管部门,即财政部;二是红塔集团构成合同违约,应承担法律责任。此案涉及的金额高达22亿元,或成为新中国成立以来最大的股权纠纷案。其结果如何,对今后涉及"国资转让"的纠纷影响很大。

争议 1：中国烟草总公司的审批权

陈发树与红塔集团在 2009 年 9 月 10 日签订的《股份转让协议》第 26 条显示："如本协议得不到相关有权国有资产监督管理机构的批准，甲方（红塔集团）应及时通知乙方（陈发树），并将乙方支付的全部款项不计利息退还给乙方，甲乙双方互不承担违约责任，且本协议自乙方收到甲方退还的全部款项之日起解除。"

陈发树一方认为，财政部在 2004 年 6 月 14 日公布的《财政部关于烟草行业国有资产管理若干问题的意见》(财建[2006] 第 310 号）中对中国烟草总公司下属企业的产权转让有更为具体的规定："中国烟草总公司所属烟草单位向非烟草单位的产权转让，主业评估价值在 1 亿元以上（含 1 亿元）、多种经营在 2 亿元以上（含 2 亿元）的，由各单位逐级上报中国烟草总公司（国家烟草专卖局），由中国烟草总公司（国家烟草专卖局）报财政部审批。"

陈发树一方认为"不同意本次股份转让"的批复涉嫌越权。中国烟草总公司不具备此案所涉股权交易的法定审批资格，其之后的批复不具有国务院国有资产监督管理机构批复文件的效力，不能构成《股份转让协议》第 26 条中约定的合同解除条件。

"如果中国烟草总公司及时向财政部报批，财政部不批准，我们也没有意见。"陈发树的代理律师尚公律师事务所管委会主任李庆告诉《中国经济周刊》，中止审批的权力在财政部，但事实是，这个审批到中国烟草总公司这儿就没有履行下去了。

红塔集团当庭表示了不同的意见，其代理律师指出，根据上述条例，上报财政部的条件是各级逐级上报、各主管单位都同意之后，将转让结果上报财政部审批，财政部是终极审批。

上述律师表示，如果在逐级上报过程中有任何一级主管单位不同意，就不需要把不同意的结果上报财政部了。"中国烟草总公司都不同意，怎么可能上报到财政部？"

陈发树方面的代理律师认为，这部分资产具体的财务指标是体现在中国烟草总公司这个部门上的，而不是财政部。股票上涨，意味着中国烟草总公司的财务报表更好看，所以其想获取更多的收益而没有及时上报财政部。

在庭外，有知情人士表示："现在烟草总公司内部谁敢拍板，同意把股权转让给陈发树？股权产生的巨额收益很容易让拍板的人担上使国有资产流失的责任。"

争议 2：红塔是否存在违约

庭审陈述时，红塔集团方面代理律师表示，红塔集团按协议及时向上级上报了转让协议，此次协议解除是上级不批复的结果，红塔集团本身并没有违约，不存在承担责任的问题。这也是其与陈发树方面在程序上的主要分歧。

有参加庭审的人士指出，红塔集团紧扣《股份转让协议》条文，表示已积极履行向上级报批的义务，解除协议是因为上级不批准，这使其在辩论中没有落下风。案件的关键在于，中国烟草总公司如何对"国资流失"和审批时间太久的原因做出解释。

对于审批时间，上述红塔集团律师表示："我只是红塔集团的代理人，红塔集团之外的，我无法表示意见。"

2012 年 6 月 5 日，陈发树方面向云南省高级人民法院正式递交了追加中国烟草总公司等为本案第三人的申请书。陈发树一方认为，如果中国烟草总公司不参加此案的审理，将不利于判决，同时也会是案件中一个明显的瑕疵。

红塔集团方面代理律师认为，中国烟草总公司没有义务成为本案第三人，中国烟草总公司的批复属于出资人的批复，不属于行政批复。"你可以去采访第三方律师，问问到底是不是我们的责任。我们不明白，陈发树的律师在庭审现场为什么会抨击国资转让制度？"

点评：福建首富陈发树与红塔集团之间的股权纠纷一旦牵扯到国有资产流失问题就已经不属于完全意义上的法律纠纷，个中滋味估计只有陈发树感受最深。纯粹从合同的角度分析，本案最大的争议在于双方签订的《股份转让协议》第 26 条规定，即"如本协议得不到相关有权国有资产监督管理机构的批准，甲方（红塔集团）应及时通知乙方（陈发树），并将乙方支付的全部款项不计利息退还给乙方，甲乙双方互不承担违约责任，且本协议自乙方收到甲方退还的全部款项之日起解除"。相关有权国有资产监督管理机构具体指谁？该协议是否是附生效条件的合同？红塔集团是否存在违约情形？双方各执一词各有依据。本案的启示是民事主体在签订合同时对涉及合同主体重大利益的条款必须尽量细化与明确，以避免纠纷发生时发生争议。

知识结构回忆

一、债法概述

二、债的履行

三、债的保全

四、债的担保

五、债的移转

一、债法概述

(一)债的概念和特征

债是按照合同约定或者依照法律规定,在特定当事人之间产生的一种民事法律关系。

债具有以下特征:

1.债为特定主体之间的民事法律关系。

2.债的客体是债务人的特定行为。

3.债是以请求债务人给付为内容的民事法律关系。

4.债的发生具于任意性和多样性。

5.债具有期限性。

[案例1]甲乙约定,甲将自己的手机出卖给乙,乙支付价款3000元。问:该合同的客体是什么?

(二)债的分类

[案例2]某演出公司与"黑胡子"四人演唱组合订立演出合同,约定由该组合在某晚上演唱自创歌曲2—3首,每首酬金2万元。由此成立的债的关系属何种类型?

  A. 特定之债 B. 单一之债 C. 选择之债 D. 法定之债

1.单一之债与多数人之债

根据债的主体双方是单一的还是多数的区分。举例:张某和李某各出资20万元,共40万元共同购买了王某的奔驰小车一辆,三者签订买卖合同。在该买卖合同中,买方为两人,因此,属于多人之债。

[提示:对同一个债,才能进行此分类,若两个债的债务人依照法律规定承担连带责任,在债的分类上,就不能说他们是多数人之债。]

2.劳务之债与财物之债

根据给付内容的不同区分。

劳务之债指债务人须提供一定劳务来履行债务的债。如演员甲与乙电视台签订的演出合同,甲所给付的内容为行为,则是劳务之债。

财务之债指债务人应给付一定财产来履行债务的债。如买卖合同、租赁合同所产生的债务。

[提示:劳务之债一般不得由第三人代为履行,不得强制履行;财务之债一般可由第三人代为履行,一般可以强制执行。]

3.法定之债和意定之债

根据债发生的原因区分。

法定之债指根据法律规定而发生的债。主要包括:缔约过失之债、侵权之债、无因管理之债、不当得利之债、拾得遗失物之债。

意定之债指依据当事人之间的意思表示而发生的债。主要是合同之债。

4.简单之债和选择之债

根据债的履行标的有无选择性区分。

简单之债指对债之标的无选择可能性的债。

选择之债指债的标的有数个,当事人选择其一履行的债。

5.按份之债与连带之债(多数人之债的再分类)

根据多数人之债中各当事人之间的相互关系区分。

6.特定物之债和种类物之债(财物之债的再分类)

根据债的标的物的性质区分。

特定物之债指给付的标的物为特定物,不能替代的债。如某幅作品、某套房子。

种类物之债指给付的标的物为种类物。种类物指具有相同的品质,可用相同的物替代的物。

(三)债发生的原因

[案例3]甲携带自己的宠物狗贝贝到宠物商店买狗粮。商店售货员乙在收银时多收了甲的50元钱,但双方当时都没察觉,直到商店打烊清账时才被

发现。甲在从宠物商店回家的路上不慎将其可爱的宠物狗丢失,恰被下班回家的乙发现,遂将其牵回家,一面找失主,一面悉心照料,为此共支出费用200元。期间,由于乙的疏忽,狗将李某的邻居丙咬伤。请分析债的发生原因。

[案例4]甲、乙与丙就交通事故在交管部门的主持下达成《调解协议书》,由甲、乙分别赔偿丙5万元,甲当即履行。乙赔了1万元,余下的4万元给丙打了欠条。乙到期后后未履行,丙多次催讨未果,遂持《调解协议书》与欠条向法院起诉。

问:(1)本案属于侵权之债还是合同之债?

(2)丙可否要求甲继续赔偿4万元?

(3)如果丙获得工伤补偿,乙可否主张相应免责?

债发生的原因有意定之债和法定之债两类:

意定之债——合同之债、单方行为之债(如遗赠、单方允诺)。

法定之债——缔约过失之债、侵权之债、无因管理之债、不当得利之债。

1.合同

2.单方行为

单方行为指表意人向相对人作出的为自己设定某种义务,使对方取得某种权利的意思表示。

举例:某演员张某患上了不治之症,在临死前,将自己财产进行了分配,其中的1/3由儿女平均分配,其余2/3捐赠给中国宋庆龄基金会。张某所立的遗嘱、遗赠只要单方做出表示就可以成立,因此属于单方行为。

3.缔约过失

缔约过失责任,是一种法定之债,指在缔约过程中,一方违反诚实信用原则导致对方信赖利益的损失,依法应当承担赔偿责任。

《合同法》第42条规定:当事人在订立合同过程中有下列情形之一,给对方造成损失的,应当承担损害赔偿责任:(1)假借订立合同,合意进行磋商;(2)故意隐瞒与订立合同有关的重要事实或者提供虚假情况;(3)有其他违背诚实信用原则的行为。据此,有过失的一方应赔偿对方受到的损失,由此产生缔约过失责任,并形成缔约过失之债。

4.侵权行为

5.无因管理

[案例5]某日,王某陪其子到商场购物,将车停在商场外的停车场内。事毕王某欲驾车离去,停车场的工作人员甲上前阻拦称:"在你离去时,我看你车

很脏,所以给你洗了车,请付洗车费20元,否则别想走。"王某表示自己并未让停车场的员工帮助洗车,拒绝支付洗车费。甲遂恶语相伤,并导致王某心脏病发作。请分析甲的行为。

无因管理指没有法定或约定的义务,为避免他人利益受损失进行管理的人,有权请求受益人偿还因此而支付的必要费用。

无因管理之债为法定的双务法律关系:

(1)管理人的义务:①适当管理义务;②及时通知、报告与清算义务。

(2)管理人的权利:①必要费用请求权(即在管理或服务活动中直接支出的费用);②损失赔偿请求权(在该活动中受到的实际损失,包括人身损害和财产损害);③负债清偿请求权(在管理活动中负担的债务)。

[提示:管理人无权请求报酬。]

[案例6]原告甲与被告乙、丙等同学一起到小溪里去游泳。乙不会游泳,丙背乙游,游了一小段丙顶不住了,乙滑了下去沉入水中,甲奋力营救乙,几次把乙托出水面,最后经路人帮助把乙救上岸,甲却沉入水中呛水,经抢救无效死亡。甲的父母要求被救助者乙的监护人赔偿人身损害和精神损害。

问:甲因管理事务而受到损害的,可否要求乙赔偿精神损害?

6.不当得利

[案例7]材料一:甲乙青梅竹马,恋爱10年后两家开始谈婚论嫁。甲购买一枚1克拉钻戒向乙求婚,乙欣然答应。在二人结婚登记之前,乙反悔。问:甲能否请求返还钻戒?

材料二:张三在李四生日之际,送给李四贺礼1500元,后两人交恶,问:张三能否以当初李四不当得利为由,请求人民法院判令李四返还其1500元钱?

不当得利,是指没有合法根据,有损于他人而自己获得的一种利益。因不当得利而产生的债,被称为不当得利之债。

构成要件:(1)一方获得利益;(2)他方受有损失;(3)获益与受损间有因果关系;(4)受益没有合法依据。

二、债的履行

债的履行是指债务人按照合同的约定或者法律的规定,全面、适当地完成自己所负义务的行为。

(一)债的履行原则

债的履行原则为:适当履行原则、协作履行原则、经济合理原则、情势变更原则。

(二)债的履行规则

1.履行主体。首先为债务人,包括单独债务人、连带债务人、不可分债务人、保证债务人。除法律规定、当事人约定或性质上必须由债务人本人履行的债务以外,履行可由债务人的代理人进行。但代理只有在履行行为为法律行为时方可适用。同时,合同双方当事人可以约定由第三人履行债务。

2.履行标的。履行标的指债务人应当履行的内容。它因债的关系的不同而呈现出差异,如交付财物、移转权利、提供劳务、完成工作等。

履行标的为货物的,债务人交付标的物应当符合当事人约定,或者法律规定的要求。一般来说,质量要求不明确的,应当按照国家标准、行业标准履行、没有国家标准、行业标准的,应当按照通常标准或者符合合同目的的特定标准履行。履行标的为货币的,如果当事人对价款或酬金约定不明确的,执行政府定价的,按照政府定价履行,执行市场价格的,按照合同签订时履行地的市场价格履行。

3.履行期限。有约定时,依其约定;无约定的,当事人可以达成补充协议,法律有规定的,依照法律规定。履行期限还可以由债务的性质确定。依上述规则不能确定履行期限的,债务人可以随时履行,债权人也可以随时要求履行,但应当给对方必要的准备时间。

4.履行地点。当事人为多数人时,可以各自约定不同的履行地点。同一个债的数个给付不必约定相同的履行地点,尤其是双务合同中的两个债务,可以在两个履行地点履行。即使是一个债务,也可以约定数个履行地点,供当事人选择。履行地点在法律上有特别规定时,依其规定。履行地点可由习惯确定。如果有关于履行地点的交易习惯时,应遵从习惯,除非当事人之间另有约定。履行地点也可由债的性质确定。例如,不作为债务的履行地点应在债权人所在地。

在按上述规则仍不能确定履行地点时,应按照《合同法》第62条第3项关于"履行地点不明确,给付货币的,在接受货币一方所在地履行;交付不动产的,在不动产所在地履行;其他标的,在履行义务一方所在地履行"的规定解决。

5.履行方式。当事人有关于履行方式有约定时,依其约定;无约定时,按照有利于实现合同目的的方式履行;债权人可以拒绝债务人部分履行债务的行为,除非部分履行不损害债权人的利益。

6.履行费用。在债务履行过程中所发生的费用,当事人有约定时按约定负担。如果履行费用负担不明确的,由债务人负担。

三、债的保全

债的保全,是指法律为防止因债务人的财产不当减少而给债权人的债权带来危害,允许债权人代债务人之位向第三人行使债务人的权利,或者请求法院撤销债务人单方实施或其与第三人实施的法律行为的法律制度。

(一)代位权

《合同法》第73条规定:"因债务人怠于行使其到期债权,对债权人造成损害的,债权人可以向人民法院请求以自己的名义代位行使债务人的债权,但该债权专属于债务人自身的除外。"

[案例8]甲对乙享有100万元到期债权未还,乙对丙享有200万元到期债权亦未还,现甲欲向丙提起代位权诉讼。根据上述案情,请回答:

(1)甲向丙提起代位权诉讼应符合哪些要件?
(2)如符合代位权的行使条件,该案应由何地法院管辖?
(3)在该案中,诉讼地位如何确定?谁为原告?谁为被告?谁为第三人?
(4)甲起诉丙的数额为100万元还是200万元?
(5)丙可否基于其与乙之间的借款合同中存在仲裁条款而抗辩?
(6)甲胜诉后,应由谁承担诉讼费用?
(7)甲胜诉后,丙应将该100万元给付给乙还是直接给付给甲?
(8)丙将100万元给付给甲后产生何种效力?
(9)代位权诉讼结束后,乙立即向丙主张剩余的100万元债权,丙可否以"诉讼时效已过"为由进行抗辩?

1.代位权的性质

代位权的性质争议颇多,是债权人本身享有的权利还是债权人代债务人行使的权利,是请求权还是形成权,或者兼有形成权和请求权的性质,在学理上,都有值得进一步探讨的必要。从我国现行法律的规定来看,代位权是债权人本身的固有权,债权人的这项权利来源于债权的保全功能,而不是代理权,即不是代理债务人行使的权利。从《最高人民法院关于适用〈中华人民共和国合同法〉若干问题的解释(一)》[以下简称《合同法解释(一)》]的规定来看,债权人可以请求次债务人直接向自己清偿,所以代位权具有请求权的功能,但是这种请求权与一般请求权有区别,一般的请求权可以通过自主方式直接向义务人行使,而代位权必须通过诉讼方式行使。

2.代位权诉讼中的当事人地位

原告:债权人

被告:次债务人

第三人:债务人(可追加)

3.代位权的标的

代位权的标的仅为债务人享有的具有金钱给付内容的到期债务。

(1)债务人对第三人享有的股权、所有权、知识产权等绝对不能作为代位权的标的。因为我国代位权设置的目的是及时清结"三角债",而非其他目的。

(2)债务人对第三人享有的具有人身性质的金钱债权,不能作为代位权的标的。即基于抚养关系、扶养关系、赡养关系、继承关系产生的给付请求权和劳动报酬、养老金、退休金、抚恤金、安置费、人寿保险、人身伤害赔偿请求权等权利。

(3)债务人对第三人享有的金钱债权必须是到期的合法债权。赌债等不合法债权不能作为代位权的标的。

(4)未到期的合法债权也不能够作为代位权的标的。

4.债务人怠于行使的判断

债务人怠于行使其债权是代位权行使的必要要件,债务人怠于行使,依照《合同法解释(一)》第13条之规定,是指债务人不履行其对债权人的到期债务,又不以诉讼方式或者仲裁方式向其债务人主张权利。债务人以诉讼或仲裁外方式向第三人主张权利不影响债权人主张代位权。如果债务人以诉讼或仲裁方式向第三人主张权利的,债权人又向该第三人主张代位权的,人民法院不予支持代位权诉讼。

5.代位权诉讼胜诉后次债务人向谁履行债务

对此,存在不同观点:一种观点认为,代位权不是请求权,故代位权胜诉以后,次债务人应向债务人履行而非向债权人履行;另一种观点认为,代位权胜诉后,次债务人应向债权人履行,而非向债务人履行。我国司法实践采纳了第二种观点,即由次债务人向债权人履行清偿义务。

6.在代位权诉讼中,债权人胜诉,人民法院判决由次债务人向债权人履行,而后次债务人不能履行或者只有部分履行能力的,债权人是否还有权利向债务人主张履行?

例如,甲向丙提起代位权诉讼,人民法院判决丙向甲清偿20万元,丙清偿了10万元后因故无履行能力,甲能否再向债务人主张10万元清偿?对此存有异议。但是依照《合同法解释(一)》第20条的规定,代位权诉讼胜诉后,人民法院判决由次债务人向债权人履行,债权人与债务人的债权债务关系消灭,债务人与次债务人的债权债务关系消灭,根据合理的逻辑可以推论,人民法院的判决实际上产生了债权人与次债务人之间一种新的债权债务关系,债务人在此种情况下已不负清偿义务。同时依据民事诉讼法"一事不再理"原则,债权人也无权再向债务人主张10万元的清偿。

[案例9] 乙欠甲、丙欠乙、丁欠丙若干债务,且他们之间的债权均已到期,债权人欲行使代位权。请根据代位权的理论和规定回答下列问题:

(1)设甲、乙均欲行使代位权,在代位权诉讼中,下列表述正确的是:(　　)

A.甲应以丙为被告　　　　B.乙应以丁为被告
C.甲可以丁为被告　　　　D.乙以丙、丁为被告

(2)设甲欲行使代位权,其应满足的条件是:(　　)

A.甲应以乙的名义提起诉讼　　B.乙的债权可为抚恤金债权
C.乙对丙的债权未提起诉讼　　D.乙未与丙订有仲裁协议

(3)设乙提起代位权诉讼后,丙的另一债权人庚也提起了代位权诉讼,此案应如何处理?

A.此案应由丁之所在地法院管辖
B.此案可以合并审理
C.对于庚的代位权诉讼请求,法院应裁定驳回
D.对于乙、庚的代位权诉讼,法院应按其债权比例判决

(4)设甲对丙提起代位权诉讼后,丙在代位权诉讼中享有哪些抗辩权?

A.丙可以乙对甲的抗辩权对甲行使
B.丙可以自己对乙的抗辩权对甲行使
C.丙可以对甲行使先诉抗辩权
D.丙可以对甲行使乙未诉自己的抗辩权

(5)设法院判决乙的代位权诉讼胜诉,就诉讼费用和丁向谁履行,表述正

确的是:( )

　　A.诉讼费用由丁承担　　　　B.丁应向乙履行

　　C.丁应向丙履行　　　　　　D.丁应向甲履行

(6)设甲与乙、乙与丙的债权为金钱债权,且数额相等。法院判决甲的代位权诉讼胜诉,由丙向甲履行,但在履行中丙发生无力履行的情况。他们之间的债权关系如何?

　　A.甲与乙之间的债权债务关系消灭

　　B.乙与丙之间的债权债务关系消灭

　　C.甲仍有权向乙追偿未获清偿的部分

　　D.甲只能向丙取得偿还

(二)撤销权

《合同法》第74条规定:"因债务人放弃其到期债权或者无偿转让财产,对债权人造成损害的,债权人可以请求人民法院撤销债务人的行为。债务人以明显不合理的低价转让财产,对债权人造成损害,并且受让人知道该情形的,债权人也可以请求人民法院撤销债务人的行为。"

[案例10]徐某欠贾某10000元,贾某多次催促,徐某拖延不还。后贾某告知徐某必须在10日内还钱,否则起诉。徐某立即将家中仅有的值钱物品九成新液晶电视和笔记本电脑各一台以150元的价格卖给了知情的王某,被贾某发现。根据上述案情回答下列问题:

(1)如贾某欲向徐某、王某行使撤销权,应采用何种方式进行?

(2)如贾某向法院起诉,应以谁为被告?法院可以追加谁为第三人?

(3)如贾某的撤销权成立,则贾某为此支付的律师代理费、差旅费应当由谁承担?

(4)如贾某发现之日为2018年2月26日,则自哪天起贾某不再享有撤销权?

1.撤销权的成立要件

(1)债权人对债务人有合法债权(与代位权不同,无须到期即可行使撤销权)。

(2)主观上,债务人具有损害债权人的恶意。

(3)客观上,债务人实施如下8种行为且已危害债权人债权:①放弃到期债权;②放弃未到期债权;③放弃债权担保;④恶意串通的事后抵押;⑤恶意延长到期债权的履行期;⑥已明显不合理低价转让财产,且受让人明知(低于70%);⑦以明显不合理高价受让财产,且转让人明知(高于30%);⑧无偿转让财产。注:在恶意串通的事后抵押和恶意延长到期债权的履行期两种情况下,行为人同时可以宣告该行为无效。

2.撤销权的行使

(1)撤销权行使的方式:撤销权只能由债权人"以自己的名义"向人民法院提起撤销之诉的方式行使。①管辖法院为被告住所地人民法院。②诉讼当事人的结构为,原告:债权人;被告:债务人;无独立请求权的第三人:受益人或受让人(法院可以追加,而不是应当追加)。

(2)撤销权行使的除斥期间。《合同法》第75条规定,撤销权的除斥期间为1年,自债权人知道或应当知道撤销事由之日起开始计算。但是,自债务人的行为发生之日起5年内没有行使撤销权的,该撤销权消灭。

(3)撤销权行使的法律效果。实体法上的效果:①债务人的行为一旦被撤销,即自始失去法律效力。②受益人应返还自债务人处受领的财产。③受益人向债务人支付对价的,对债务人享有不当得利返还请求权。④行使撤销权的债权人有权请求受益人向自己返还所收利益,并有义务将所受利益加入债务人的一般财产,作为全体一般债权人的责任财产(无优先受偿权)。

诉讼法上的效果。《合同法》第74条、《合同法解释(一)》第26条规定,债权人行使撤销权所支出的诉讼费用、律师代理费、差旅费等必要费用,由债务人负担;第三人有过错的,应当适当分担。

[案例11]吴某欠钱某65万元到期无力偿还,其母去世后遗有价值60万元的住房一套,吴某为唯一继承人。钱某得知后与吴某联系,希望以房抵债。吴某便对堂兄包某说:"反正这房子我继承了也要拿去抵债,不如送你算了。"二人遂订立了赠与协议。钱某于2017年8月得知这一情况,如何维护自身的合法权益?

四、债的担保

债的担保指为了确保债权得到清偿而设立的以债务人或第三人的特定的财产或第三人的信用作为债务的担保的法律措施。债的担保包括人的担保、物的担保、金钱担保和反担保。

(一)保证

保证指保证人和债权人约定,当债务人不履行债务时,保证人按照约定履行债务或者承担责任的行为。

1.保证合同:应采用书面形式

举例:甲向乙借款10万元,乙要求甲提供担保,甲找到了朋友丙,丙在甲向乙出具的借据上签署"保证人丙"。问:丙的这种做法是否构成保证?

订立方式包括四种:(1)单独的书面保证合同;(2)在主合同上有保证条款,保证人签字;(3)在主合同上没有保证条款,但第三人以保证人的身份签字;(4)第三人单方以书面形式向债权人出具担保书,债权人接受且未提出异议。以上例子,丙订立保证合同的方式为第三种,因此构成保证。

2.保证方式

项目			内容
一般保证	认定		当事人在保证合同中约定,债务人不能履行债务时,由保证人承担保证责任。
	先诉抗辩权	概念	主合同纠纷未经仲裁、审判,并就债务人财产依法强制执行仍不能履行债务前,债权人要求保证人承担保证责任的,保证人有权拒绝。
		丧失	债务人住所变更,致使债权人主张债权发生重大困难(《担保法解释》第17条): (1)债务人下落不明+无财产可供执行; (2)移居境外+无财产可供执行。 债务人破产案件已经受理,中止执行程序的。 保证人向债权人书面放弃的。
	诉讼		单诉债务人或列为共同被告;不得先单诉保证人。
连带保证	认定	明示	保证合同直接约定为连带保证方式或约定不明
		推定	保证合同未约定保证方式或约定不明
	诉讼		单诉债务人、单诉保证人、列为共同被告

3.保证的从属性

项　目		内　容
主债权转让	原则	在原保证范围内继续承担。
	例外	(1)事先约定仅对特定债权人承担保证责任； (2)事先约定禁止债权转让。
主债权转让	原则	不再承担保证责任。
	例外	(1)债权人同意——否则无效，保证人继续承担保证责任； (2)保证人必须书面同意(口头、点头、不置可否均不可)。
主合同内容变更	数额	原则：经保证人书面同意，保证责任可减轻不加重。
		加重：在原范围内承担保证责任，对加重部分不承担保证责任。
		减轻：对减少后的债务承担保证责任。
	期限	原则：经保证人书面同意，否则，保证期间仍为约定或法定期间。
		延长：对延长后增加的主债务，不承担保证责任；但对原定期限内的债务，仍承担相应保证责任；若延长期限覆盖保证期间的，保证人不在再承担保证责任。
		缩短：按缩短计算

4.保证期间

[案例12]甲向乙借款10万元，由丙做保证人，约定"如果甲到期不能偿还该债务，由丙承担保证责任，直至甲的债务本息还清为止"。

问：(1)该保证为一般保证还是连带保证？(2)保证期间为多长时间呢？

项　目	内　容
性质	除斥期间；不适用诉讼时效期间关于中止、中断、延长的规定(即不变期间)。
长短	(1)有约定从约定，无约定推定为6个月； (2)约定的保证期早于或等于主合同的履行期限的，视为没有约定，推定为6个月； (3)约定保证人的责任直至本息还清为止的，视为约定不明，推定2年。

续表

项目	内容
起算	从主债务履行期届满之日
经过效力	(1)在一般保证的保证期间,债权人未对债务人起诉或仲裁的,即为保证期间经过,保证人免责; (2)连带保证之保证期间内,债权人未请求保证人承担保证责任的,即为保证期间经过,保证人免责。

[案例13] 甲公司和乙公司达成还款协议,约定在2016年8月30日归还100万元,9月30日归还200万元,10月30日归还300万元。丙公司对三笔还款提供保证,但未约定保证方式和保证期间。乙公司一直未还款,甲公司仅于2017年4月15日要求丙公司承担保证责任。

问:丙公司对哪些债务应当承担保证责任?

5.保证期间与保证债务诉讼时效的关系

(1)保证债务诉讼时效:3年

(2)保证债务诉讼时效的适用前提:保证责任激活

(3)保证债务诉讼时效的起算:

①一般保证的债权人在保证期间届满前对债务人提起诉讼或申请仲裁的,从判决或裁决生效之日起,开始计算保证合同的诉讼时效。

②连带责任保证的债权人在保证期间届满前要求保证人承担保证责任的,从债权人要求保证人承担保证责任之日起,开始计算保证合同的诉讼时效。

(4)保证债务的诉讼时效与主债务诉讼时效的关系

因为保证债务为从债务,因此要随着主债务的变化而变化。

①主债务诉讼时效中断,一般保证债务的诉讼时效随之中断,但连带保证债务诉讼时效不随之中断。

②主债务诉讼时效中止,一般和连带保证债务的时效均随之中止。

因此,"一般保证,中止中止,中断中断;连带保证,中止中止,中断不中断。"

[案例14] 材料一:2016年5月7日,甲向乙借款100万元,约定2016年8月7日前还款,丙为一般保证人。到期甲未还款。乙于2017年3月7日起诉甲,并获得生效的胜诉判决。但甲无财产,执行未果。2017年4月7日,乙

要求丙承担保证责任。

问:丙是否需要承担保证责任?

材料二:2016年5月7日,甲向乙借款100万元,约定2016年8月7日前还款,丙为一般保证人。到期甲未还款。乙于2016年9月7日起诉甲,并获得生效的胜诉判决。但甲无财产,执行未果。2017年4月7日,乙要求丙承担保证责任。

问:丙是否需要承担保证责任?

材料三:2016年5月7日,甲向乙借款100万元,约定2016年8月7日前还款,丙为连带保证人。到期甲未还款。乙于2016年9月7日起诉甲,并获得生效的胜诉判决。但甲无财产,执行未果。2017年4月7日,乙要求丙承担保证责任。

问:丙是否需要承担保证责任?

6.物保与人保并存

核心法条:《物权法》第176条、《担保法解释》第38条、《物权法》第194条、《担保法》第218条。

规则:

(1)债务人提供物保与第三人提供人保并存时:①有约定的按照约定。②如果没有约定时,债权人应当首先就债务人物保主张权利。③债权人放弃债务人物保的,保证人在放弃的范围内免责。④保证人承担责任之后,向债务人追偿。

(2)第三人物保与第三人保证并存时:①此时物保、人保约定担保份额并经过债权人同意的,按份之债。②无此约定的,物保与人保为连带责任。③一个担保人承担责任后,可向债务人追偿或者要求其他担保人承担相应的份额。

(3)物保消灭对人保的影响:①债权人放弃债务人物保的,保证人在其弃权范围内免责。②债权人在债务届满后怠于行使物保权利,致担保物毁损的,保证人在物保范围内免责。③担保物因不可抗力灭失而无代位物的,保证人承担全部责任。④物保合同无效、被撤销,保证人承担全部责任。

[案例15]A对B享有100万元的债权,C、D分别与A签订保证合同,但未约定保证责任的范围和方式,E以价值30万元的房屋为B向A设定抵押并办理了登记。A向F借款60万元,A以自己的一辆价值30万元的汽车设定抵押,同时G单方向F出具了保证书。后来,A又向H借款20万元,并以自己的一套价值6万元的家庭影院设定了质押,J用自己一辆二手汽车为H

设定了抵押担保。最后,A又向某贷款公司借款100万元,由张某和李某分别以其房屋设定了抵押,并办理了登记。债务到期均未清偿。

问:(1)如果A放弃了对E的抵押权,则C、D可否在放弃的范围内免责?

(2)如果A要求C、D承担保证责任,C、D可否要求A先行使对E的抵押权?

(3)如果A、E之间的抵押被宣告无效,C、D应当如何承担保证责任?

(4)如果A的债权没有E的抵押,只有C、D的保证。此时,若C承担了全部保证责任后,应当如何追偿?

(5)F是否有必要先申请对于债务人A提供的物保实现债权,然后才能像G主张保证责任?

(6)H是否有必要先对A提供的家庭影院实现优先受偿权?

(7)贷款公司在A不按时清偿借款时,对于张某和李某提供的抵押物应当如何事先抵押权?如果张某或李某一个人承担了责任,应当如何去追偿?

(二)定金

定金指合同当事人为了确保合同的履行,依照法律的规定或者当事人的约定由当事人一方在订立合同时或者订立后履行前,预先给付对方当事人的金钱或者其他代替物。

1.定金的有效要件

(1)主合同有效。

(2)采用书面形式。《担保法解释》第118条规定:"当事人交付留置金、担保金、保证金、订约金、押金或者订金等,但没有约定定金性质的,当事人主张定金权利的,人民法院不予支持。"

(3)实际交付定金。定金合同为实践合同,从实际交付定金之日起生效。《担保法解释》第119条规定:"实际交付的定金数额多于或者少于约定数额,视为变更定金合同;收受定金一方提出异议并拒绝接受定金的,定金合同不生效。"

(4)根据《担保法》第91条、《担保法解释》第121条的规定,定金数额不得超过主合同标的额的20%。超过部分无效,按不当得利处理,返还本金及同期银行利息。

2.定金罚则:给付定金的一方不履行约定的债务的,无权要求返还定金;收受定金的一方不履行约定的债务的,应当双倍返还定金。

(1)适用定金罚则的具体情形

根据《担保法解释》第 120 条和第 122 条,适用定金罚则的情形如下:

①根本违约的。

②因第三人员因根本违约的。此时,违约一方首先适用定金罚则,承担定金责任后,再向第三人追偿。

③当事人一方不完全履行合同,按照未履行部分占合同约定内容的比例,适用定金罚则。

[案例 16] 双方当事人订立一份合同,标的额 100 万元,履行了 50 万元,双方约定的定金为 20 万元,此时,未履行的部分占 50%。问:如何适用定金罚则?

(2)适用定金罚则的例外情况

根据《担保法解释》第 122 条,适用定金罚则的例外情况:①因不可抗力致使主合同不能履行;②因意外事件致使主合同不能履行;③双方都违约的。

(3)注意:违约金与定金不得合并适用。《合同法》第 116 条规定:"当事人既约定违约金,又约定定金的,一方违约时,对方可以选择适用违约金或者定金条款。"

[案例 17] 甲乙二人签订买卖合同,合同标的额为 10 万元,合同约定违约金 2 万元。同时,甲向乙支付了定金 5000 元。后乙违约,造成甲经济损失 2.1 万元。现在甲向法院起诉。问:甲最多可以要求乙支付(　　　)

A.2 万元　　　B.2.6 万元　　　C.3 万元　　　D.3.1 万元

定金、违约金、损害赔偿金的关系:

1.定金与违约金并存时,定金与违约金不能并用,只能选择其一适用。

2.定金与损害赔偿金并存时,定金与损害赔偿金可以并用。定金具有非补偿性的特点,其适用不以实际损害的发生为前提,因而其与损害赔偿金在性质上并不矛盾,在功能上互补。定金具有惩罚性,损害赔偿近具有补偿性。因此,两者可并用。但是,依据《买卖合同解释》第 28 条:定金和损害赔偿的数额总和不应高于因违约造成的损失。这就是对二者并用的最高限制。

3.违约金与损害赔偿金并存时,两者原则上不能并用。我国合同法上的违约金的性质属于约定违约金,以补偿性为其基本功能,损害赔偿金也以补偿行为基本功能,故两者的基本功能相同,由此决定了两者原则上不能并用。但是可以在两者之间去高者适用。

(1)违约金＜损害赔偿金时,可要求增加;

(2)违约金＞损害赔偿金(过分高于损害赔偿金),可要求予以适当减少;

(3)违约金＞损害赔偿金(高于损害赔偿金但不过分),适用违约金。

4.定金、违约金与损害赔偿金并存时,可分如下两步走:

(1)比较违约金、损害赔偿金的大小,以确定违约金的适用数额;

(2)违约金确定后,比较违约金与定金数额,从中选出一个最有利于非违约方的方案来。

五、债的移转

(一)债权让与

[案例18]孟某对赵某享有100万元的债权,赵某一直未予偿还。孟某于2014年6月1日将该债权转让给好友赵某,转让合同中约定:"由孟某通知赵某债权转让一事"。孟某于2014年6月5日将债权转让给钱某一事电话通知债务人赵某。根据上述案情,请回答下列问题:

(1)孟某与钱某签订的债权转让的协议何时生效?

(2)孟某是否可以通过"电话方式"通知债务人赵某?

(3)如孟某未将债权转让一事通知债务人赵某,钱某可否向赵某主张债权?

(4)如孟某将债权转让一事通知债务人赵某后,后悔了是否可以撤销?

[案例19]接上例

(1)此时该100万元债权的债权人和债务人分别是谁?

(2)如该100万元债权存在"担保物权"应如何处理?

(3)如孟某转让的该100万元债权已过诉讼时效,此时,钱某如何救济自己的权利?

(4)赵某接到通知后,应向谁履行该100万元债务?

(5)赵某接到通知后,可否向新的债权人钱某主张对孟某的抗辩权?

(6)如赵某亦对孟某享有20万元的到期债权,此时,可否向新的债权人钱某主张抵销?如可以,应符合何种条件?

1.债权让与应具备的条件

(1)须存在有效的债权。

(2)被让与的债权须具有可转让性。

(3)让与人与受让人就债权的转让达成协议,并且不得违反法律的有关规定。

(4)债权的让与须通知债务人。

2.债权让与的内部效力之具体表现

(1)在债权全部让与时,受让人取代让与人而成为合同关系的新债权人。但在部分让与时,让与人与受让人共同享有债权。

(2)从权利随之转移。

(3)债权人应将债权证明文件全部交付受让人。

(4)让与人对其让与的债权应负瑕疵担保责任。

3.债权让与的外部效力之具体表现

(1)债权让与对债务人的效力以债权让与通知为准。该通知不得迟于债务履行期。债权让与通知到达债务人后,债务人即应向受让人履行。

(2)当债权人将债权让与第三人的事项通知债务人后,即使让与并未发生或者该让与无效,债务人基于对让与通知的信赖而向第三人所为的履行有效。

(3)债务人接到债权让与通知时,债务人对让与人的抗辩,可以向受让人主张。

(4)债务人接到债权让与通知时,债务人对让与人享有债权,并且债务人的债权优先于转让的债权到期或同时到期的,债务人仍然可以依法向受让人主张抵销。

(二)债务承担

债务承担,是指在不改变债的内容的前提下,债权人、债务人通过与第三人订立转让债务的协议,将债务全部或部分移转给第三人承担的法律事实。

1.债务承担应当具备的条件

(1)须存在有效的债务。

(2)被移转的债务应具有可移转性。

(3)第三人须与债权人或者债务人就债务的移转达成合意,既订立债务承担合同。

(4)债务承担须经债权人同意。在债权人同意之前,第三人与债务人的债务承担合同属于效力待定的民事行为。

2.债务承担的效力

(1)债务人的法律地位的取代。

(2)抗辩权随之移转。

(3)从债务一并随之移转,但从债务专属于原债务人自身的除外。

3.免责的债务承担及其伴随的法律效果

(1)已经全部或者部分转让给受让人承担的债务,原债务人免除责任,原债务人也不对受让人履行债务承担担保责任。

(2)抗辩的援用。债务受让人可以主张原债务人对债权人的抗辩。

(3)被承担之债务发生诉讼时效中断。

(4)《物权法》第175条规定:"第三人提供担保,未经其书面同意,债权人允许债务人转移全部或者部分债务的,担保人不再承担相应的担保责任。"

(5)《担保法》第23条规定:"保证期间,债权人许可债务人转让债务的,应当取得保证人书面同意,保证对未经其同意转让的债务,不再承担保证责任。"

(三)债的概括承受

债的概括承受,是指债的一方将其债权债务一并转移给第三人,包括合同的承受和企业的合并。在合同承受的情况下,应经对方当事人的同意,其合同权利义务才能发生转移。

真题链接

1.乙向甲借款20万元,借款到期后,乙的下列哪些行为导致无力偿还甲的借款时,甲可申请法院予以撤销?(2016/03/58)

A.乙将自己所有的财产用于偿还对他人的未到期债务

B.乙与其债务人约定放弃对债务人财产的抵押权

C.乙在离婚协议中放弃对家庭共有财产的分割

D.乙父去世,乙放弃对父亲遗产的继承权

答案:ABCD

【考点】债权人的撤销权

【解析】《合同法》第74条第1款规定:"因债务人放弃其到期债权或者无偿转让财产,对债权人造成损害的,债权人可以请求人民法院撤销债务人的行为。债务人以明显不合理的低价转让财产,对债权人造成损害,并且受让人知道该情形的,债权人也可以请求人民法院撤销债务人的行为。"偿还对他人的未到期债务,属于放弃期限利益,对债权人造成损害,可以撤销,A项正确。债务人放弃对次债务人财产的抵押权,同样导致债权人债权无法实现,可以撤销,B项正确。离婚财产分割中放弃共同财产中应分得的财产,导致债权人债权无法实现,可以撤销。C项正确。《继承法意见》第46条规定:"继承人因放弃继承权,致其不能履行法定义务的,放弃继承权的行为无效。"据此,债务人放弃继承权,并未导致其不能履行法定义务,故允许其放弃继承权。另外,基于身份关系所为之行为,债权人不得行使撤销权,故D项正确。

2.甲隐瞒了其所购别墅内曾发生恶性刑事案件的事实,以明显低于市场价的价格将其转卖给乙;乙在不知情的情况下,放弃他人以市场价出售的别墅,购买了甲的别墅。几个月后乙获悉实情,向法院申请撤销合同。关于本案,下列哪些说法是正确的?(2016/03/59)

  A.乙须在得知实情后一年内申请法院撤销合同

  B.如合同被撤销,甲须赔偿乙在订立及履行合同过程当中支付的各种必要费用

  C.如合同被撤销,乙有权要求甲赔偿主张撤销时别墅价格与此前订立合同时别墅价格的差价损失

  D.合同撤销后乙须向甲支付合同撤销前别墅的使用费

  答案:ABCD

【考点】合同撤销权

【解析】撤销权为形成权,受一年除斥期间之约束,故A项正确。合同被撤销或无效后,双方应当返还财产,有过错一方应赔偿另一方因此受到的损失。故乙在订立及履行合同过程当中支付的各种必要费用和丧失和他人订立合同之机会所受损失均可要求赔偿。故B项、C项正确。合同撤销后,乙对别墅的占有和使用且少法律上原因,构成不当得利,应当进行返还,因占有和使用之性质无法返还,故应折算为使用费进行返还。D项正确。

3.甲经乙公司股东丙介绍购买乙公司矿粉,甲依约预付了100万元货款,乙公司仅交付部分矿粉,经结算欠甲50万元货款。乙公司与丙商议,由乙公司和丙以欠款人的身份向甲出具欠条。其后,乙公司未按期支付。关于丙在

欠条上签名的行为,下列哪一选项是正确的?（2017/03/09）

  A.构成第三人代为清偿

  B.构成免责的债务承担

  C.构成并存的债务承担

  D.构成无因管理

答案:C

【考点】第三人代为清偿 债务承担

【解析】第三人代为清偿,是指第三人代替债务人来履行债务人的债务,故A项错误。乙公司与丙商议,由乙公司和丙以欠款人的身份向甲出具欠条。显然属于债务承担,乙公司并未因该协议而退出债的关系,因此属于并存的债务承担。故B项错误,C项正确。丙因与乙的协议而承担债务,并非无因,不构成无因管理。故D项错误。

  4.甲欠乙30万元到期后,乙多次催要未果。甲与丙结婚数日后即办理离婚手续,在《离婚协议书》中约定将甲婚前的一处住房赠与知悉甲欠乙债务的丙,并办理了所有权变更登记。乙认为甲侵害了自己的权益,聘请律师向法院起诉,请求撤销甲的赠与行为,为此向律师支付代理费2万元。下列哪些选项是正确的?（2017/03/58）

  A.《离婚协议书》因恶意串通损害第三人利益而无效

  B.如甲证明自己有稳定工资收入及汽车等财产可供还债,法院应驳回乙的诉讼请求

  C.如乙仅以甲为被告,法院应追加丙为被告

  D.如法院认定乙的撤销权成立,应一并支持乙提出的由甲承担律师代理费的请求

答案:BD

【考点】债权人的撤销权

【解析】离婚协议书不因存在债权人无偿转让财产行为而无效,故A项错误。

  因债务人放弃其到期债权或者无偿转让财产,对债权人造成损害的,债权人可以请求人民法院撤销债务人的行为。如甲证明自己有稳定工资收入及汽车等财产可供还债,则其赠与行为并未对债权人造成损害,法院应驳回乙的诉讼请求。故B项正确。

  债权人依照《合同法》第74条的规定提起撤销权诉讼时只以债务人为被

告,未将受益人或者受让人列为第三人的,人民法院可以追加该受益人或者受让人为第三人。故 C 项错误。

撤销权的行使范围以债权人的债权为限。债权人行使撤销权的必要费用,由债务人负担。债权人行使撤销权所支付的律师代理费、差旅费等必要费用,由债务人负担;第三人有过错的,应当适当分担。故 D 项正确。

5.乙是 A 市的建材经销商,因资金周转困难,便从 A 市甲处借了 50 万元人民币,购买了一批建材,并销售给了 B 市的丙,约定价款为 60 万元人民币,但丙未付款。乙与丙约定的合同履行地在 A 市。后来,甲要求乙还钱,乙说因为丙没有支付货款,所以无力偿还。鉴于此,甲欲直接起诉丙,要求其支付50 万元。在代位权诉讼中,关于债权人、债务人、次债务人三方的关系,下列何种说法是正确的?（2018 年模拟题）

　　A.次债务人对债务人的抗辩可以向债权人主张
　　B.债务人对债权人的债权提出异议,经审查成立的,人民法院应当裁定驳回债权人的起诉
　　C.债权人胜诉的,诉讼费用由次债务人负担
　　D.债权人请求人民法院对次债务人的财产采取保全措施的,应当提供相应的财产担保

答案:ABCD

【考点】本题考查债权人代位权的行使及行使的效力

【解析】A、B 选项,《最高人民法院关于适用〈中华人民共和国合同法〉若干问题的解释(一)》第 18 条规定,在代位权诉讼中,次债务人对债务人的抗辩,可以向债权人主张。债务人在代位权诉讼中对债权人的债权提出异议,经审查异议成立的,人民法院应当裁定驳回债权人的起诉。因此,A、B 项正确。

C 选项,《最高人民法院关于适用〈中华人民共和国合同法〉若干问题的解释(一)》第 19 条规定,在代位权诉讼中,债权人胜诉的,诉讼费由次债务人负担,从实现的债权中优先支付。因此,C 项正确。

D 选项,《最高人民法院关于适用〈中华人民共和国合同法〉若干问题的解释(一)》第 17 条规定,在代位权诉讼中,债权人请求人民法院对次债务人的财产采取保全措施的,应当提供相应的财产担保。D 项正确。

6.甲将某物出售于乙,乙转售于丙,甲应乙的要求,将该物直接交付于丙。下列哪一说法是错误的?（2018 年模拟题）

　　A.如仅甲、乙间买卖合同无效,则甲有权向乙主张不当得利返还请求权

B.如仅乙、丙间买卖合同无效,则乙有权向丙主张不当得利返还请求权

C.如甲、乙间以及乙、丙间买卖合同均无效,甲无权向丙主张不当得利返还请求权

D.如甲、乙间以及乙、丙间买卖合同均无效,甲有权向乙、乙有权向丙主张不当得利返还请求权

【答案】C

【考点】不当得利

【解析】A项考查给付型不当得利。如仅甲、乙间买卖合同无效,则甲、乙之间构成给付型不当得利,乙应当进行返还。故A项正确,不选。

B项考查给付型不当得利。如仅乙、丙间买卖合同无效,则乙、丙之间构成给付型不当得利,丙应当进行返还。故B项正确,不选。

C项考查向第三人履行。甲将某物出售于乙,乙转售于丙,甲应乙的要求,将该物直接交付于丙。甲和丙之间并无法律上的给付关系,故甲和丙之间不构成给付型不当得利。但因为两个买卖合同都无效,乙和丙均未取得标的物的所有权,故甲仍然是所有权人,丙构成不当得利,甲可以向丙主张不当得利返还请求权。故C项错误,应选。

D项考查给付型不当得利。如甲、乙间以及乙、丙间买卖合同均无效,则甲、乙之间和乙、丙之间均构成给付型不当得利,应当进行返还。故D项正确,不选。

综合案例分析

1.甲公司向乙公司购买价值50万元的彩电,合同约定甲公司先预付20万元货款,其余30万元货款在提货后3个月内付清,并由丙公司提供连带保证担保,但未约定保证范围。提货1个月后,甲公司在征得乙公司同意后,将30万元债务转移给尚欠其30万元货款的丁公司。对此,丙公司完全不知情。至债务清偿期届满时,乙公司要求丁公司偿还30万元货款及其利息,而丁公司因违法经营被依法查处。法定代表人不知去向,公司的账户被冻结。于是,乙公司找到丙公司,要求其承担保证责任,丙公司至此才知道甲公司已将其债务转让给丁公司,遂以此为由拒绝承担责任。双方为此发生争议,乙公司诉诸法院。

问:(1)丙公司保证担保的范围应如何确定?

(2)甲公司转让债务的行为是否有效?为什么?

(3)丙公司是否应继续承担保证责任?为什么?

(4)若乙公司将其30万元债权依法转让给戊公司,而未经保证人丙公司的同意,则丙公司是否继续承担保证责任?为什么?

2.A、B、C、D四公司之间形成了三角债。A建材公司拖欠C钢铁公司货款70万元。B建筑工程公司欠A建材公司材料款80万元。B建筑工程公司在给D科研所建好一幢大楼后,因资金尚未到位,D科研所尚欠B建筑工程公司工程款80万元。为了尽早了结债务,2017年10月,B建筑工程公司与D科研所达成协议,由D科研所向A建材公司清偿B建筑公司欠A建材公司的材料款80万元,之后,B建筑公司和D科研所之间的债权债务关系消灭。D科研所在派人同A建材公司协商后,取得了A建材公司的同意。2017年11月,A建材公司和C钢铁公司达成协议,该协议约定,由D科研所向C钢铁公司清偿80万元,然后,A建材公司和C钢铁公司之间的原70万元的债权债务关系即告消灭。A建材公司随后即通知了D科研所,但D科研所疏忽了此事,2017年12月在筹足资金后,仍向A建材公司进行了清偿,A建材公司并未表示反对。①

问:(1)B公司与D科研所之间的合同对A公司而言是什么性质的合同?

(2)B公司与D科研所之间的合同是否有效?为什么?

(3)A公司与C公司之间的合同对D科研所而言是什么性质的合同?

(4)C公司因为转让获利10万元,是否违法?

(5)D科研所向A公司所做的清偿是否有效?

(6)在D科研所向A公司清偿后,A公司和D科研所之间是何种法律关系?

(7)如果A公司没有将它与C公司之间的协议告知D科研所,则D科研所向A公司所为给付是否有效?此时,C公司如何实现自己的债权?

(8)如果D科研所不能清偿债务,C公司能否要求B公司承担连带责任?

---

① 参见张能宝主编:《案例分析专题例解》,法律出版社2015年版,第258页。

第二讲 债法分论

 经典案例

【案情】孙俪被代言官司

女演员孙俪代言福马食品一年未拿到代言费,其经纪公司北京海润演艺经纪有限公司将福建福马食品集团有限公司诉至法院,索赔89.5万元。北京市朝阳区人民法院已于2012年5月受理了此案。北京海润演艺经纪有限公司诉称,2010年2月26日,该公司与被告签订广告合同,约定公司旗下女演员孙俪担任福马牌烘焙烘烤类产品广告形象代言人,广告代言期限自2010年4月1日至2012年3月31日止,广告代言费300万元。后孙俪依约履行代言服务,但被告屡次发生欠款或违约使用孙俪肖像的严重违约行为,原告先后4次给被告发出律师函,至今仍恶意拖欠广告代言费60万元未付。为此诉至法院,请求判决解除双方签订的广告合同,支付原告代言服务费、违约金等共计89.5万元。

点评:明星代言广告近年来纠纷不断,在本案中孙俪所在的经纪公司与福建某食品公司合同属于无名合同,但合同符合成立与生效要件,合同主体双方理应遵守相应的合同义务。福建某食品公司未依据合同约定履行义务理应承担违约责任。

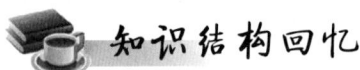 知识结构回忆

一、合同概述
二、转移财产权利的合同
三、完成工作成果的合同
四、提供劳务的合同
五、技术合同

一、合同概述

(一)缔约过失责任

缔约过失责任是指在缔约过程中,一方违反诚实信用原则导致对方信赖利益的损失,依法应当承担赔偿责任。

1.缔约过失责任的类型

《合同法》第42条规定,当事人在订立合同过程中有下列情形之一,给对方造成损失的,应当承担损害赔偿责任:(1)假借订立合同,恶意进行磋商;(2)故意隐瞒与订立合同有关的重要事实或者提供虚假情况;(3)有其他违背诚实信用原则的行为。

《合同法》第43条规定:当事人在订立合同过程中知悉的商业秘密,无论合同是否成立,不得泄露或者不正当地使用。泄露或者不正当地使用该商业秘密给对方造成损失的,应当承担损害赔偿责任。

2.缔约过失责任的赔偿范围

缔约过失责任的形式是损害赔偿,包括直接损失和间接损失。

(二)合同的订立

1.要约

(1)要约:希望和他人订立合同的意思表示。

(2)要约邀请:希望他人向自己发出要约的意思表示。

对于要约,该意思表示必须同时符合两个要件:①内容具体确定;②表明经受要约人承诺,要约人即受该意思表示约束。

对于要约邀请,根据《合同法》第15条规定,以下四种情形属于要约邀请:①寄送的价目表;②拍卖公告、招标公告;③招股说明书;④商业广告。

[案例1]家住A市的甲于2018年8月1日在家中书写一份要约内容为"欲将自己的笔记本电脑一台以3000元出售给位于B市的乙"。甲于2018年8月2日将信件投入邮筒,该信件于2018年8月5日到达乙住所的邮箱内。乙于2018年8月8日将该信件拆封后获悉该要约的内容。

问:(1)甲的要约何时生效?

(2)在该要约到达乙前如果甲后悔,是否可以撤回该要约?

(3)在该要约到达乙后如过甲后悔,在何种情况下可以撤销该要约?

(4)在何种情况下甲不得撤销该要约?

(5)甲的要约在何种情况下会失效?

2.承诺

承诺指受要约人做出的同意要约以成立合同的意思表示。

[案例2]接上例,家住A市的甲于2018年8月1日在家中书写一份要约内容为"欲将自己的笔记本电脑一台以3000元出售给位于B市的乙"。甲于2018年8月2日将信件投入邮筒,该信件于2018年8月5日到达乙住所的邮箱内。乙于2018年8月8日将该信件拆封后获悉该要约的内容。乙经过考虑后于2018年8月9日回复信件上写了两个大字"可以",并于当天将该信件投入邮筒。该信件于2018年8月12日到达甲住所的邮箱内。但由于甲工作较忙一直未发现该邮件,直至2018年8月23日方才将该信件拆封并获悉该承诺的内容。

问:(1)乙除了采用通知方式承诺外,还可采取何种方式表明欲购买手机的意思表示?

(2)在该承诺到达甲前如乙后悔,是否可以撤回该承诺?

(3)如甲的要约中载明:"如欲购买请于2018年8月8日前回复",则乙的回复如何处理?

(4)如甲的要约中载明:"如欲购买请于2018年8月8日前回复",但由于邮政公司的原因导致乙的承诺于2018年8月20日方才到达甲住所,则乙的回复如何处理?

3.合同的特殊订立方式

(1)关于商业广告:

①原则上为要约邀请;

②其内容符合要约规定的,视为要约。

《最高人民法院关于适用〈中华人民共和国合同法〉若干问题的解释(二)》[以下简称《合同法解释(二)》]第1条:"当事人对合同是否成立存在争议,人民法院能够确定当事人名称或者姓名、标的和数量的,一般应当认定合同成立。但法律另有规定或者当事人另有约定的除外。"

(2)关于招标、投标程序中各行为的定性:

①招标公告或招标邀请书——要约邀请(《招标投标法》第16条至第17条)

②投标——要约(《招标投标法》第 27 条第 1 款)
③决标(定标)——承诺(《招标投标法》第 45 条)
④订立书面合同——合同成立(《招标投标法》第 46 条)
(3)关于拍卖程序中各行为的定性:
①拍卖公告——要约邀请(《拍卖法》第 45 条)
②拍卖(竞买)——要约(《拍卖法》第 36 条)
③拍定(卖定)——合同成立(《拍卖法》第 51 条)
④签订成交确认书——对合同的确认(《拍卖法》第 52 条)

(三)合同的内容

1.合同的必备条款

《合同法解释(二)》第 1 条第 1 款规定:当事人对合同是否成立存在争议,人民法院能够确定当事人名称或者姓名、标的和数量的,一般应当认定合同成立。但法律另有规定或者当事人另有约定的除外。

2.合同的主要条款

《合同法》第 12 条规定:"合同的内容由当事人约定,一般包括以下条款:(一)当事人的名称或者姓名和住所;(二)标的;(三)数量;(四)质量;(五)价款或者报酬;(六)履行期限、地点和方式;(七)违约责任;(八)解决争议的方法。"

3.合同的争议解决条款

对于争议解决条款而言,其最大的特点即其"独立性"。《合同法》第 57 条:"合同无效、被撤销或者终止的,不影响合同中独立存在的有关解决争议方法的条款的效力。"

4.格式条款

随着现代社会生活节奏逐渐加快,人们日常交易需要迅速完成,各行各业对于效率的要求不断增加。因此,格式条款甚至格式合同则应运而生且被广泛应用。

项 目		内　　容
含义		一方为重复使用而预先拟定,并在订立合同时未与对方协商的条款
提供方的义务	提示	提请对方注意该类条款
	说明	应对方要求对该条款予以说明
	违反	对方可申请法院撤销该条款
解释		不利于提供方的解释
无效情形		(1)免除造成对方人身伤害责任的;(2)免除因故意、重大过失致对方财产损害责任的;(3)免除其责任、加重对方责任、排除对方主要权利的;(4)经营者以格式合同、通知、声明、店堂告示等方式减轻、免除其责任的。

　　[案例3]甲首饰专卖店门口立有一块木板,上书"假一罚十"四个醒目大字。乙从该店购买了一枚钻戒,后经有关部门鉴定,该钻戒属于假冒产品,乙遂要求甲履行其"假一罚十"的承诺。问:甲可否以"假一罚十"不当加重其责任而认定为无效?

　　[案例4]夏某与丽人纤体公司签订了服务协议,协议约定:本协议的期限自2015年7月18日起至2016年7月18日止,丽人公司提供价值人民币10万元的贵宾瘦身疗程服务,所有项目疗程单价按8.5折从卡内扣。另,格式条款载明"若消费者单方终止消费,则经营者对已收费但尚未提供商品或服务部分的价款不予退还",夏某分两次支付了人民币共10万元的服务费,并于2015年7月20日至7月31日在丽人公司多次接受相应的瘦身疗程服务,后因体重不减反增,停止了在丽人公司接受瘦身疗程。后双方交涉未果,在协议期满后,问:夏某可否向法院提起诉讼,要求退还部分费用?

　　(四)双务合同中的履行抗辩权

　　1.《合同法》第66条:同时履行抗辩权
　　要件:(1)双方互负债务;(2)履行没有先后顺序的;(3)双方均届履行期;(4)一方未履行或履行不符合约定。
　　法律效果:在对方当事人未为对待给付之前,可拒绝履行自己债务。
　　2.《合同法》第67条:先履行抗辩权
　　要件:(1)双方互负债务;(2)履行有先后顺序;(3)双方均届履行期;

法律效果:先履行一方未履行或未完全履行之前,后履行一方有权拒绝其相应的履行。

3.《合同法》第68条、第69条:不安履行抗辩权

要件:(1)双方互负债务;(2)履行又先后顺序;(3)先履行一方已届履行期;(4)先履行一方有确切证据证明对方将丧失或可能丧失履行能力(①经营状况严重恶化;②转移财产、抽逃资金,以逃避债务;③丧失商业信誉;④有丧失或者可能丧失履行债务能力的其他情形)。

法律效果:(1)先履行一方中止履行通知对方;(2)如果对方恢复履行能力或提供担保,应继续履行;(3)如果对方不能消除不安,则先履行方可解除合同。

(五)合同的解除

合同的解除,是指在合同有效成立以后,在一定条件下通过当事人一方行为或者双方合意终止合同效力或者溯及地消灭合同效力的行为。

1.协议解除:指当事人双方协商同意将合同解除。

2.约定解除:指当事人以合同形式约定为一方或双方设定解除权的解除。

当事人可以在订立合同时设定解约条款,也可以在合同订立之后另立合同来设定解除权。只要不违反法律的强行规定,当事人就可以约定任何产生解除权的条件。

3.法定解除:指法律规定当某种条件满足时,当事人可享有解除权,当事人因此可以通过行使法定的解除权来解除合同。

(1)一般法定解除

根据《合同法》第94条的规定,有下列情形之一的,当事人可以解除合同:①因不可抗力致使不能实现合同目的;②在履行期限届满之前,当事人一方明确表示或者以自己的行为表明不履行主要债务;③当事人一方迟延履行主要债务,经催告后在合理期限内仍未履行;④当事人一方迟延履行债务或者有其他违约行为致使不能实现合同目的;⑤法律规定的其他情形。

(2)特别法定解除:各有名合同中对解除权的特别规定

任意解除权:不需要一方的违约事实,发生法律规定的事由时一方就可以行使解除权,具体类型有:

①《合同法》第195条规定:赠与人的经济状况显著恶化,严重影响其生产经营或者家庭生活的,可以不再履行赠与义务。

②《合同法》第 232 条规定：当事人对租赁期限没有约定或者约定不明确，依照本法第 61 条的规定仍不能确定的，视为不定期租赁。当事人可以随时解除合同，但出租人解除合同应当在合理期限之前通知承租人。

③《合同法》第 268 条规定：承揽合同的定作人可以随时解除承揽合同，造成承揽人损失的，应当赔偿损失。

④《合同法》第 308 条规定：货运合同在承运人将货物交付收货人之前，托运人可以要求承运人中止运输、返还货物、变更到达地或者将货物交给其他收货人，但应当赔偿承运人因此受到的损失。

⑤《合同法》第 337 条规定：因作为技术开发合同标的的技术已经由他人公开，致使技术开发合同的履行没有意义的，当事人可以解除合同。

⑥《合同法》第 410 条规定：委托人或者受托人可以随时解除委托合同。因解除合同给对方造成损失的，除不可归责于该当事人的事由以外，应当赔偿损失。

⑦《最高人民法院关于审理技术合同纠纷案件适用法律若干问题的解释》第 23 条规定：办理专利申请权转让登记之前，专利申请被驳回或者被视为撤回，专利申请权转让合同当事人双方均可以解除合同，但当事人可以另行约定。

⑧《保险法》第 15 条规定：除法律另有规定或者保险合同另有约定外，保险合同成立后，投保人可以解除保险合同。

违约解除权：即一方违约，非违约方有解除权。

①《合同法》第 69 条规定：不安抗辩权人有解除权。

②《合同法》第 167 条规定：分期付款买受人未付款达总额的 1/5 以上时，出卖人有解除权。

③《合同法》第 203 条规定：借款人违反借款用途时，贷款人有解除权。

④《合同法》第 224 条第 2 款规定：承租人擅自转租时，出租人有解除权。

⑤《合同法》第 233 条规定：租赁物危及安全、健康时，承租人有解除权。

⑥《合同法》第 253 条第 2 款规定：承揽人擅自转包的，定作人有解除权。

4.解除权的行使

(1)行使方式

解除权在性质上属于形成权，因此，单方解除意思表示到达对方合同即告解除，不以对方同意为要件；如果对方有异议应在约定的异议期限届满前或未约定异议期间的在解除合同的通知书到达之日起 3 个月内向法院或仲裁机构提起确认之诉。

(2)行使期限

《合同法》第 95 条规定:法律规定或者当事人约定解除权行使期限,期限届满当事人不行使的,该权利消灭。法律没有规定或者当事人没有约定解除权行使期限,经对方催告后在合理期限内(一般为 3 个月)不行使的,该权利消灭。为催告的,为解除权发生之日起 1 年。

(3)效力

《合同法》第 97 条规定:合同解除后,尚未履行的,终止履行;已经履行的,根据履行情况和合同性质,当事人可以要求恢复原状、采取其他补救措施,并有权要求赔偿损失。

根据《最高人民法院关于审理买卖合同纠纷案件适合法律问题的解释》第 26 条的规定,合同解除后依然得主张违约责任,即合同解除的同时可以主张违约金或损害赔偿金。

(六)违约责任

违约责任是指合同当事人一方不履行合同义务或履行合同义务不符合合同约定而依法应当承担的法律责任。

1.构成要件:(1)有违约行为;(2)无免责事由(免责事由以不可抗力为主)。

[案例 5] 材料一:基于港口作业合同,甲公司的货物存放于某港口乙公司货仓。在乙公司保存货物期间,因台风风暴的袭击,导致货物受损。经查,国家海洋局预报中心发出了预报,且预报的潮位比实际潮位要高。对于货物的毁损,乙公司可否基于不可抗力主张免责?

材料二:丙公司租用丁公司的库房存放家用电器。存放电器因遭遇雷击起火而全部烧毁。经查,丁公司的仓库未按照国家有关规定对库房安装避雷设施。丁公司可否基于不可抗力主张免责?

2.归责原则

(1)原则:严格责任原则(无过错责任原则)

《合同法》第 107 条:"当事人一方不履行合同义务或者履行合同义务不符合约定的,应当承担继续履行、采取补救措施或者赔偿损失等违约责任。"

债务人只要存在"不履行合同"或者"履行合同不符合约定"情形,原则上即应承担违约责任,除非存在法定免责事由,至于债务人是否有主观过错则非所问。

(2)以过错责任原则为补充,典型的有:

①供电合同

《合同法》第180条:"供电人因供电设施计划检修、临时检修、依法限电或者用电人违法用电等原因,需要中断供电时,应当按照国家有关规定事先通知用电人。未事先通知用电人中断供电,造成用电人损失的,应当承担损害赔偿责任。"

《合同法》第181条:"因自然灾害等原因断电,供电人应当按照国家有关规定及时抢修。未及时抢修,造成用电人损失的,应当承担损害赔偿责任。"

②赠与合同

《合同法》第189条:"因赠与人故意或者重大过失致使赠与的财产毁损、灭失的,赠与人应当承担损害赔偿责任。"

③租赁合同

《合同法》第222条:"承租人应当妥善保管租赁物,因保管不善造成租赁物毁损、灭失的,应当承担损害赔偿责任。"

④加工承揽合同

《合同法》第257条:"承揽人发现定作人提供的图纸或者技术要求不合理的,应当及时通知定作人。因定作人怠于答复等原因造成承揽人损失的,应当赔偿损失。"

《合同法》第265条:"承揽人应当妥善保管定作人提供的材料以及完成的工作成果,因保管不善造成毁损、灭失的,应当承担损害赔偿责任。"

⑤客运合同

《合同法》第303条:"在运输过程中旅客自带物品毁损、灭失,承运人有过错的,应当承担损害赔偿责任。旅客托运的行李毁损、灭失的,适用货物运输的有关规定。"

⑥无偿保管合同

《合同法》第374条:"保管期间,因保管人保管不善造成保管物毁损、灭失的,保管人应当承担损害赔偿责任,但保管是无偿的,保管人证明自己没有重大过失的,不承担损害赔偿责任。"

⑦委托合同

《合同法》第306条:"有偿的委托合同,因受托人的过错给委托人造成损失的,委托人可以要求赔偿损失。无偿的委托合同,因受托人的故意或者重大过失给委托人造成损失的,委托人可以要求赔偿损失。受托人超越权限给委托人造成损失的,应当赔偿损失。"

3.违约责任的承担方式

(1)继续履行

①合同有效且履行有可能时,原则上应继续履行。

②《合同法》第11条:"当事人一方不履行非金钱债务或者履行非金钱债务不符合约定的,对方可以要求履行,但有下列情形之一的除外:(一)法律上或者事实上不能履行;(二)债务的标的不适于强制履行(即劳务之债)或者履行费用过高;(三)债权人在合理期限内未要求履行。"

(2)采取补救措施

①合同对质量不合格的违约责任无约定或约定不明确;

②具体方式:恢复原状、修理、重作、更换、退货、减少价款或者报酬;

③受害方对补救措施享有选择权。

(3)损害赔偿

①完全赔偿:违约方对于因违约造成的全部损失承担赔偿责任。

②可预见性规则:根据《合同法》第113条,以一般人的遇见为标准计算。

③减损规则:根据《合同法》第119条,一方违约,另一方也应当及时采取合理措施防止损失的扩大;否则,不得就扩大的损失要求赔偿。

(4)违约金

①直接约定数额或计算违约金的方法。

②约定过高,可请求法院予以降低(超出损失30%,为过高)。

怎样降低?《合同法解释(二)》第29条:"当事人主张约定的违约金过高请求予以适当减少的,人民法院应当以实际损失为基础,兼顾合同的履行情况、当事人的过错程度以及预期利益等综合因素,根据公平原则和诚实信用原则予以衡量,并作出裁决。当事人约定的违约金超过造成损失的百分之三十的,一般可以认定为合同法第一百一十四条第二款规定的'过分高于造成的损失'。"

③约定过低,可请求法院予以增加(不足以弥补损失为过低)。

可以增加多少?《合同法解释(二)》第28条:"当事人依照合同法第一百一十四条第二款的规定,请求人民法院增加违约金的,增加后的违约金数额以不超过实际损失额为限。增加违约金以后,当事人又请求对方赔偿损失的,人民法院不予支持。"

[提示:违约金与其他责任关系:①解除合同的同时可主张违约金;②违

约金与定金不得并用,只能择一而用;③迟延履行的违约金与继续履行可以并用;④损害赔偿金与违约金原则上不能并用,有违约金时,优先使用违约金。]

[案例6]甲乙签订一份买卖合同,约定违约方应向对方支付18万元违约金。后甲违约,给乙造成的损失15万元。甲应怎样承担违约责任?

4.违约责任与侵权责任的竞合

《合同法》第122条:"因当事人一方的违约行为,侵害对方人身、财产权益的,受损害方有权选择依照本法要求其承担违约责任或者依照其他法律要求其承担侵权责任。"

[案例7]甲从乙商店购买了一台丙公司生产的电磁炉,在使用电磁炉时,因电磁炉质量缺陷发生漏电,甲触电造成严重人身损害。甲可以向法院提出哪些诉求?

二、转移财产权利的合同

(一)买卖合同

1.基本原理

买卖合同,是出卖人转移标的物的所有权于买受人,买受人支付价款的合同。

性质:双务、有名、有偿、诺成、不要式。

2.买卖合同的预约

当事人签订认购书、订购书、预订书、意向书、备忘录等预约合同,约定在将来一定期限内订立买卖合同,一方不履行订立买卖合同的义务,对方有权请求其承担预约合同违约责任或者要求解除预约合同并主张损害赔偿。

(1)预约是独立于本约的合同。基于有效的预约合同,当事人负有按照约定签订本约的义务。

(2)当事人违反预约而未履行订立本约义务的,当事人有权要求其承担违约责任。

(3)当事人不得基于预约合同而要求继续履行,但可以解除预约合同并要求损害赔偿。预约合同的继续履行限制了当事人的缔约自由,属于"性质上不适于强制履行"的合同。

[案例8]2017年6月12日,钱某与某房地产公司签订《商铺认购意向

书》一份,约定钱某向房地产公司支付购房意向金5000元,钱某随后取得小区商铺优先认购权,房地产公司负责小区正式认购时优先通知钱某前来选择认购中意的商铺,预购面积为150平方米,并明确小区商铺的均价为每平方米8000元。意向书签订后,钱某向房地产公司支付了5000元意向金。2017年11月12日,房地产公司取得预售许可证。但房地产公司在销售商铺时并未通知钱某前来认购。2018年12月钱某至售楼处与房地产公司交涉,要求房地产公司按意向书签订正式买卖合同。但房地产公司称商铺价格飞涨,对原约定价格不予认可,并称意向书涉及的商铺已经全部销售一空,无法履行合同,钱某所交5000元意向金可全数退还。双方发生争议,原告诉至法院。

问:当事人双方针对将来商品房买卖而签订的《认购意向书》的法律性质如何界定?

3.标的物转移时间

动产所有权自交付时起移转;不动产所有权以登记转移所有权。

项 目			内　　容
交付的种类	现实交付	送货上门	出卖人送货到约定地点并经买受人验收后
		自提	出卖人通知的提货时间
		邮寄	办理邮寄手续后
		代办托运	办理托运手续后(卖方负责办理托运,买房付运费)
	观念交付	简易交付	标的物在订约前已为买受人占有,合同生效即为交付。
		指示交付	标的物在出卖前为第三人占有时,出卖人将对于第三人的返还请求权让于买受人,由买受人直接向第三人要求返还标的物(返还请求权的让与)通知到达时。
		占有改定	动产买卖合同出卖人有必要继续占有该动产标的物时,出卖人与买受人缔结由买受人取得间接占有的合同关系以替代实际交付另行约定时。
	拟制交付		交付提取标的物的单证以替代交付标的物本身

[案例9](1)例1：甲、乙于8月15日订立以货物买卖合同,约定甲于9月1日前交货。交货方式是由甲办理铁路委托运输,运费由乙支付。8月20日,甲办妥与铁路局的托运手续。问：货物所有权何时归乙所有？

(2)设例1中,双方约定交付方式是自提。8月20日甲通知乙务必于8月31日提货。问：所有权何时归乙？

(3)设例1中甲、乙订立买卖合同之前,该批货物已委托乙保管。问：货物所有权何时移转与乙？

(4)设例1中甲的货物存在丙的仓库中,8月20日甲将经丙签字并由自己背书的仓单交给乙。问：所有权何时移转？

(5)设例1中标的物为一架钢琴,由于甲将在9月30日参加钢琴比赛,故甲、乙当时约定,合同订立后即交付,但甲可保留钢琴使用至比赛结束。问：本合同标的物钢琴何时归乙所有？

4.风险负担

项 目		内 容
风险		由于不可归责于双方当事人的原因而导致标的物毁损灭失(主要指不可抗力、意外事件)。
原则		交付主义
例外		所有权主义
8种例外	在途货物	合同成立时风险归买受人
	违约在先	因买方原因致标的物不能按期交付,自买受人违约之日起风险归买方。
		因标的物存在严重质量瑕疵,买房拒绝受领或解除合同的,风险归卖方。
8种例外	动产质押	质押期间,标的物风险由质押人承担,质押权人丧失动产质押权,转为一般债权。
	租赁合同	承租期间,租赁物风险由出租人承担;承租人可要求减少或不支付租金,并可解除合同。
	货运合同	承运期间,由托运人或收货人承担货物风险,承运人丧失运费。

续表

项 目		内　　容
8种例外	承揽合同	原料或半成品由定作人提供、承揽人保管期间,由定作人承担;承揽人丧失酬金收取权。
		原料或半成品由承揽人提供,承揽人承担,同时丧失酬金收取权。
		已完成工作成果适用交付主义,交付前归承揽人,交付后归定作人。
	技术合同	有约从约,无约当事人合理分担。
	试用买卖	试用期间的风险,归卖方负担。
		交付买方 : 试用买卖合同生效后,包括试用人同意购买或期满后保持沉默,风险归买方负担;明示不买,由卖方负担。
		未交付买方 : 实际交付时转移于买方,此前归卖方。

[案例10] 甲、乙签订货物买卖合同,约定由甲代办托运。甲遂与丙签订运输合同,合同中载明乙为收货人。运输途中,因丙的驾驶员丁的重大过失发生交通事故,致货物受损,无法向乙按约交货。乙可以如何行使自己的权利?

5. 孳息的归属

买卖合同的孳息归属规则:(1)《合同法》第163条:买卖合同标的物的孳息归属,亦采用"交付主义",交付之前产生的孳息,归出卖人;交付之后产生的孳息,归买受人。(2)买卖合同的孳息归属规则,同样适用于互易、赠与、借款等转让标的物所有权的合同。

[案例11] 甲与乙订立了一份卖羊合同,合同约定甲向乙交付5头羊,分别为羊1、羊2、羊3、羊4、羊5,总价款为1万元;乙向甲交付定金2800元,余下款项由乙在5个月内付清。双方还约定,在乙向甲付清羊款之前,甲保留该5头羊的所有权。甲向乙交付了该5头羊。

问:(1)设在羊款付清之前,羊1被雷电击死,该损失由谁承担?为什么?

(2)设在羊款付清之前,羊2生下一头小羊,该小羊由谁享有所有权?为什么?

(3)设在羊款付清之前,羊3踢伤丙,丙花去医疗费和误工损失共计1200元,该损失应由谁承担?为什么?

(4)设在羊款付清之前,乙与丁达成一项转让羊4的合同,在向丁交付羊4之前,该合同的效力如何?为什么?

(5)设在羊款付清之前,丁不知甲保留了此羊的所有权,乙与丁达成一项转让羊4的合同,作价2000元且将羊4交付丁。丁能否据此取得该羊的所有权?为什么?

(6)设在羊款付清之前,乙将羊5租与戊,租期4个月,租金300元。该租赁协议是否有效?租金应如何处理?

(7)合同中的定金条款效力如何?为什么?

6.几类特殊的买卖合同

(1)分期付款买卖合同

分期付款买卖合同指买受人将其应付的总价款按照一定期限分批(至少3次)向出卖人支付的买卖合同。

根据《合同法》第167条,分期付款的买受人未支付到期价款的金额达到全部价款的1/5的,出卖人有两个权利:

①单方变更合同权:要求买受人支付全部价款(实际上就是改变分期付款的约定)。

②单方解除合同权:要求解除合同,同时还可以向买受人要求支付该标的物的使用费。

(2)试用买卖合同

试用买卖合同指根据双方当事人约定,于合同成立时,出卖人将标的物交付买受人试验或检验,并以买受人在约定期限内对标的物的认可为生效药检的买卖合同。

试用期:①有约定按约定,无约定由出卖人确定;
　　　　②试用期内买受人享有购买与否的选择权;
　　　　③试用期满,买受人未作表示,视为购买;
　　　　④买受人在试用期内免费使用标的物,无须支付使用费。

买方同意购买的意思表示:A.明示;B.沉默,视为购买;C.推定:以行为表示同意购买(三种情形,一是标的物因试用交付给买受人后出卖人请求返还而买受人拒不交还的;二是买受人无保留地交付部分或全部价金的;三是买受人就标的物为出卖、出租、设定担保等非试用行为的)。

(3)所有权保留买卖合同

所有权保留买卖合同指当事人可以在买卖合同中约定买受人未履行支付

价款或者其他义务的,标的物的所有权属于出卖人。

①所有权保留仅适用于动产。当事人约定不动产保留所有权的,该约定无效。

②所有权转移前,买受人有下列情形之一对出卖人造成损害的,出卖人可以取回标的物:A.未按约定支付价款的;B.未按约定完成特定条件的;C.将标的物出卖、出质或者作出其他不当处分的。

③存在下列情形之一的,出卖人不得行使取回权:A.买受人已经支付标的物总价款的75%以上;B.买受人将标的物出卖、出质或者作出其他不当处分时,第三人善意取得所有权或其他物权。

④买受人的回赎权:出卖人取回表的物后,买受人在双方约定的或者出卖人指定的回赎期内,消除出卖人取回标的物的事由的,可以主张回赎标的物。

(4)样品买卖

样品买卖指买卖双方根据样品而订立的由出卖人按照样品交付标的物的合同。凭样品买卖的当事人应当封存样品,并可以对样品的质量予以说明。出卖人所交付的货物必须与样品具有同一品质。凭样品买卖的买受人不知道样品有隐蔽瑕疵的,即使交付的标的物与样品相同,出卖人交付的标的物的质量仍然应当符合同种物的通常标准。

凭样品买卖的买受人不知道样品有隐蔽瑕疵,即时标的物与样品相同,出卖人依然要承担责任。

(二)赠与合同

赠与合同是指赠与人将自己的财产无偿给予受赠人,受赠人表示接受该赠与。

1.性质:单务、有名、无偿、诺成、不要式

2.撤销权:

(1)任意撤销权:赠与财产权利转移前,赠与人可行使撤销权但有三种情形除外:①公证的;②救灾、扶贫等社会公益性质的;③道德义务性的。

(2)法定撤销权:《合同法》第192条,受赠人有下列情形之一的,赠与人可以自知道或应当知道撤销原因之日起1年内撤销赠与:①严重侵害赠与人或者赠与人的近亲属;②对赠与人有扶养义务而不履行;③不履行赠与合同约定的义务。

同时,因受赠人的违法行为致使赠与人死亡或者丧失民事行为能力的,赠

与人的继承人或者法定代理人可以自知道或应当知道撤销原因之日起6个月内撤销赠与。

3.法定解除权：赠与合同成立后，赠与人的经济状况显著恶化，严重影响其生产经营或者家庭生活的，可以不再履行赠与义务。

[案例12] 尤大志生前曾承诺将自己公司部分财产赠与其小时就读的某山区小学，以供其改善教育教学设施，并亲笔签署了一份保证书以资证明。尤大志的保证书中写明，如果他的公司年利润达到150万元以上，就提取5万元作为赠与财产，期限为5年。当时该公司每年利润均在150万元以上。该小学同意并深表谢意，收存了保证书。半年后，尤大志去世，其公司由他的弟弟尤小志继承。尤小志本来就对其兄的赠与行为极为不理解，现在这笔长期的债务落在自己的头上，更觉得不合理，于是便想方设法不履行义务。两年来，每当某小学催问时，均被告知因公司年利润达不到150万元而不能支付赠与财产。但学校得知尤小志的公司事实上效益尚佳，还查明了公司的部分财产已被无偿转让至尤小志之子所开的公司，使得公司所得利润数额下降。该小学向尤小志指出这一事实，要求其履行义务。尤小志认为这属于公司的内部事务，别人无权过问和干涉，并提出撤销该项赠与。正当双方为此而发生纠纷时，由于市场变化和决策失误导致尤小志公司损失惨重，濒临破产。

问：(1)尤大志提出的"年利润达到150万元以上便赠与某小学5万元"是什么性质的民事法律行为？

(2)尤小志是否有权撤销该项赠与？为什么？

(3)如果尤小志无权撤销该项赠与，某小学可以通过什么法律途径取得赠与财产？

(4)尤小志无偿转让公司财产、致使公司利润下降，并以此为借口拒不履行赠与义务，某小学应当如何处理？

(5)尤小志是否可以公司濒临破产为由撤销该项赠与？为什么？

(6)设尤大志还承诺一年后将公司的一部载货汽车无条件赠与该小学，后因尤小志恶意过渡使用该货车而使其提前报废，尤小志是否应承担赔偿责任？为什么？

[案例13] 甲身患癌症，其所在单位大风公司组织员工捐款30万元用于救治甲。此30万元存放于专门设立的账户中。甲医治无效死亡，花了22万元医疗费。关于余下8万元应该怎样处理？

(三)借款合同

借款合同是指借款人向贷款人借款,到期返还借款并依约定支付利息的合同。

在我国,借款合同可以分为金融机构借款合同和自然人之间的借款合同。根据 2015 年 6 月 23 日,最高人民法院审判委员会通过的《关于审理民间借贷案件适用法律若干问题的规定》(以下简称《民间借贷规定》),放宽了民间借贷的主体,不再限于自然人之间的借款。

1.金融机构借款合同

(1)诺成合同:书面形式,自合同成立时生效。

(2)贷款人的主要义务:①按期、足额提供贷款的义务;②保密义务。

[**提示**:借款的利息不得预先在本金中扣除,利息在本金中扣除的,应当按照实际借款数额返还借款并计算利息。]

(3)借款人的主要义务:①提供真实情况的义务;②按照约定的日期和数额收取借款的义务;③按照约定用途使用借款的义务;④按期支付利息的义务;⑤按其返还借款的义务;⑥容忍检查、监督的义务。

2.民间借款合同

(1)自然人之间的借款合同:实践合同、自贷款人提供借款时生效。

(2)其他民间借款合同:诺成合同,自合同成立时生效。

(3)无效的民间借贷合同(《民间借贷规定》第 14 条):

①套取金融机构信贷资金又高利转贷给借款人,且借款人事先知道或者应当知道的;

②以向其他企业借贷或者向本单位职工集资取得的资金又转贷给借款人牟利,且借款人事先知道或者应当知道的;

③出借人事先知道或者应当知道借款人借款用于违法犯罪活动仍然提供借款的;

④违背社会公序良俗的;

⑤其他违反法律、行政法规效力性强制性规定的。

(4)有效的民间借贷合同

①企业之间的资金拆借:原则上有效。

《民间借贷规定》第 11 条:"法人之间、其他组织之间以及它们相互之间为生产、经营需要订立的民间借贷合同,除存在合同法第五十二条、本规定

第十四条规定的情形外,当事人主张民间借贷合同有效的,人民法院应予支持。"

②单位内部集资:原则上有效。

《民间借贷规定》第12条:"法人或者其他组织在本单位内部通过借款形式向职工筹集资金,用于本单位生产、经营,且不存在合同法第五十二条、本规定第十四条规定的情形,当事人主张民间借贷合同有效的,人民法院应予支持。"

③借贷行为涉嫌犯罪的借贷合同:不必然导致借贷合同无效。

《民间借贷规定》第13条:"借款人或者出借人的借贷行为涉嫌犯罪,或者已经生效的判决认定构成犯罪,当事人提起民事诉讼的,民间借贷合同并不当然无效。人民法院应当根据合同法第五十二条、本规定第十四条之规定,认定民间借贷合同的效力。"

(5)民间借贷合同的利息

①没有约定利息,不可主张利息。

②约定不明,自然人之间借款利息不予支持,其他由人民法院裁量。

③利率:告别4倍利率时代。

年利率不超过24%,支持;大于24%,不超过36%,自然债务;超过36%的部分,超出的部分无效。

④没有约定利息,但自愿支付后又主张对方构成不当得利的,不予支持。超过年利率36%的除外。

⑤禁止借款合同从本金中扣除利息,以实际借款金额为准。

(四)租赁合同

租赁合同是出租人将租赁物交付承租人使用、收益、承租人支付租金的合同。

1.性质:双务、有名、有偿、诺成;6个月以上、城市私有房屋租赁合同为要式。

2.租赁期限:最长20年。超过20年的,超过部分无效。

不定期租赁(未采用书面形式,租赁期限6个月以上的):双方可以随时解除合同。

3.几类无效的租赁合同

项 目	内 容
情形	(1)违法建筑物租赁合同(未取得建设工程规划许可证或临时建筑未批准); (2)转租期限超过承租人剩余租赁期限的合同(超过部分无效); (3)未经出租人同意且出租人提出异议的转租合同。
处理	(1)一审法庭辩论终结前无效因素消失的,可转化为有效; (2)不可请求交付租金,但可请求占有使用费,对方可要求承担缔约过失责任; (3)承租人未经出租人同意装饰装修或扩建发生的费用,由承租人自担,出租人可请求承租人恢复原状或赔偿。

4.出租人、承租人的权利义务

(1)出租人义务:适租义务、维修义务、权利瑕疵担保责任。

(2)承租人义务:正当使用义务、妥善保管义务、禁止添附义务、禁止转租义务、支付租金义务、返还租赁物义务。

(3)承租人权利:占有、使用、收益权,买卖不破租赁,优先购买权。

5.关于转租

(1)经出租人同意,承租人可以转租

此时存在两个租赁合同,出租人、承租人和次承租人三人关系是:

①出租人与次出租人之间无合同关系。

②若无特别约定,承租人可以从中赚取租金差价。

③次承租人损害租赁物的,有关权利主张方式为:

A.承租人就次承租人行为对出租人负责,承担损害赔偿责任(合同相对性);

B.尔后,承租人可以向次承租人主张违约损害赔偿;

C.出租人不可以直接向次承租人主张违约损害赔偿(合同相对性);

D.出租人可基于所有人地位向次承租人主张侵权损害赔偿或物上请求权。

(2)未经出租人同意,承租人擅自转租的

三人关系:①出租人可解除与承租人之间的租赁合同;②第一个租赁合同解除后,承租人于次承租人之间的租赁合同亦应终止,承租人对次承租人(不知情的)负违约责任;③承租人赚取的差价租金,应作为不当得利返还出租人。

(3)《关于审理城镇房屋租赁合同纠纷案件司法解释的理解与适用》(以下

简称《房屋租赁合同解释》)关于转租的规定

《房屋租赁合同解释》第 15 条规定:"承租人经出租人同意将租赁房屋转租给第三人时,转租期限超过承租人剩余租赁期限的,人民法院应当认定超过部分的约定无效。但出租人与承租人另有约定的除外。"

《房屋租赁合同解释》第 16 条规定:"出租人知道或者应当知道承租人转租,但在六个月内未提出异议,其以承租人未经同意为由请求解除合同或者认定转租合同无效的,人民法院不予支持。"

《房屋租赁合同解释》第 17 条规定:"因承租人拖欠租金,出租人请求解除合同时,次承租人请求代承租人支付欠付的租金和违约金以抗辩出租人合同解除权的,人民法院应予支持。但转租合同无效的除外。次承租人代为支付的租金和违约金超出其应付的租金数额,可以折抵租金或者向承租人追偿。"

《房屋租赁合同解释》第 18 条规定:"房屋租赁合同无效、履行期限届满或者解除,出租人请求负有腾房义务的次承租人支付逾期腾房占有使用费的,人民法院应予支持。"

6.一房多租的处理

租赁乃债权的行为,不适用无权处分的规则,与一房多卖也有区别。《房屋租赁合同解释》第 6 条的处理模式包括:

①一方多租的,租赁合同均可以有效;在合同均有效的情况下,注意确定合同履行的先后顺序:最先是合法占有者;其次是登记备案者;最后是合同成立在先的。

②不能取得租赁房屋的承租人,可请求解除合同并有权请求赔偿损失。

7.优先购买权

《合同法》第 230 条规定,出租人出卖租赁房屋的,应当在出卖之前的合理期限内通知承租人,承租人享有以同等条件优先购买的权利。

8.买卖不破租赁

《合同法》第 229 条规定,租赁物在租赁期间发生所有权变动的,不影响租赁合同的效力。

9.租赁合同中当事人的法定解除权

(1)出租人的法定解除权

①《合同法》第 219 条:"承租人未按照约定的方法或者租赁物的性质使用租赁物,致使租赁物受到损失的,出租人可以解除合同并要求赔偿损失。"

②《房屋租赁合同解释》第 7 条:"房屋租赁合同中,承租人擅自变动房屋

建筑主体和承重结构或者扩建,在出租人要求的合理期限内仍不予恢复原状的。"

③《合同法》第224条:"承租人经出租人同意,可以将租赁物转租给第三人。承租人转租的,承租人与出租人之间的租赁合同继续有效,第三人对租赁物造成损失的,承租人应当赔偿损失。"

④《合同法》第227条:"承租人无正当理由未支付或者迟延支付租金的,出租人可以要求承租人在合理期限内支付。承租人逾期不支付的,出租人可以解除合同。"

(2)承租人的法定解除权

①《合同法》第231条:"不可归责于承租人的事由,致使租赁物部分或者全部毁损、灭失的,承租人可以要求减少租金或者不支付租金;因租赁物部分或者全部毁损、灭失,致使不能实现合同目的的,承租人可以解除合同。"

②《合同法》第233条:"租赁物危及承租人的安全或者健康的,即使承租人订立合同时明知该租赁物质量不合格,承租人仍然可以随时解除合同。"

③《房屋租赁合同解释》第6条:"出租人就同一房屋订立数份有效的租赁合同,不能取得租赁房屋的承租人有权解除合同。"

④《房屋租赁合同解释》第8条:"房屋租赁合同中,因下列三种情形之一,导致租赁房屋无法使用的:(a)租赁房屋被依法查封的;(b)租赁房屋权属有争议的;(c)租赁房屋具有违反法律、行政法规关于房屋使用条件强制性规定的。"

(五)融资租赁合同

[案例14] 甲乙双方达成一份协议,其要点为:甲方按照乙方指定的型号和技术要求购进一套设备;甲方将设备交付乙方租赁使用,设备所有权属于甲方;乙方按期交纳租金;租赁期满,设备归乙方所有。按照我国合同法,此协议属于哪一种合同?

融资租赁合同指出租人根据承租人对出卖人、租赁物的选择,向出卖人购买租赁物,提供给承租人使用,承租人支付租金的合同。融资租赁合同应当采用书面形式。

1.标的物瑕疵担保责任

《合同法》第244条规定:租赁物不符合约定或者不符合使用目的的,出租人不承担责任,但承租人依赖出租人的技能确定租赁物或者出租人干预选择租赁物的除外。

2.标的物权利瑕疵担保责任

《合同法》第245条规定,出租人应当保证承租人对租赁物的占有和使用。

3.出卖人不履行债务的索赔权

《合同法》第240条规定,出租人、出卖人、承租人可以约定,出卖人不履行买卖合同义务的,由承租人行使索赔的权利。承租人行使索赔权利的,出租人应当协助。

4.租赁合同期满,租赁物的归属

《合同法》第250条规定:"出租人和承租人可以约定租赁期间届满租赁物的归属。对租赁物的归属没有约定或者约定不明确,依照本法第六十一条的规定仍不能确定的,租赁物的所有权归出租人。"

三、完成工作成果的合同

(一)承揽合同

承揽合同是承揽人按照定作人的要求完成工作,交付工作成果,定作人给付报酬的合同。具体种类包括:加工合同、定作合同、修理合同、复制合同、测试、检验合同。

1.承揽人的义务及权利

义务:(1)以自己的设备、技术和劳务,完成主要工作。(《合同法》第253条)

承揽人将其承揽的主要工作交由第三人完成的,应当就该第三人完成的工作成果向定作人负责;未经定作人同意的,定作人也可以解除合同。(《合同法》第253条)

承揽人可以将其承揽的辅助工作交由第三人完成。承揽人将其承揽的辅助工作交由第三人完成的,应当就该第三人完成的工作成果向定作人负责。(《合同法》第254条)

(2)对完成的工作成果负瑕疵担保义务和保管义务。

(3)按约定提供材料或者妥善处理定作人提供的材料。

(4)接受定作人必要的监督、检查。

(5)按定作人的要求保守秘密。

(6)共同承揽人的连带责任。

权利:报酬请求权及符合法定条件时的留置权。

2.定作人的义务及权利

义务:(1)按约定提供材料并对承揽人进行协助。

(2)按时接受、验收承揽人交付的工作成果。

(3)按约定的期限和方式向承揽人支付报酬。

权利:监督承揽人工作,请求承揽人交付工作成果。

3.定作人的任意解除权

《合同法》第268条:定作人可以随时解除承揽合同,造成承揽人损失的,应当赔偿损失。

(二)建设工程合同

建设工程合同是承包人进行工程建设,发包人支付价款的合同。建设工程合同包括工程勘察、设计、施工三种合同。建设工程合同应当采用书面形式。

1.以下建设工程合同,应认定为无效(《最高人民法院关于审理建设工程施工合同纠纷案件适用法律问题的解释》第1条、第4条)

(1)承包人未取得建筑施工企业资质或超越资质等级。

(2)没有资质的实际施工人借用有资质的建筑施工企业名义。

(3)建设工程必须进行招标而未招标或中标无效。

(4)承包人非法转包签订的建设工程施工合同。

(5)违法分包建设工程。

2.转包一律非法

承包人将其承包的全部建设工程转包给第三人,或者将其承包的全部建设工程肢解后以分包的名义转包给第三人的,属非法转包,一律认定无效。

3.合法分包与违法分包

合法分包必须同时满足以下条件:(1)经发包人同意;(2)分包工程只能是承包人承包的"部分"工程,且不得为"主体工程";(3)分包人必须具有相应资质;(4)分包人不得再行分包。

4.承包人工程价款的优先权(《合同法》第286条)

承包人的优先权从本质上来讲就是为了保护农民工的利益,解决在社会实践中农民工讨薪难的问题。

承包人的优先权在性质上属于法定优先权,它优先于抵押权和其他债权,但不得对抗已经支付全部或大部分房款的买受人。即已支付全部或大部分房款的买受人＞承包人工资＞银行抵押权。

对承包人优先权的内容只是包括工作人员的报酬以及相应的材料费款,不包括承包人因发包人违约所造成的损失。承包人要行使该项优先权的,应当自建设工程竣工之日或建设工程合同约定的竣工之日起6个月内行使。

5.建设工程合同中的诉讼地位

(1)因建设工程质量发生争议:发包人可以总承包人、分包人和实际施工人为共同被告。

(2)工程欠款纠纷:①实际施工人可以转包人、违法分包人为被告起诉。②实际施工人以发包人为被告主张权利的,法院可以追加转包人或违法分包人为当事人;发包人只在欠付工程款范围内对实际施工人承担责任。

［案例15］A公司为修建一座综合楼,经过一系列的招标、投标,最后选定B公司作为承包方,并于2010年8月10日签订了一份合同。合同约定,B公司于10月10日开始施工,施工前1个月内,A公司提供技术资料和设计图纸,并且在正式开工前1个月将工程的用电、用水等前期问题解决;工程造价800万元,A公司先行支付200万元的前期资金,余款在工程验收合格后由A公司一次性付清;B公司在2011年12月20日前交楼;工程保修期为3年。

合同签订后,A公司依约将有关图纸、资料交给了建筑公司,用水问题也得到了解决,但直至11月20日,A公司仍未能解决工地用电问题。导致B公司被迫停工,造成了近5万元的损失。2011年12月,工程的主体建筑基本完工。由于开工前延误工期,为了尽早交楼,B公司经A公司同意,将工程的室内装修工程转包给C公司,C公司又将该工程中的门窗安装工程分包给了D公司。A公司在工程验收时发现,该室内装修工程质量和门窗安装质量均没有达到合同约定的标准,双方因此发生纠纷。

问:(1)对B公司的损失,A公司是否应承担赔偿责任?为什么?

(2)B公司的转包行为是否有效?

(3)C公司的分包行为是否有效?

(4)室内工程不合格,谁应当向A公司承担赔偿责任?

(5)对于不合格的室内工程,A公司可以采取哪些措施?

(6)如果工程验收合格后,A公司经催告仍不按约定支付工程款,B公司可以怎么做？

(7)若大楼使用10年后,因工程质量问题导致部分楼梯坍塌,给A公司造成重大损失。对此,B公司是否应承担赔偿责任?

四、提供劳务的合同

(一)运输合同

运输合同是承运人将旅客或者货物从起运地点运输到约定地点,旅客、托运人或者收货人支付票款或者运输费用的合同。运输合同分为客运合同和货运合同。

1.客运合同

(1)承运人对旅客的救助义务。《合同法》第301条规定:"承运人在运输过程中,应当尽力救助患有急病、分娩、遇险的旅客。"

(2)承运人对旅客人身伤害的赔偿责任。《合同法》第302条规定:"承运人应当对运输过程中旅客的伤亡承担损害赔偿责任,但伤亡是旅客自身健康原因造成的或者承运人证明伤亡是旅客故意、重大过失造成的除外。前款规定适用于按照规定免票、持优待票或者经承运人许可搭乘的无票旅客。"

(3)承运人对旅客携带的财产致损害的责任。《合同法》第303条规定:"在运输过程中旅客自带物品毁损、灭失,承运人有过错的,应当承担损害赔偿责任。旅客托运的行李毁损、灭失的,适用货物运输的有关规定。"

2.货运合同

(1)托运人的任意变更权、任意解除权

《合同法》第308条规定:"在承运人将货物交付收货人之前,托运人可以要求承运人中止运输、返还货物、变更到达地或者将货物交给其他收货人,但应当赔偿承运人因此受到的损失。"

(2)承运人对运输货物毁损的无过错责任

《合同法》第311条规定:"承运人对运输过程中货物的毁损、灭失承担损害赔偿责任,但承运人证明货物的毁损、灭失是因不可抗力、货物本身的自然性质或者合理损耗以及托运人、收货人的过错造成的,不承担损害赔偿责任。"

(3)运费的风险负担

《合同法》第314条规定:"货物在运输过程中因不可抗力灭失,未收取运费的,承运人不得要求支付运费;已收取运费的,托运人可以要求返还。"

(4)收货人的验收、通知义务

《合同法》第310条规定:"收货人提货时应当按照约定的期限检验货物。对检验货物的期限没有约定或者约定不明确,依照本法第六十一条的规定仍不能确定的,应当在合理期限内检验货物。收货人在约定的期限或者合理期限内对货物的数量、毁损等未提出异议的,视为承运人已经按照运输单证的记载交付的初步证据。"

3.多式联运合同

(1)单式联运合同中承运人的连带责任

《合同法》第313条突破了合同相对性,规定:"两个以上承运人以同一运输方式联运的,与托运人订立合同的承运人应当对全程运输承担责任。损失发生在某一运输区段的,与托运人订立合同的承运人和该区段的承运人承担连带责任。"

(2)多式联运合同中承运人的责任承担

《合同法》第317条规定:"多式联运经营人负责履行或者组织履行多式联运合同,对全程运输享有承运人的权利,承担承运人的义务。"无论货物损失发生在哪一个运输区段,都由与托运人订立多式联运合同的多式联运经营人单独对托运人承担责任,实际承运人不承担连带责任。

(二)委托合同

委托合同是委托人和受托人约定,由受托人处理委托人事务的合同。委托合同属于双务、有名、诺成、不要式合同。

1.受托人的责任

(1)接受指示处理委托事务。

(2)亲自处理委托事务。《合同法》第400条规定:受托人应当亲自处理委托事务。经委托人同意,受托人可以转委托。转委托经同意的,委托人可以就委托事务直接指示转委托的第三人,受托人仅就第三人的选任及其对第三人的指示承担责任。转委托未经同意的,受托人应当对转委托的第三人的行为承担责任,但在紧急情况下受托人为维护委托人的利益需要转委托的除外。

(3)谨慎处理义务。《合同法》第406条规定:有偿的委托合同,因受托人的过错给委托人造成损失的,委托人可以要求赔偿损失。无偿的委托合同,因受托人的故意或者重大过失给委托人造成损失的,委托人可以要求赔偿损失。受托人超越权限给委托人造成损失的,应当赔偿损失。

2.双方当事人的任意解除权

《合同法》第410条规定,委托人或者受托人可以随时解除委托合同。因解除合同给对方造成损失的,除不可归责于该当事人的事由以外,应当赔偿损失。

(三)居间合同、行纪合同、保管合同

居间合同是居间人向委托人报告订立合同的机会或者提供订立合同的媒介服务,委托人支付报酬的合同。

行纪合同是行纪人以自己的名义为委托人从事贸易活动,委托人支付报酬的合同。

保管合同是保管人保管寄存人交付的保管物,并返还该物的合同。

五、技术合同

技术合同是当事人就技术开发、转让、咨询或者服务订立的确立相互之间权利和义务的合同。

技术开发合同是指当事人之间就新技术、新产品、新工艺或者新材料及其系统的研究开发所订立的合同,包括委托开发合同和合作开发合同。技术开发合同应当采用书面形式。

技术转让合同包括专利权转让、专利申请权转让、技术秘密转让、专利实施许可合同。技术转让合同应当采用书面形式。

技术咨询合同包括就特定技术项目提供可行性论证、技术预测、专题技术调查、分析评价报告等合同。

技术服务合同是指当事人一方以技术知识为另一方解决特定技术问题所订立的合同,不包括建设工程合同和承揽合同。

真题链接

1.甲为出售一台挖掘机分别与乙、丙、丁、戊签订买卖合同,具体情形如下:2016年3月1日,甲胁迫乙订立合同,约定货到付款;4月1日,甲与丙签订合同,丙支付20%的货款;5月1日,甲与丁签订合同,丁支付全部货款;6月1日,甲与戊签订合同,甲将挖掘机交付给戊。上述买受人均要求实际履行合同,就履行顺序产生争议。关于履行顺序,下列哪一选项是正确的?(2016/03/12)

A.戊、丙、丁、乙 B.戊、丁、丙、乙
C.乙、丁、丙、戊 D.丁、戊、乙、丙

答案:A

【考点】一物多卖

【解析】《最高人民法院关于适用〈中华人民共和国合同法〉若干问题的解释(三)》第9条规定:"出卖人就同一普通动产订立多重买卖合同,在买卖合同均有效的情况下,买受人均要求实际履行合同的,应当按照以下情形分别处理:(一)先行受领交付的买受人请求确认所有权已经转移的,人民法院应予支持;(二)均未受领交付,先行支付价款的买受人请求出卖人履行交付标的物等合同义务的,人民法院应予支持;(三)均未受领交付,也未支付价款,依法成立在先合同的买受人请求出卖人履行交付标的物等合同义务的,人民法院应予支持。"本题中,6月1日,甲与戊签订合同,甲将挖掘机交付给戊。戊取得挖掘机所有权,履行顺序为第一位。4月1日,甲与丙签订合同,丙支付20%的货款;5月1日,甲与丁签订合同,丁支付全部货款。两种情形都属于支付了价款,故按照支付时间顺序认定,丙为第二顺序,丁为第三顺序(不考虑是否足额支付价款问题)。甲乙之合同本属可撤销,但因乙要求实际履行合同,属于放弃撤销权,该合同有效,但乙未受领交付,也未支付价款,故顺序为最后。A项正确。

2.2013年甲购买乙公司开发的商品房一套,合同约定面积为135平方米。2015年交房时,住建部门的测绘报告显示,该房的实际面积为150平方米。对此,下列哪一说法是正确的?(2016/03/13)

A.房屋买卖合同存在重大误解,乙公司有权请求予以撤销
B.甲如在法定期限内起诉请求解除房屋买卖合同,法院应予支持
C.如双方同意房屋买卖合同继续履行,甲应按实际面积支付房款
D.如双方同意房屋买卖合同继续履行,甲仍按约定面积支付房款

答案:B

【考点】商品房买卖合同

【解析】《最高人民法院关于审理商品房买卖合同纠纷案件适用法若干问题的解释》第 14 条规定:"出卖人交付使用的房屋套内建筑面积或者建筑面积与商品房买卖合同约定面积不符,合同有约定的,按照约定处理;合同没有约定或者约定不明确的,按照以下原则处理:(一)面积误差比绝对值在 3% 以内(含 3%),按照合同约定的价格据实结算,买受人请求解除合同的,不予支持;(二)面积误差比绝对值超出 3%,买受人请求解除合同、返还已付购房款及利息的,应予支持。买受人同意继续履行合同,房屋实际面积大于合同约定面积的,面积误差比在 3% 以内(含 3%)部分的房价款由买受人按照约定的价格补足,面积误差比超出 3% 部分的房价款由出卖人承担,所有权归买受人;房屋实际面积小于合同约定面积的,面积误差比在 3% 以内(含 3%)部分的房价款及利息由出卖人返还买受人,面积误差比超过 3% 部分的房价款由出卖人双倍返还买受人。"本题中,房屋买卖合同存在面积差不属于重大误解,不属于可撤销合同,A 项错误。面积误差比绝对值超出 3%,买受人可以请求解除合同、返还已付购房款及利息,B 项正确。甲如果同意继续履行买卖合同,则面积误差比在 3% 以内(含 3%)部分的房价款由买受人甲按照约定的价格补足,面积误差比超出 3% 部分的房价款由出卖人乙公司承担,所有权归买受人甲。C 项和 D 项表述均不准确。

3.王某向丁某借款 100 万元,后无力清偿,遂提出以自己所有的一幅古画抵债,双方约定第二天交付。对此,下列哪些说法是正确的?(2016/03/56)

A.双方约定以古画抵债,等同于签订了另一份买卖合同,原借款合同失效,王某只能以交付古画履行债务

B.双方交付古画的行为属于履行借款合同义务

C.王某有权在交付古画前反悔,提出继续以现金偿付借款本息方式履行债务

D.古画交付后,如果被鉴定为赝品,则王某应承担瑕疵担保责任

答案:BCD

【考点】合同履行代物清偿协议

【解析】王某以自己所有的一幅古画抵债,属于代物清偿协议,并非买卖合同。故 A 项错误。双方约定以交付古画代替借款合同支付本息之义务,故 B 项正确。代物清偿协议属实践性合同,标的物未实际交付之前协议并不成立,在代为清偿义务人实际履行之前,原债务并不免除,在实际履行之后,原债务同时消灭。故 C 项正确。若古画为赝品,属于代物清偿协议履行中的品质瑕

疵,王某应承担瑕疵担保责任。故 D 项正确。

4.甲公司借用乙公司的一套设备,在使用过程中不慎损坏一关键部件,于是甲公司提出买下该套设备,乙公司同意出售。双方还口头约定在甲公司支付价款前,乙公司保留该套设备的所有权。不料在支付价款前,甲公司生产车间失火,造成包括该套设备在内的车间所有财物被烧毁。对此,下列哪些选项是正确的?(2016/03/57)

  A.乙公司已经履行了交付义务,风险责任应由甲公司负担
  B.在设备被烧毁时,所有权属于乙公司,风险责任应由乙公司承担
  C.设备虽然已经被烧毁,但甲公司仍然需要支付原定价款
  D.双方关于该套设备所有权保留的约定应采用书面形式
  答案:AC

【考点】标的物风险所有权保留买卖

【解析】《合同法》第 142 条规定:"标的物毁损、灭失的风险,在标的物交付之前由出卖人承担,交付之后由买受人承担,但法律另有规定或者当事人另有约定的除外。"故 A 项正确,B 项错误。因乙公司已经完成交付义务,故甲公司之付款义务应当履行,C 项正确。所有权保留买卖并非要式合同,不以书面为必须,故 D 项错误。

5.居民甲将房屋出租给乙,乙经甲同意对承租房进行了装修并转租给丙。丙擅自更改房屋承重结构,导致房屋受损。对此,下列哪些选项是正确的?(2016/03/60)

  A.无论有无约定,乙均有权于租赁期满时请求甲补偿装修费用
  B.甲可请求丙承担违约责任
  C.甲可请求丙承担侵权责任
  D.甲可请求乙承担违约责任
  答案:CD

【考点】租赁合同转租合同相对性

【解析】《房屋租赁合同解释》第 12 条规定:"承租人经出租人同意装饰装修,租赁期间届满时,承租人请求出租人补偿附合装饰装修费用的,不予支持。但当事人另有约定的除外。"双方只有另有约定时,才可能涉及补偿装修费用,故 A 项错误。甲乙之间存在租赁合同,乙丙之间存在租赁合同,但甲丙之间并无租赁合同关系,甲不能向丙主张违约责任,故 B 项错误。甲对房屋享有所有权,丙擅自改变房屋承重结构,属于对甲所有权之侵害,故甲的主张侵权

请求权,C 项正确。《合同法》第 121 条规定:"当事人一方因第三人的原因造成违约的,应当向对方承担违约责任。当事人一方和第三人之间的纠纷,依照法律规定或者按照约定解决。"乙因丙之原因对甲违约,应当由乙对甲承担违约责任,故 D 项正确。

6.周某以 6000 元的价格向吴某出售一台电脑,双方约定五个月内付清货款,每月支付 1200 元,在全部价款付清前电脑所有权不转移。合同生效后,周某将电脑交给吴某使用。期间,电脑出现故障,吴某将电脑交周某修理,但周某修好后以 6200 元的价格将该电脑出售并交付给不知情的王某。对此,下列哪些说法是正确的?(2016/03/61)

　　A.王某可以取得该电脑所有权
　　B.在吴某无力支付最后一个月的价款时,周某可行使取回权
　　C.如吴某未支付到期货款达 1800 元,周某可要求其一次性支付剩余货款
　　D.如吴某未支付到期货款达 1800 元,周某可要求解除合同,并要求吴某支付一定的电脑使用费

答案:ACD

【考点】分期付款买卖合同

【解析】周某作为电脑所有权人对电脑享有处分权,王某依据有效买卖合同取得电脑所有权,故 A 项正确。《买卖合同解释》第 36 条第 1 款规定:"买受人已经支付标的物总价款的百分之七十五以上,出卖人主张取回标的物的,人民法院不予支持。"如果吴某无力支付最后一个月的价款,则其已经支付的价款已经超过总价款的百分之七十五以上,周某不得行使取回权。故 B 项错误。《合同法》第 167 条规定:"分期付款的买受人未支付到期价款的金额达到全部价款的五分之一的,出卖人可以要求买受人支付全部价款或者解除合同。出卖人解除合同的,可以向买受人要求支付该标的物的使用费。"据此,C 项、D 项正确。

7.甲、乙、丙三人签订合伙协议并开始经营,但未取字号,未登记,也未推举负责人。其间,合伙人与顺利融资租赁公司签订融资租赁合同,租赁淀粉加工设备一台,约定租赁期限届满后设备归承租人所有。合同签订后,出租人按照承租人的选择和要求向设备生产商丁公司支付了价款。如租赁期间因设备自身原因停机,造成承租人损失。下列说法正确的是:(　　)(2016/03/88)

　　A.出租人应减少租金
　　B.应由丁公司修理并赔偿损失

C.承租人向丁公司请求承担责任时,出租人有协助义务

D.出租人与丁公司承担连带责任

答案:BC

【考点】融资租赁合同

【解析】《融资租赁合同解释》第6条规定:"承租人对出卖人行使索赔权,不影响其履行融资租赁合同项下支付租金的义务,但承租人以依赖出租人的技能确定租赁物或者出租人干预选择租赁物为由,主张减轻或者免除相应租金支付义务的除外。"据此,因设备自身原因停机,并不免除承租人支付租金之义务,故A项错误。承租人可以要求丁公司作为出卖人承担瑕疵给付的违约责任或瑕疵担保责任,故B项正确。《合同法》第240条规定:"出租人、出卖人、承租人可以约定,出卖人不履行买卖合同义务的,由承租人行使索赔的权利。承租人行使索赔权利的,出租人应当协助。"故C项正确。《合同法》第244条规定:"租赁物不符合约定或者不符合使用目的的,出租人不承担责任,但承租人依赖出租人的技能确定租赁物或者出租人干预选择租赁物的除外。"本题中,合同签订后,出租人按照承租人的选择和要求向设备生产商丁公司支付了价款,出租人并未干预承租人对租赁物的选择,故D项错误。

8.甲与乙公司订立美容服务协议,约定服务期为半年,服务费预收后逐次计扣,乙公司提供的协议格式条款中载明"如甲单方放弃服务,余款不退"(并注明该条款不得更改)。协议订立后,甲依约支付5万元服务费。在接受服务1个月并发生费用8000元后,甲感觉美容效果不明显,单方放弃服务并要求退款,乙公司不同意。甲起诉乙公司要求返还余款。下列哪一选项是正确的?(2017/03/11)

A.美容服务协议无效

B."如甲单方放弃服务,余款不退"的条款无效

C.甲单方放弃服务无须承担违约责任

D.甲单方放弃服务应承担继续履行的违约责任

答案:B

【考点】格式条款

【解析】格式条款具有《合同法》第52条和第53条规定情形的,或者提供格式条款一方免除其责任、加重对方责任、排除对方主要权利的,该条款无效。本题中,格式条款"如甲单方放弃服务,余款不退"免除己方责任,排除对方主

要权利,该条款无效,但并非整个合同无效,故 A 项错误,B 项正确。甲放弃服务应当承担违约责任,但并非承担继续履行的违约责任。故 C 项错误,D 项错误。

9.德凯公司拟为新三板上市造势,在无真实交易意图的情况下,短期内以业务合作为由邀请多家公司来其主要办公地点洽谈。其中,真诚公司安排授权代表往返十余次,每次都准备了详尽可操作的合作方案,德凯公司佯装感兴趣并屡次表达将签署合同的意愿,但均在最后一刻推脱拒签。期间,德凯公司还将知悉的真诚公司的部分商业秘密不当泄露。对此,下列哪一说法是正确的?(2017/03/12)

A.未缔结合同,则德凯公司就磋商事宜无须承担责任

B.虽未缔结合同,但德凯公司构成恶意磋商,应赔偿损失

C.未缔结合同,则商业秘密属于真诚公司自愿披露,不应禁止外泄

D.德凯公司也付出了大量的工作成本,如被对方主张赔偿,则据此可主张抵销

答案:B

【考点】缔约过失责任

【解析】假借订立合同恶意磋商属于典型的缔约过失情形,应当承担缔约上过失责任。A 项错误,B 项正确,C 项错误,D 项错误。

10.甲、乙两公司约定:甲公司向乙公司支付 5 万元研发费用,乙公司完成某专用设备的研发生产后双方订立买卖合同,将该设备出售给甲公司,价格暂定为 100 万元,具体条款另行商定。乙公司完成研发生产后,却将该设备以 120 万元卖给丙公司,甲公司得知后提出异议。下列哪一选项是正确的?(2017/03/13)

A.甲、乙两公司之间的协议系承揽合同

B.甲、乙两公司之间的协议系附条件的买卖合同

C.乙、丙两公司之间的买卖合同无效

D.甲公司可请求乙公司承担违约责任

答案:D

【考点】技术合同

【解析】甲、乙之间的合同是甲公司支付 5 万元研发费用,乙公司完成某专用设备的研发应当属于技术开发合同,并非承揽合同,亦非买卖合同。故 A 项错误,B 项错误。乙、丙之间的买卖合同并无无效之情形,故 C 项错误。乙

公司构成违反技术开发合同,应当对甲公司承担违约责任。故 D 项正确。

11.冯某与丹桂公司订立商品房买卖合同,购买了该公司开发的住宅楼中的一套住房。合同订立后,冯某发现该房屋存在问题,要求解除合同。就冯某提出的解除合同的理由,下列哪些选项是正确的?(2017/03/59)

　　A.房屋套内建筑面积与合同约定面积误差比绝对值超过5%的
　　B.商品房买卖合同订立后,丹桂公司未告知冯某又将该住宅楼整体抵押给第三人的
　　C.房屋交付使用后,房屋主体结构质量经核验确属不合格的
　　D.房屋存在质量问题,在保修期内丹桂公司拒绝修复的

答案:ABC

【考点】商品房买卖合同

【解析】面积误差比绝对值超出3%,买受人请求解除合同、返还已付购房款及利息的,应予支持。故 A 项正确。

　　具有下列情形之一,导致商品房买卖合同目的不能实现的,无法取得房屋的买受人可以请求解除合同、返还已付购房款及利息、赔偿损失,并可以请求出卖人承担不超过已付购房款一倍的赔偿责任:(1)商品房买卖合同订立后,出卖人未告知买受人又将该房屋抵押给第三人;(2)商品房买卖合同订立后,出卖人又将该房屋出卖给第三人。故 B 项正确。

　　因房屋主体结构质量不合格不能交付使用,或者房屋交付使用后,房屋主体结构质量经核验确属不合格,买受人请求解除合同和赔偿损失的,应予支持。故 C 项正确。

　　交付使用的房屋存在质量问题,在保修期内,出卖人应当承担修复责任;出卖人拒绝修复或者在合理期限内拖延修复的,买受人可以自行或者委托他人修复。修复费用及修复期间造成的其他损失由出卖人承担。故 D 项错误。

12.居民甲经主管部门批准修建了一排临时门面房,核准使用期限为2年,甲将其中一间租给乙开餐馆,租期2年。期满后未办理延长使用期限手续,甲又将该房出租了丙,并签订了1年的租赁合同。因租金问题,发生争议。下列哪些选项是正确的?(2017/03/60)

　　A.甲与乙的租赁合同无效
　　B.甲与丙的租赁合同无效
　　C.甲无权将该房继续出租给丙
　　D.甲无权向丙收取该年租金

答案:BCD

【考点】房屋租赁合同

【解析】甲经批准修建临时门面房,核准使用年限内出租给乙,甲、乙的租赁合同有效,故 A 项错误。出租人就未经批准或者未按照批准内容建设的临时建筑,与承租人订立的租赁合同无效。对于租赁期限超过临时建筑的使用期限,超过部分无效,合同其他内容的效力不受影响。故 B 项正确,C 项正确。房屋租赁合同无效,甲无权向丙收取该年租金。故 D 项正确。

13.甲融资租赁公司与乙公司签订融资租赁合同,约定乙公司向甲公司转让一套生产设备,转让价为评估机构评估的市场价 200 万元,再租给乙公司使用 2 年,乙公司向甲公司支付租金 300 万元。合同履行过程中,因乙公司拖欠租金,甲公司诉至法院。下列哪些选项是正确的?(2017/03/61)

A.甲公司与乙公司之间为资金拆借关系

B.甲公司与乙公司之间为融资租赁合同关系

C.甲公司与乙公司约定的年利率超过 24% 的部分无效

D.甲公司已取得生产设备的所有权

答案:BD

【考点】融资租赁合同

【解析】承租人将其自有物出卖给出租人、再从出租人处租回的,人民法院不应仅以承租人和出卖人系同一人为由而认定不构成融资租赁法律关系。故 A 项错误,B 项正确,C 项错误。乙和甲之间的买卖合同采占有改定方式进行交付,故甲公司已经取得生产设备的所有权,故 D 项正确。

14.甲房地产开发公司开发一个较大的花园公寓项目,作为发包人,甲公司将该项目的主体工程发包给了乙企业,签署了建设工程施工合同。乙企业一直未取得建筑施工企业资质。现该项目主体工程已封顶完工。就相关合同效力及工程价款,下列哪些说法是正确的?(2017/03/62)

A.该建设工程施工合同无效

B.因该项目主体工程已封顶完工,故该建设工程施工合同不应认定为无效

C.该项目主体工程经竣工验收合格,则乙企业可参照合同约定请求甲公司支付工程价款

D.该项目主体工程经竣工验收不合格,经修复后仍不合格的,乙企业不能主张工程价款

答案：ACD

【考点】建设工程施工合同

【解析】建设工程施工合同具有下列情形之一的,应当根据《合同法》第52条第(五)项的规定,认定无效:承包人未取得建筑施工企业资质或者超越资质等级的;没有资质的实际施工人借用有资质的建筑施工企业名义的;建设工程必须进行招标而未招标或者中标无效的。故 A 项正确,B 项错误。

建设工程施工合同无效,但建设工程经竣工验收合格,承包人请求参照合同约定支付工程价款的,应予支持。故 C 项正确。

建设工程施工合同无效,且建设工程经竣工验收不合格的,按照以下情形分别处理:(1)修复后的建设工程经竣工验收合格,发包人请求承包人承担修复费用的,应予支持;(2)修复后的建设工程经竣工验收不合格,承包人请求支付工程价款的,不予支持。因建设工程不合格造成的损失,发包人有过错的,也应承担相应的民事责任。故 D 项正确。

15.甲服装公司与乙银行订立合同,约定甲公司向乙银行借款 300 万元,用于购买进口面料。同时,双方订立抵押合同,约定甲公司以其现有的以及将有的生产设备、原材料、产品为前述借款设立抵押。借款合同和抵押合同订立后,乙银行向甲公司发放了贷款,但未办理抵押登记。之后,根据乙银行要求,丙为此项贷款提供连带责任保证,丁以一台大型挖掘机作质押并交付。如甲公司违反合同约定将借款用于购买办公用房,则乙银行享有的权利有:( )(2017/03/90)

A.提前收回借款

B.解除借款合同

C.请求甲公司按合同约定支付违约金

D.对甲公司所购办公用房享有优先受偿权

答案：ABC

【考点】借款合同

【解析】借款人未按照约定的借款用途使用借款的,贷款人可以停止发放借款、提前收回借款或者解除合同。故 A 项正确,B 项正确。如果合同中约定有违约金条款,则约定有效,故 C 项正确。乙银行对甲公司所购买的办公用房并不享有担保物权,故不享有优先受偿权。D 项错误。

16.甲小区业主大会通过媒体发布招标公告选聘物业服务公司,乙公司寄送了投标书。经评标,乙公司中标,甲向其发出中标通知书。下列哪一选项是

正确的?(2018年模拟题)

A.甲发布招标公告的行为属于要约

B.乙寄出投标书的行为属于承诺

C.甲向乙发出中标通知书时合同即成立

D.甲向乙发出中标通知书的行为属于承诺

【答案】D

【考点】招投标性质

【解析】根据题目可知,业主大会发布招标公告属于要约邀请,乙公司寄送的投标书属于要约,甲发送的中标通知书是招标人对其选中的投标人的承诺,是招标人同意某投标人的要约的意思表示。A项、B项错误,D正确。中标通知书发出后,承诺虽然发生法律效力,但是在书面合同订立之前,合同尚未成立,C错误。

17.某市A乡农户甲于2006年3月1日与乙公司订立合同,出售自己饲养的活鸡1万只,乙公司应在3月21日前支付5万元的首期价款,甲从4月1日起分批交付,交付完毕后乙公司付清余款。3月20日,乙公司得知该市的B乡发现了鸡瘟,即致电向甲询问。甲称,尽管B乡临近A乡,但是应当不会传播过来。乙公司表示等到事情比较明朗后再付款,甲坚持要求其按时付款,否则将不交货并追究责任。3月25日,因失火导致鸡棚倒塌,致甲所饲养的大部分鸡只毁于一旦,甲即将此事通知了乙。2006年3月10日,甲向丙公司订购了一批饲料,约定4月10日至20日期间送货上门,甲验收后10日内付款。甲在3月26日把鸡只死亡情况通知了丙公司,要求取消交易。丙公司称:货物已经备好,不同意解约,除非甲赔偿其损失。关于甲与丙公司之间关系,表述正确的是:(　　)(2018年模拟题)

A.由于甲所养殖的鸡只于3月25日已经大部灭失,合同自动解除

B.甲取消交易构成违约,应对丙承担违约责任

C.甲有权单方解除合同,但是应赔偿丙公司的损失

D.丙有权要求甲继续履行合同

【答案】BD

【考点】合同解除与违约责任

【解析】本题考查合同解除及其责任。合同的解除分为法定解除和约定解除,不存在自动解除的情况,A错误。

根据《合同法》第94条第(一)项的规定,因不可抗力致使不能实现合同目

的的,当事人可以解除合同。根据《合同法》第94条规定关于法定单方解除的情形规定,本题中,虽然大部分鸡死亡,但鸡的死亡与饲料买卖合同没有关系,不妨碍饲料买卖合同的目的的实现,甲不能因此而取消交易,否则构成违约,B正确,C错误。

根据《合同法》第107条的规定,甲取消交易构成违约,应当承担违约责任,丙有权要求甲采用继续履行合同的方式进行补救,D正确。

综合案例分析

A公司需要B公司生产的一套精密成套设备,双方找C公司商议,由C公司购买并直接租给A公司。A、B、C三方签订了如下合同:(1)由C公司付给B公司货款600万元;(2)B公司将精密成套设备代办托运给A公司;(3)A公司承租该设备,期限为10年,每年租金为90万元。该合同由A、B、C公司的法定代表人签字,A、C公司加盖了合同专用章,B公司未加盖合同专用章。C公司签订上述合同后,为筹措资金欲向D银行借款360万元,D银行要求提供担保,C公司请求E公司作保,E公司允诺。C、D、E签订了如下合同:(1)D银行借给C公司460万元,预扣1年的利息40万元,实际交付C公司420万元;(2)E公司承担保证责任,但C公司应付给E公司担保费60万元。合同由三方签字并加盖了各自的合同专用章。B公司签订合同后与F公司又签订了一份运输合同。A公司签订合同后,为顺利安装和操作该设备,又与G公司签订了一份技术咨询合同,但合同未约定根据咨询意见作出决策的损失承担。根据合同法及相关法律回答下列问题:

(1)A、B、C之间的合同属于合同法上的哪种合同?

(2)现设B公司以未加盖合同专用章为由,主张合同无效,其理由能否成立?为什么?

(3)C与D银行的借款合同中的借款数额应为多少?为什么?

(4)C、D、E所签的合同中约定支付40万元的担保费是否有效?为什么?

(5)现设C公司到期不能偿还D银行的借款,E公司应承担何种性质的保证责任?为什么?

(6)现设B公司交付的设备质量不符合要求,A公司可否向B公司追究违约责任?为什么?

(7)现设A公司根据G公司的符合要求的咨询报告进行操作发生事故,

G公司是否承担赔偿责任,为什么?

(8)现设F公司因承运设备中有过错造成设备损失,应由谁向F公司索赔?为什么?

(9)现设B公司向A公司交付货物后,A公司使用过程中部分部件正常磨损,需要维修,该维修费应由谁承担?为什么?

(10)现设G公司在提供技术咨询过程中形成了一项新的技术成果,且未与A公司约定该技术成果的归属。该技术成果归谁享有?为什么?

专题四

人身权

【案情】性骚扰胜诉第一案

武汉市女教师何某诉上司"性骚扰"案于2003年6月9日有了结果。江汉区法院一审判定被告侵扰原告事实成立,被告侵犯了原告的人格权利,判决被告向原告赔礼道歉,并赔偿精神损失费2000元。原告何某是武汉市某商业学校中外语言教研室老师,因不堪原教研室副主任盛某的性骚扰行为,于2002年7月向法院提起诉讼。原告诉称,自2000年下半年始,被告利用工作之便对原告进行性诱惑,被拒绝后仍不死心,在同事面前大肆张扬喜欢原告。2001年,学校组织教师外出春游,被告当晚11点多尾随至原告房间,对原告隐私部位抚摸、强行亲吻。此后,只要办公室没有别人,便肆无忌惮地对原告实施"骚扰行为",并给原告发黄色短信。

原告认为,被告对原告进行言语挑逗、行为骚扰,进而发展为性侵害,不仅影响了其正常工作生活,而且对其身心健康造成了极大伤害,精神几乎崩溃。被告的行为侵犯了她的身体权、人格尊严权和名誉权。

被告辩称,与原告是普通的同事关系,从未有过非礼行为。反而曾被原告的丈夫刘先生勒索1万元,并在其胁迫下"保证"今后与何×老师是正常的同事关系,对以前所做的事向刘先生表示歉意。原告丈夫没拿到钱,就在学校吵闹,被告不堪压力,辞去了教研室副主任职务。

法院审理查明,在学校组织春游期间,被告在原告房间仅原告一人的情况下逗留了一段时间。其后,被告在与原告打扑克、抢手机的过程中,分别吻过原告一次。学校在同意被告辞职的文件中称其"行为举止不当,有损教师职业形象"。在审理中,被告未就"保证"系受胁迫所写举证。

盛某不服一审判决,已向武汉市中级人民法院提起上诉。为何某辩护的唐江涛律师认为,这是全国第一例"性骚扰"案原告胜诉的案例,将对我国加强"反性骚扰"立法起到积极的作用。

点评:性骚扰不仅侵害了受害者的人格尊严权、身体权、健康权、名誉权等,而且会给受害者及其家庭带来极大的伤害,特别是给受害者带来的精神性伤害往往无法弥补,但在司法实践中性骚扰案往往无法胜诉,原因是原告取证难,性骚扰发生场合较为隐蔽且一般无第三人在场。在本案中,何某胜诉的主要原因是被告盛某签署的"保证",希望在反性骚扰的立法中能考虑到性骚扰行为的特殊性,在举证责任分配方面对受害者有所倾斜。

知识结构回忆

一、人身权
二、人格权

一、人身权

(一)人身权的概念与特征

人身权是指法律赋予民事主体所享有的,与其人身不可分离而无直接财产内容的民事权利。其具有以下特征:(1)非财产性;(2)不可转让性;(3)不可放弃性;(4)法定性;(5)绝对性和支配性。

(二)人身权的分类

依据人身权的客体是人格利益还是身份关系为标准,人身权可以分为人格权和身份权。

人格权,是指民事主体依法固有为维护自身独立人格所必备的,以人格利益为客体的权利。主要包括:生命权、健康权、姓名权、肖像权、名誉权、隐私权、荣誉权等。

身份权,是指民事主体在特定的家庭和亲属团体中所享有的地位或资格。

主要包括：配偶权、亲权、亲属权。

(三)人身权的民法保护

人身权的民法保护分为财产性保护方法和非财产性保护方法。

1.财产性保护方法，即损害赔偿。

2.非财产性保护方法，主要包括要求停止侵害、恢复名誉、消除影响和赔礼道歉。

3.精神损害赔偿。

精神损害，是指自然人因民事权利受到侵害而遭受的生理上、心理上的损害，即自然人因其民事权利遭受侵害而产生的愤怒、绝望、恐惧、焦虑、不安等不良情绪。当自然人的人身权利遭受到不法侵害时，往往同时也伴随着精神损害。自然人遭受精神损害时可要求侵害人给予财产赔偿的法律制度叫精神损害赔偿。

关于精神损害赔偿的范围，各国法律规定不一。①我国《民法通则》第120条严格限定为自然人的姓名权、肖像权、名誉权和荣誉权四种人格权。此后，《最高人民法院关于确定民事侵权精神损害赔偿责任若干问题的解释》将精神损害赔偿的范围扩大，如自然人的生命权、健康权、身体权、人格尊严权、人身自由权等遭受非法侵害的，均可要求精神损害赔偿。②具有人格象征意义的特定纪念物品因侵权行为而永久性毁损或灭失。例：一位在地震中失去双亲的孤儿，将父母生前唯一的一张合影遗照送到照相馆翻拍时被照相馆丢失，因照相馆只同意退赔洗印费，受害人向法院起诉要求精神损害赔偿，法院是否给予支持？应给予支持。但如果孤儿以违约为由起诉，且请求精神损害赔偿的，法院是否支持？不予支持。③不予受理的精神损害赔偿请求：A.受害人为法人、其他组织的；B.在侵权之诉中，侵权诉讼终结后基于同一事实另行请求精神损害赔偿大的；C.诉由为违约之诉的；D.未造成严重后果的。

关于精神损害赔偿金的确定，各地不同，依据《最高人民法院关于确定民事侵权精审损害赔偿责任若干问题的解释》第10条规定，应考虑以下因素：(1)侵权人的过错程度；(2)侵害的手段、场合、行为方式等具体情节；(3)侵权行为造成的后果；(4)侵权人的获利情况；(5)侵权人承担责任的经济能力；(6)受诉法院所在地平均生活水平。

二、人格权

(一)一般人格权

一般人格权,仅自然人享有,是指自然人对人格平等、人格独立、人格自由、人格尊严等一般人格利益予以支配,并排斥他人干涉的权利。

1.侵犯一般人格权的构成要件

(1)不构成侵害具体人格权;

(2)侵害了人格平等、人格独立、人格自由、人格尊严等一般人格利益;

(3)受害人实际遭受了精神损害,造成了严重的后果。

2.功能

解释功能:一般人格权决定具体人格权的基本性质、具体内容以及与其他具体人格权的区分界线。对具体人格权进行解释时,应当以一般人格权的基本原则和基本特征为标准。

创造功能:人格权是一个不断发展的概念,当前各国通过法律规定的具体人格权达到了几十种,这些权利的产生,无一不是依据一般人格权的渊源创造出来的。

补充功能:一般人格权也是一种弹性的权利,具有高度的包容性,既可以概括现有的具体人格权,又可以创造新的具体人格权,还可以对尚未被具体人格权确认保护的其他人格利益,发挥其补充的功能。当这些没有被具体人格权所概括的人格利益受到侵害时,即可依侵害一般人格权确认其侵权行为,追究行为人的侵权责任,救济其人格利益的损害。

[案例1]2018年2月24日、2月29日及3月2日,某广告公司员工甲与同事一起到KTV娱乐,KTV工作人员因其"面容不太好,怕影响店中生意"而拒绝其入内,甲与KTV产生纠纷。2018年7月,甲以KTV工作人员的行为侵害其人格尊严,给其造成极大的精神伤害为由向法院提起诉讼,要求KTV赔偿其精神损失费6万元、经济损失3456元,并要求KTV公开赔礼道歉。一审法院审理后判决KTV向甲书面赔礼道歉,赔偿交通费、复印费、咨询费等426.5元,精神损失费5000元。KTV不服判决,提起上诉。

问:一审法院的认定是否正确?

[案例2]陈某晚饭在小区遛狗,恰遇钱某也带着一只牧羊犬在小区溜达,牧羊犬见到陈某家的小狗后大声汪汪地叫,吓得陈某家的小狗直往后缩,而钱

某并不制止,反而在一旁笑着唆使牧羊犬蹿起来去咬陈某家的小狗,陈某见状不高兴,捡起一根树枝挥舞着赶走牧羊犬并准备回家。钱某却认为陈某打了自家的牧羊犬,拦下陈某让其向牧羊犬赔礼道歉,否则就让牧羊犬去咬小狗,陈某不同意,二人争吵继而揪打起来。钱某依仗自己人高个大,强行按住陈某的头给牧羊犬跪下,后在他人的劝解下才放开陈某。陈某羞愧难当,感觉自己受到极大侮辱,向人民法院起诉,要求钱某向自己赔礼道歉并给予精神赔偿。请分析钱某的行为。

(二)具体人格权

1.生命权:自然人维持生命延续,不容他人非法剥夺的权利。
2.身体权:自然人对其肢体、器官、其他组织完整性享有的权利。
3.健康权:自然人保持其自身及器官正常功能安全的权利,包括生理与心理健康。

上述三个权利的主体仅限于自然人,但身体权和健康权有区别。实践中,强制纹身、强制抽血、偷剪发辫、致人肢体残疾等,均属侵害身体权。

[案例3]浙江省长兴县某镇的李某驾驶一辆两轮摩托车去上班。行驶途中,撞在一根竖在路中间的电线杆上,经抢救无效死亡。酿成这场悲剧的电线杆属长兴电信局所有,多年之前就竖立在此。但最初电线杆并不在路中央。2017年11月,该镇在拓宽这条马路时,原本在路边的电线杆变成了竖在路中央。李某近亲属认为,尽管李某骑摩托车没有戴头盔,也没有驾驶执照,但是他的死亡,与马路中央的电线杆的所有人或者管理人有直接责任关系。故向法院起诉。长兴县法院认为,电线杆的所有者和管理者电信局、镇政府对此都有过错,判决其承担70%的责任,赔偿死者近亲属15.96万元;李某自己也有过错,应当承担30%的责任。请分析法院的裁判理由。

[案例4]2015年3月19日早上,河北省某县农村某小学五年一班的学生到校上课。教师刘某某在上课后,对学生进行体罚,让全班学生都站着,一直站了一节课。第二节课开始后,刘让前排的学生开始依次伸出手来,自己手持削铅笔的小刀开始在学生的手上划。第一个被划的学生叫赵某,刘是用刀背划的。对第二个学生,刘是用刀锋划,学生被划得哭了。后来有的学生迟迟不伸出手来,刘威胁:"不伸出手来就直接在脸上划。"学生只好伸出手来,让老师划。在划到最后一排时,一个男生被吓得大小便失禁,晕了过去。全班41名学生的手全被该老师用刀划过,有的没被划破,有的被划破出血。请分析刘

某某的行为。

[案例5] 两人比武,甲用剑尖将乙的左耳削下来。问:以民法论,甲侵犯了乙什么权利?

两人比武,甲猛击乙的左耳,致使乙的左耳失聪。问:以民法论,甲侵犯了乙什么权利?

4.姓名权、名称权

(1)姓名权的主体限于自然人;名称权的主体:法人、个体工商户、个人合伙。

(2)内容:①姓名(名称)决定权;②姓名(名称)使用权;③姓名(名称)变更权。

(3)侵权形态:干涉、盗用、假冒、恶意重名。

(4)侵权责任形式:①停止侵害;②恢复名誉;③消除影响;④赔礼道歉;⑤赔偿损失;⑥精神损害抚慰金(《最高人民法院关于确定民事侵权精神损害赔偿责任若干问题的解释》第1条),但名称权人不得主张。

[案例6] 原告甲和被告乙系同事关系,平时关系很好。2016年3月,被告乙为了同原告开个玩笑,起草了一份征婚广告,按原告的实际情况介绍了其年龄、身高、学历、工资收入、住房等情况,以原告的名义寄给了《大众文摘》。2016年4月,《大众文摘》在"非诚勿扰"专栏中登出了这则广告。广告登出不久,甲便收到了许多异性来信,要同其建立恋爱关系。而此时,原告甲已经结婚。其妻得知这一情况后,便同其发生争吵,给原告甲造成了较大的精神压力。事到此时,有人向原告反映此事由被告乙所为,被告乙也向甲说明了事情的原委,并反复强调,只是想同原告开个玩笑,没想到造成这样的结果。原告甲坚持要被告乙消除影响和赔偿精神损失,被告乙认为只是开玩笑,谈不上赔偿损失的问题。原告遂于2016年6月向法院起诉。请分析此案。

5.肖像权

(1)主体仅限于自然人。

(2)内容:①形象再现权;②肖像使用权。

(3)侵权行为的构成要件:①主观上以营利为目的;②未经权利人同意;③客观上确有使用行为(如做广告、商标、装饰橱窗等)。

[案例7] 某影楼与甲约定:"影楼为甲免费拍写真集,甲允许影楼使用其中一张照片作为影楼的橱窗广告。"后甲发现自己的照片出现在某整形医院的网站首页上。经查,整形医院是从该影楼花900元买到该照片的。下列说法

哪些是正确的？（　　）

A.某影楼侵害了甲的肖像权

B.某影楼享有甲写真照片的版权

C.某影楼的行为构成了违约

D.整形医院的行为侵害了甲的隐私权

6.名誉权

7.隐私权

	名誉权	隐私权
主体	自然人、法人（指向特定人）	自然人
客体	社会评价	私人评价和私生活安宁
侵权形态	侮辱、诽谤（捏造、散布虚假事实造成他人社会评价降低）	未经权利人同意、公开披露或侵扰（权利人不为人所知，也不愿为他人所知的私人信息和私生活安宁）
侵权后果	社会评价降低	让公众知晓
责任形式	消除影响、恢复名誉	一经披露，无法恢复
精神损害赔偿	自然人可主张，法人不能主张	可主张

(1)名誉权

名誉是社会对一个民事主体（公民、法人）的信用、声望、品德与才干等方面的评价。社会中每一个人对他人评价极具有主观性，差异可能很大，但众人评价之汇集，即所谓社会评价，则具有较强的客观性。

[案例8]某广告公司趁金某出差时，在金某房屋的院墙上刷写了一条妇女卫生巾广告。金某1个月后回来，受到他人耻笑，遂向广告公司交涉。问：该案应如何处理？

[**提示**：名誉权侵权构成要件：①主观上有贬低他人人格的故意；②客观上实施了贬损他人人格的行为；③上述行为为社会不特定的第三人所知晓；④侵权对象指向了特定的个人或者群体。]

[案例9]某市税务局一名前局长，两名前副局长和一名干部因贪污终审被判有罪。甲在当地晚报上发表了一篇报道，题为"市税务局成了贪污局"，内容为上述四人已被法院查明的主要犯罪事实。该税务局、一名未涉案的副局长、被判缓刑的前局长均以自己名誉权被侵害为由起诉甲，要求赔偿精神损

害。下列哪种说法是正确的?(　　)

A. 三原告的诉讼主张均能够成立

B. 税务局的诉讼主张成立,副局长及前局长的诉讼主张不能成立

C. 税务局及副局长的诉讼主张成立,前局长的诉讼主张不能成立

D. 三原告的诉讼主张均不能成立

[案例10] 大学生甲追求乙,遭乙拒绝,便怀恨在心。编造乙当坐台小姐并外出卖淫的谣言,并将其发布在贴吧上。小报编辑丙看到该文章后,便以"某大学生坐台卖淫"为题,刊登此文。此文刊登后,已在学校名誉扫地,身心遭到摧残,便将甲、丙、贴吧和小报报社告上法庭,对此下列表述正确的有:(　　)

A. 甲、丙、贴吧和报社均为侵权人

B. 贴吧以乙未曾想起指出侵权事实而主张侵权抗辩,能够成立

C. 上述侵权人,应承担连带责任

D. 乙的精神损害赔偿请求应予支持

[提示:名誉权的主体包括全体民事主体,名誉权的客体是名誉,名誉权本身不具有财产性,但与财产利益有关。名誉权的侵害包括侮辱行为和诽谤行为。但下列行为不构成侵害名誉权:散步内容真实的行为;受害人同意的行为;正当行使权利的行为。侵害名誉权情节严重的,可请求精神损害赔偿,但侵害组织名誉权请求精神损害赔偿的,不予支持。]

(2)隐私权

隐私是一个自然人拥有的与社会公共生活无关的个人生活信息,如个人数据和个人生活资料如身高、体重、年龄、三围、收入、饮食喜好与性关系史等。2009年《侵权责任法》第2条正式确立了隐私权的概念,这意味着隐私权已被我国法律所承认。

侵害名誉权与侵害隐私权存在极大区别:前者需要捏造事实进行侮辱诽谤,后者只需未经权利人同意公开披露就行了。通俗地说:侵害隐私权不但不需要捏造事实,恰恰要求披露的是真实的事实。

[案例11] 女青年牛某因在一档电视相亲节目中言辞犀利而受到观众关注,一时应者如云。有网民对其发动"人肉搜索",在相关网站首次披露牛某的曾用名、儿时相片、家庭背景、恋爱史等信息,并有人在网站上捏造牛某曾与某明星有染的情节。问:网民的行为侵害了牛某的什么权利?

8.荣誉权

荣誉权是特定人从特定组织获得的一种专门化和确定化的积极评价。

[案例12] 原告甲与被告乙同在纺织厂工作,乙任该厂厂长,甲系该厂的老工人。甲因工作成绩突出,被评为厂先进工作者;2017年3月,又被评为某市先进工作者,并发了荣誉证书。2017年6月,为执行某项生产技术措施,乙与一些车间工人发生了分歧,甲代表职工向乙反映了不同意见。乙认为甲故意与自己过不去,两人发生了争吵。随后,乙召集甲所在车间全体干部职工大会,宣布取消甲市级先进工作者称号,并要求甲交出荣誉证书。此项决定未获厂办工会议通过,但乙仍固执己见。甲向法院起诉。

问:乙是否侵犯了甲的权利?

9.个人信息的保护

为了加强个人信息的保护,《民法总则》确立了个人信息的法律保护。《民法总则》第111条规定:"自然人的个人信息受法律保护。任何组织和个人需要获取他人个人信息的,应当依法取得并确保信息安全,不得非法收集、使用、加工、传输他人个人信息,不得非法买卖、提供或者公开他人个人信息。"

举例:张某因出售公民个人信息被判刑,孙某的姓名、身份证号码、家庭住址等信息也在其中,买方是某公司,张某侵害了孙某对其个人信息享有的民事权益。

 **真题链接**

1.欣欣美容医院在为青年女演员欢欢实施隆鼻手术的过程中,因未严格消毒导致欢欢面部感染,经治愈后面部仍留下较大疤痕。欢欢因此诉诸法院,要求欣欣医院赔偿医疗费并主张精神损害赔偿。该案受理后不久,欢欢因心脏病急性发作猝死。网络名人洋洋在其博客上杜撰欢欢吸毒过量致死。下列哪一种表述是错误的?(2014年)

A.欣欣医院构成违约行为和侵权行为

B.欢欢的继承人可继承欣欣医院对欢欢支付的精神损害赔偿金

C.洋洋的行为侵犯了欢欢的名誉权

D.欢欢的母亲可以欢欢的名义对洋洋提起侵权之诉

答案:D

【考点】违约行为与侵权行为的竞合、精神损害抚慰金的请求权

【解析】选项A说法正确。在本题中,欢欢与欣欣美容院之间存在服务合同关系,合同内容是实施隆鼻手术。美容院在实施隆鼻手术的过程中因自身过错导致欢欢面部感染并留下疤痕,侵犯了欢欢的人身权,同时也构成了之前美容合同的违约。因此,欣欣医院的行为既构成违约,也构成侵权。选项B说法正确。《最高人民法院关于审理人身损害赔偿案件适用法律若干问题的解释》第18条第2款规定,精神损害抚慰金的请求权,不得让与或者继承。但赔偿义务人已经以书面方式承诺给予金钱赔偿,或者赔偿权利人已经向人民法院起诉的除外。在本题中,欢欢因美容院侵权诉诸法院,要求赔偿医疗费并主张精神损害赔偿后死亡,符合精神损害赔偿金可以继承的条件。因此,欢欢的继承人可以继承美容院对欢欢支付的精神损害赔偿金。选项C说法正确,选项D说法错误。《最高人民法院关于确定民事侵权精神损害赔偿责任若干问题的解释》第3条第(1)项规定,以侮辱、诽谤、贬损、丑化或者违反社会公共利益、社会公德的其他方式,侵害死者姓名、肖像、名誉、荣誉,其近亲属因此遭受精神痛苦,向人民法院起诉请求赔偿精神损害的,人民法院应当依法予以受理。在本题中,洋洋杜撰欢欢吸毒过量致死导致欢欢名誉权受损,其近亲属因此遭受精神痛苦的,应当以自己的名义对此提起侵权之诉。

2.下列哪一情形构成对生命权的侵犯?(2016/03/22)

A.甲女视其长发如生命,被情敌乙尽数剪去

B.丙应丁要求,协助丁完成自杀行为

C.戊为报复欲置己于死地,结果将己打成重伤

D.庚医师因误诊致辛出生即残疾,辛认为庚应对自己的错误出生负责

答案:B

【考点】生命权

【解析】生命权以性命维持和生命安全为内容。生命权被侵犯必然伴随死亡后果之发生。故A项、C项和D项错误。B项中,丙协助丁自杀,发生死亡之结果,构成侵犯生命权。故B项正确。

3.张某因出售公民个人信息被判刑,孙某的姓名、身份证号码、家庭住址等信息也在其中,买方是某公司。下列哪一选项是正确的?(2017/03/20)

A.张某侵害了孙某的身份权

B.张某侵害了孙某的名誉权

C.张某侵害了孙某对其个人信息享有的民事权益
D.某公司无须对孙某承担民事责任

答案：C

【考点】个人信息权

【解析】自然人的个人信息受法律保护。任何组织和个人需要获取他人个人信息的，应当依法取得并确保信息安全，不得非法收集、使用、加工、传输他人个人信息，不得非法买卖、提供或者公开他人个人信息。张某非法出售公民孙某的个人信息，构成侵犯他人个人信息权，并未涉及孙某的身份权和名誉权，故A项错误，B项错误，C项正确。某公司非法购买孙某个人信息，构成侵犯他人个人信息权，应当承担侵权责任，故D项错误。

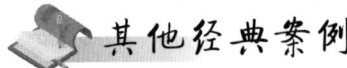

其他经典案例

1.范冰冰诉黔讯网和影评人毕成功侵害名誉权案

2012年6月11日，范冰冰工作室对外发了一封律师声明，指出黔讯网和影评人毕成功近期发布的有关范冰冰抹黑章子怡的文章及映射性言论系污蔑，故将二者告上法庭。这是范冰冰在过去8年里第7次通过法律手段维权。此事一出也再度引发各方关注，不少网友赞"范爷威武"，但也有人认为，已跻身国际舞台的范冰冰对于各种流言其实不必在乎。不过，昨日范冰冰工作室对外强调：范冰冰态度很坚决，誓与污蔑诽谤斗争到底，绝不容忍。

对此，范冰冰在起诉书中强调，黔讯网和毕成功捏造事实、虚构情节、极尽侮辱诽谤、造谣中伤，广泛传播无任何事实根据的诽谤性言论导致其社会评价降低、名誉权受到严重侵害。且黔讯网和毕成功还对其他媒体的转载评述采取放任态度，侵权的主观恶意十分明显，致使她遭到来自不明真相的广大群众的猛烈抨击，承受了巨大的精神痛苦。因此，范冰冰提起诉讼，要求对方停止侵权，赔礼道歉，为其恢复名誉，并分别索赔50万元。

2.董璇、柳岩、潘霜霜等诉成都医院案

2012年8月20日，董璇、柳岩、潘霜霜等6位明星将成都市两家医院告上法庭，称医院未经本人同意，擅自将其肖像照片用做广告宣传，侵害了其肖像权和名誉权。武侯区法院正式受理了起诉成都市两家医院关于肖像权与名誉权的纠纷。演员董璇、熊乃瑾等3位艺人起诉成都某妇科医院有限责任公司。主持人柳岩，演员熊乃瑾等3人起诉成都某医学美容医院有限公司。6

位艺人称,其照片均在两家公司的下辖网站网页中,被用作女性整形手术的商业宣传,周期为1年至3年不等。作为公众人物,医院方未经自己允许,擅自将自己的照片做"瘦脸"广告及妇科病治疗的广告宣传,损害了其在观众心中的形象并受到误解,医院的行为也侵犯了自己的肖像权。为此6位明星诉请法院,判处两家医院在报纸上赔礼道歉,并支付经济损失及精神损失费10.5万至18万元。

3.黄奕诉霍思燕案

2012年3月31日,黄奕向静安区法院提交诉状,状告霍思燕名誉侵权,静安区法院随后立案,但霍思燕方对此提出管辖异议的申请。5月8日,该案终于在上海静安区法院开审,在霍思燕方面的要求下,法院采取不公开审理的方式,而且两位女星也都没有到场。据了解庭审持续了一个半小时,黄奕方面提出了霍思燕删除微博、道歉等要求。在庭审结束后,双方律师也并未接受现场记者的采访。

4.费玉清被代言官司

2012年11月,费玉清"被代言"的官司终于尘埃落定,日前,费玉清将拿到的赔偿全部捐给了贫困学子。此前曾有商家擅自利用费玉清的图片在一些网站上宣传具有清咽护嗓功效的保健食品,被费玉清告上法庭,对方被判在媒体上公开向费玉清赔礼道歉并赔偿损失共计50万元人民币。从一开始,费玉清就申明打官司的初衷并非为了获得赔偿,而是维护自己的肖像权并劝导消费者正常就医。从维权开始,他就决定将所有赔偿所得捐给慈善事业。日前拿到赔偿金后,费玉清立刻全数捐献,赞助了50名湖南衡阳生活困难的资优学生,承担他们高中三年的所有学杂费。

5.京城首例性骚扰案

雷蔓于2001年从北京工业大学计算机专业毕业,当年7月进入方正奥德商业影像事业部。至她10月提出辞职,这短短3个月内,部门经理焦先生至少6次对她性骚扰,甚至在同事们一起唱歌时公开触碰她的隐私部位。辞职后,焦先生利用其在业内的影响力干扰她在计算机行业的再就业。

2003年6月3日,北京首例涉及性骚扰案在海淀区法院开审。25岁的雷蔓在父母的支持下勇敢地走上法庭。被告焦先生向海淀法院提出申请,以此案涉及个人隐私为名,要求不公开审理,法院接受了申请。焦先生并未出庭,他的代理律师认为所谓的性骚扰和干扰其就业系捏造,雷蔓所出具的证据也缺乏说服力。据了解,焦先生已决定反诉雷蔓无中生有、散布谣言、侵害其名誉权。

专题五

侵权责任法

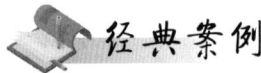

【案情】曲乐恒诉张玉宁车祸赔偿案

2000年4月26日晚8时20分左右,张玉宁、曲乐恒和王刚三人开车外出。当时张玉宁驾车,曲乐恒坐在副驾驶的位置上,王刚坐在后面。当车行驶到沈阳市郊汪滨乡一带时,为了躲避对面开来的车,撞到了路边的树上。张玉宁、王刚均受了轻伤,而曲乐恒由于没有系安全带伤势较重。而最终的结果是曲乐恒因为瘫痪从此告别了足球。三年后的10月25日,曲乐恒一纸诉状将这个"昔日好友"推上了法庭,要求张玉宁赔偿574万元。

让人没想到的是,这个官司第一次开庭就没有结果,双方同意庭外调解。不过,围绕赔偿574万元还是70万元,官司适用《民法通则》还是《道路交通事故处理办法》还是引起了很大的争议。审判长韩宝良最后宣布,如何宣判、何时宣判将再行通知。2004年3月8日上午,曲乐恒诉张玉宁车祸赔偿案再次开庭,最终沈阳市东陵区人民法院对此案作出裁决:张玉宁赔偿曲乐恒合计2635566.64元。金额分类如下:护理费3.2万、住宿费10多万元、药费36.6万、交通费1.1万、伙食费1.4万、生活费13.5万、伤残人用品费53万、误工费56万、精神损失费70多万。

点评:这起运动员天价索赔案在当年不仅引起法律界的关注,而且在体育界也引起了很大的反响,运动员到底有多少价值,其赔偿标准如何定性?运动员受伤后如何保障其未来的生活等问题在当时引起了很大的争鸣。在本案中,张玉宁毫无疑问存在重大过错,而曲乐恒的身体权因张玉宁的侵权行为而受到了伤害,张玉宁应当对曲乐恒的伤残承担赔偿责任。

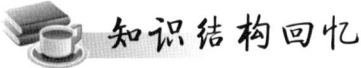
知识结构回忆

一、侵权责任的归责原则
二、一般侵权行为的构成要件
三、侵权责任的责任方式和免责事由
四、共同侵权和分别侵权
五、具体侵权行为

一、侵权责任的归责原则

(一)过错责任原则

1.过错责任原则是指以行为人主观上有过错为承担民事责任的必要条件的归责原则。该原则是我国侵权责任法中的一般归责原则。《侵权责任法》第6条第1款规定:"行为人因过错侵害他人民事权益,应当承担侵权责任。"

以过错归责侵权案件,由受害人举证证明以下四个构成要件:(1)加害人实施了侵权行为(作为或不作为);(2)自己遭受了可救济的损害;(3)行为与损害具有因果关系;(4)加害人具有故意或者过失。

[提示]:(1)在过错责任下,受害人有义务举出相应的证据表明加害人主观上有过错,以保障其主张得到支持。(2)加害人过错的程度在一定程度上也会对其赔偿责任的范围产生影响。(3)适用过错责任原则时,如果第三人对损害的发生也有过错,即构成共同过错,应由共同加害人按过错大小分担民事责任,且相互承担连带责任。(4)如果受害人对于损害的发生也有过错,则构成混合过错,依法可以减轻加害人的民事责任。当然,如果加害人具有故意或者重大过失造成他人人身损害的,受害人只有一般过错,不减轻加害人的赔偿责任。]

[案例1]朱某买了一台打稻机,为了避免邻人借用,将主轴上的固定键卸下,逢人来借用时就称机器坏了。一日,朱某的好友林某来借,碍于情面,朱某只好借给他,但忘了将固定键装上,林某在使用时,滚筒飞出,将林某及其儿子打伤。

问:对于林某父子所受到的损害,朱某是否应当承担民事责任?

2.过错推定责任,是过错责任的特殊形式,是指一旦行为人的行为致人损害就推定其主观上有过错,除非其能证明自己没有过错,否则应承担民事责任。《侵权责任法》第6条第2款规定:"根据法律规定推定行为人有过错,行为人不能证明自己没有过错的,应当承担侵权责任。"

〔提示:(1)过错推定责任仍以过错作为承担责任的基础,因而它不是一项独立的归责原则,只是过错责任原则的一种特殊形式。(2)在过错推定责任的情况下,对过错问题的认定则实行举证责任倒置原则。受害人只需证明加害人实施了加害行为,造成了损害结果,加害行为与损害后果间存在因果关系,无须对加害人的主观过错情况进行证明,就可推定加害人主观上有过错,应承担相应的责任。加害人为了免除其责任,应由自己证明主观上无过错。(3)依据《侵权法》第6条第2款的规定,过错推定责任不能任意运用,只有在法律明文规定的情况下才可适用。〕

依照《侵权责任法》的规定,下列四种侵权案件适用过错推定原则:

(1)教育机构对无民事行为能力人的责任承担

无民事行为能力人在幼儿园、学校或者其他教育机构学习、生活期间受到人身损害的,幼儿园、学校或者其他教育机构应当承担责任,但能够证明尽到教育、管理职责的,不承担责任。(《侵权责任法》第38条)

(2)医疗机构因病例而产生纠纷的责任承担

患者因下列情形之一遭受损害的,推定医疗机构具有过错:①违反法律、行政法规、规章以及其他有关诊疗规范的规定;②隐匿或者拒绝提供与纠纷有关的病例资料;③伪造、篡改或者销毁病历资料。(《侵权责任法》第58条)

(3)动物园的动物致人损害的责任承担

动物园饲养的动物致人损害的,动物园应当承担侵权责任,但能够证明尽到管理职责的,不承担责任。(《侵权责任法》第81条)

(4)物件致人损害责任中除不动产倒塌和高空抛物外的全部。

除了《侵权责任法》第86条"不动产倒塌"以及第87条的"高空抛物"外,其他均采用过错推定原则。

①建筑物、构筑物或者其他设施及其搁置物、悬挂物脱落、坠落致人损害的,推定其所有人、管理人或者使用人具有过错。(《侵权责任法》第85条)

②堆放物倒塌致人损害的,推定堆放人具有过错。(《侵权责任法》第88条)

③木折断致人损害的,推定林木的所有人或管理人具有过错。(《侵权责

任法》第90条）

④地面施工致人损害的，推定施工人具有过错。（《侵权责任法》第91条）

[案例2]甲将房屋租给乙使用，在租用期间，乙在阳台的廊檐上摆放数只花盆。某天，一只流浪猫将一个花盆扒下楼去，砸伤小孩丙。丙花去医疗费1000元。问：对该费用谁承担？

（二）无过错责任原则

无过错责任原则，是指根据法律明文规定，不论加害人是否具有过错，均须为其加害行为承担侵权责任的归责原则。《侵权责任法》第7条规定："行为人损害他人民事权益，不论行为人有无过错，法律规定应当承担侵权责任的，依照其规定。"

无过错责任原则作为一种独立的归责原则在侵权行为法中得到运用，是为了实现社会公平和正义，以便更有效地保护受害人的利益。

[提示：(1)无过错责任原则的适用必须有法律的明确规定，不能随意扩大适用。(2)适用无过错责任，受害人不需证明加害人的过错，加害人亦不能通过证明自己无过错而免责，但原告应当证明损害事实及其因果关系。(3)在出现某些法定免责事由时，有关当事人也可全部或部分免除其民事责任。例：完全由于不可抗拒的自然灾害，并经及时采取合理措施，仍然不能避免造成环境污染损害，当事人可免予承担责任。(4)基于特定行业的风险性和保护该行业发展的需要，法律会对适用无过错责任原则的侵权责任规定赔偿限额。《侵权责任法》第77条规定，承担高度危险责任，法律规定赔偿限额的，依照其规定。]

依据《侵权责任法》的规定，无过错责任原则主要适用于：

(1)无民事行为能力人、限制民事行为能力人致人损害的，监护人承担无过错责任。（《侵权责任法》第32条）

(2)用人单位的工作人员因执行工作任务致人损害的，用人单位承担无过错责任。（《侵权责任法》第34条）

(3)提供个人劳务一方因劳务致人损害的，接受劳务一方承担无过错责任。（《侵权责任法》第35条）

(4)因产品缺陷造成他人损害的，生产者和销售者承担的不真正连带责任，为无过错责任。销售者有过错的，承担最终责任；销售者无过错的，生产者承担最终责任。（《侵权责任法》第41条至第43条）

(5)机动车与行人、非机动车驾驶人之间发生道路交通事故的,机动车一方承担无过错责任。(《侵权责任法》第 48 条、《道路交通安全法》第 76 条)

(6)因环境污染致人损害的,污染者承担无过错责任。(《侵权责任法》第 65 条至第 68 条)

(7)在高度危险责任中,从事高度危险作业者,高度危险物品的经营者、占有人承担无过错责任。(《侵权行为法》第 69 条至第 77 条)

(8)饲养的动物致人损害的,动物饲养人或者管理人承担无过错责任。(《侵权责任法》第 78 条至第 80 条、第 82 条至第 84 条)

(9)建筑物倒塌致人损害的,建设单位与施工单位承担无过错责任。(《侵权责任法》第 86 条)

(10)因医疗产品致患者损害的,医疗机构与产品提供者承担的不真正连带责任,为无过错责任。(《侵权责任法》第 59 条)

(11)在道路上倾倒、堆放、遗撒妨碍通行物的,行为人承担无过错责任。(《侵权责任法》第 89 条)

(三)关于公平责任

《侵权责任法》通过以后,民法理论上普遍不再将公平责任当作一种归责原则,而是在特定情况下的法定补偿义务。公平责任不再具有非难性与谴责性,其目的在于实现风险与损害的公平合理分配。

公平责任,是指损害双方当事人对损害结果的发生都没有过错,但如果受害人的损失得不到补偿又显失公平的情况下,由法院根据具体情况和公平的观念,要求当事人分担损害后果。《侵权责任法》第 24 条规定:"受害人和行为人对损害的发生都没有过错的,可以根据实际情况,由双方分担损失。"

[提示:(1)如果可以适用过错责任、推定过错责任或法定无过错责任,就不能适用公平责任。(2)当事人如何分担责任,由法官根据个案的具体情况,包括损害事实与各方当事人的经济能力进行综合衡量,力求公平。]

依据《侵权责任法》可能适用公平责任的情形主要有:

(1)因见义勇为遭受损害的公平责任:受益人的适当补偿

《民法总则》第 183 条:"因保护他人民事权益使自己受到损害的,由侵权人承担民事责任,受益人可以给予适当补偿。没有侵权人、侵权人逃逸或者无力承担民事责任,受害人请求补偿的,受益人应当给予适当补偿。"

《侵权责任法》第 23 条:"因防止、制止他人民事权益被侵害而使自己受到损害的,由侵权人承担责任。侵权人逃逸或者无力承担责任,被侵权人请求补偿的,受益人应当给予适当补偿。"

(2)完全民事行为能力人于无意识状态或失去控制致人损害

《侵权责任法》第 33 条:"完全民事行为能力人对自己的行为暂时没有意识或者失去控制造成他人损害有过错的,应当承担侵权责任;没有过错的,根据行为人的经济状况对受害人适当补偿。完全民事行为能力人因醉酒、滥用麻醉药品或者精神药品对自己的行为暂时没有意识或者失去控制造成他人损害的,应当承担侵权责任。"

无意识状态或失去控制造成他人损害没有过错的,主要包括下列情形:①因突发中风、心脏病、癫痫病等失去知觉;②梦游中致人损害的;③身体被强制,没有行动自由的。

(3)高空抛物致人损害的

《侵权责任法》第 87 条:"从建筑物中抛掷物品或者从建筑物上坠落的物品造成他人损害,难以确定具体侵权人的,除能够证明自己不是侵权人的外,由可能加害的建筑物使用人给予补偿。"

(4)自然原因引起的紧急避险

《侵权责任法》第 31 条:"因紧急避险造成损害的,如果危险是由自然原因引起的,紧急避险人不承担责任或者给予适当补偿。"

[案例3]王某一家三口到好日子餐厅,由于王某一家所坐餐桌紧挨着的包厢发生爆炸,导致王某一家一死一重伤。经查,爆炸系因包厢中的客人李某自带的一瓶五粮液酒所致,该酒系他人(已无从查找)送给李某的礼物,原来是炸弹。

问:好日子餐厅是否对王某的损害承担责任?

[案例4]甲是一个夜游症患者,其与乙在某市合伙卖西瓜,并共同居住在丙的一间出租屋中。某晚,甲发病,将乙的脑袋当作西瓜,当摸到乙的耳朵时以为是西瓜上粘有泥土,便拿出西瓜刀试图刮去该泥土。乙在梦中因疼痛惊醒,甲因摸到血迹也惊醒。乙为此花去医药费用 2000 元,问:对该费用应如何承担?

二、一般侵权行为的构成要件

一般侵权行为的构成要件为:1.主观过错;2.违法行为;3.损害事实;4.因果关系。

三、侵权责任的责任方式和免责事由

(一)责任方式(《侵权责任法》第15条)

责任方式如下:1.停止侵害;2.排除妨碍;3.消除危险;4.返还财产;5.恢复原状;6.赔偿损失;7.赔礼道歉;8.消除影响、恢复名誉。

(二)免责事由

侵权责任的免责事由,是指减轻或者免除加害人侵权责任的理由。

《侵权责任法》规定的一般免责事由包括:(1)受害人也有过错(第26条);(2)受害人故意(第27条);(3)第三人原因(第28条);(4)不可抗力(第29条);(5)正当防卫(第30条);(6)紧急避险(第31条)。

[提示:①《侵权责任法》总则规定的一般免责事由,原则上适用于所有的侵权行为。②《侵权责任法》分则对免责事由的规定与总则不一致的,适用分则规定。③强调高度危险责任的免责事由。例如:《侵权责任法》第71条规定,民用航空器造成他人损害的,不可抗力、战争等情形不是免责事由。《侵权责任法》第72条规定因高度危险物致人损害的,仅在受害人具有重大过失时,才可以减轻占有人或者使用人的责任。但是《侵权责任法》第73条规定,从事高空、高压、地下挖掘等高度危险作业致人损害的,受害人对损害有过失的,可以减轻经营者的责任。]

[案例5]2017年5月12日,某市遭遇暴雨。杨某骑电动自行车途经某路段时,被汹涌而出的河水卷入路旁的水塘。次日,已溺水死亡的杨某在距事发地段两公里的沿山河中被发现。经查,事发地点西侧地势较高,西北方约100米处是一南北走向的河道,该河道西侧是三泉公司厂区,其用围墙将河道围入厂区,只有一直径约500毫米的涵管作为出水口。事发当日,因天降暴雨导致暴涨的河水冲开河道南端的围墙后,越过地面倾泻到道路上,致骑车经过的杨某溺水死亡。

问:三泉公司能否以不可抗力主张免责?

[案例6]向辉是汇川中学高二(6)班学生。2015年11月8日下午,向辉在参加学校组织的政治期中考试时,因夹带纸条被监考老师以作弊处理,随后监考老师将纸条交校政教处。次日上午,汇川中学政教处依照学校关于考试纪律的规定,给予向辉记过处分,并张榜公布。同日下午向辉回到家后未到校

参加其他科目考试。向辉的母亲于当日下午5点30分到家,发现房门被反锁,撬门进去时发现向辉在家中割腕自杀身亡。

问:汇川中学是否应对向辉自杀身亡的后果承担赔偿责任?

[案例7]原告夏同学与被告王同学是某中学同学,某日在校,利用午休时间与其他数名同学在学校操场上踢足球。原告作为守门员,被告射门,足球经过原告的手挡之后,打在原告右眼,造成伤害。医院诊断为,右外伤性视网膜脱落,经行右网膜复位术,网膜复位,黄斑区前膜增殖,鉴定为十级伤残。

问:原告可否要求射门球员王同学承担人身赔偿损害责任?

四、共同侵权和分别侵权

(一)共同侵权

共同侵权指数人基于主观关联共同(共同故意或者共同过失)造成他人损害,依法应当承担连带责任的侵权形态。共同侵权包括三种:

1.共同加害行为

《侵权责任法》第8条规定:"二人以上共同实施侵权行为,造成他人损害的,应当承担连带责任。"这里的"共同"仅包括共同故意与共同过失,不包括(无共同故意或共同过失的加害行为)直接结合的共同侵权。

(1)共同故意侵权又称"共谋",指加害人不仅对自己的加害行为持故意的态度,而且与其他加害人具有意思联络,事前或者事中进行过"沟通"。共同故意,重在强调与他人共谋。

举例:甲、乙夫妇9岁的儿子脑瘫,生活完全不能自理而非常痛苦。一天,甲往儿子要喝的果汁里放入"农药"时被乙看到,乙说:"这是毒药吧,你给他喝呀?"见甲不说话,乙叹了一口气后就走开了。毒死儿子后,甲、乙二人一起掩埋了尸体并对外人说儿子因病而死。

分析:①甲、乙以默示的方式达成杀人的共同故意。②甲以作为的方式,乙以不作为的方式,基于共同故意实施了杀人,在刑法上构成共同杀人罪,在民法上构成共同故意侵权。

(2)共同过失侵权指二人以上基于共同的行为,因共同违反共同注意义务导致同一损害。

举例:个体户甲、乙共抬重物从1楼楼梯登上6楼,登楼过程中预见重物有坠落伤人之虞,但彼此商量,均有不至坠落之自信。结果继续抬行不久,重物坠落伤及随后的路人丙。

分析：甲、乙对丙的伤害具有共同过失，构成共同侵权。

举例：甲、乙相约于某日凌晨二时在北京二环路进行飙车比赛，试看谁能打破"二环十三郎"的纪录。甲、乙在比赛时你追我赶，争先恐后，汽车风驰电掣，时速高达每小时300公里。前方出现一出租车时，甲驾车成功闪避，乙因措施不当驾车撞上出租车，导致出租车车毁人伤。

分析：①甲、乙对损害有共同过失，构成共同侵权。②甲的行为与损害间虽无物理上的因果关系，但有法律上因果关系。

2.教唆、帮助的共同侵权（共同故意）

《侵权责任法》第9条规定："教唆、帮助他人实施侵权行为的，应当与行为人承担连带责任。教唆、帮助无民事行为能力人、限制民事行为能力人实施侵权行为的，应当承担侵权责任；该无民事行为能力人、限制民事行为能力人的监护人未尽到监护责任的，应当承担相应的责任。"

(1)教唆、帮助完全民事行为能力人侵权的，构成共同侵权，教唆人、帮助人与被教唆人、被帮助人承担连带责任。

(2)教唆、帮助无民事行为能力人、限制民事行为能力人侵权，监护人无过错（尽到监护责任）的，不构成共同侵权，由教唆、帮助人单独承担责任。

(3)教唆、帮助无民事行为能力人、限制民事行为能力人侵权，监护人有过错的，构成共同侵权，教唆、帮助人承担连带责任，监护人承担与其过错相应的责任。

注意：受害人可以请求教唆、帮助人承担连带责任，却不能要求有过错的监护人承担连带责任，监护人只承担与其过错相应的责任（单向连带责任）。

[案例8] 甲(20岁)对乙(12岁)说："你用石头砸丙养的狗，看它有何反应！"意见自己的父亲闻言未置可否，就捡起石头砸狗，狗挣脱铁链将丁咬伤，花去医药费3万元。对此，下列表述正确的有哪些？（　　）

A.丁有权请求甲赔偿3万元

B.丁有权请求乙的监护人赔偿3万元

C.丁有权请求丙赔偿3万元

D.丁有权请求乙的监护人赔偿与其过错相应的数额

3.共同危险行为（主观上共同过失，且加害人不明）

《侵权责任法》第10条规定："二人以上实施危及他人人身、财产安全的行为，其中一人或者数人的行为造成他人损害，能够确定具体侵权人的，由侵权人承担责任;不能确定具体侵权人的,行为人承担连带责任。"

(二)分别行为结合侵权

分别侵权是指两人以上分别实施加害行为,主观上无共同故意或共同过失,造成同一损害,应作为一个案件处理的侵权形态。《侵权责任法》规定了两种情形:

1.因累积因果关系承担连带责任

《侵权责任法》第11条规定:"二人以上分别实施侵权行为造成同一损害,每个人的侵权行为都足以造成全部损害的,行为人承担连带责任。"例:甲驾车闯红灯,与此同时,对面的乙也驾车闯红灯,结果甲、乙两车同时撞上正在人行道行走的行人丙,致丙重伤。对丙的损害应由甲、乙承担连带责任。

构成要件:(1)两人以上分别实施加害行为,无共同故意或者共同过失,因而不构成共同侵权。(2)其加害行为结合在一起,同时造成同一个不可分割的损害后果,应作为一个案件处理。(3)在因果关系上,每个人的行为单独均足以造成损害后果。

举例:甲在丙的饮料中投毒20毫克,足以致丙死亡。乙在不知情的情况下,也在丙的同一饮料中投入相同的毒物20毫克。丙饮用后中毒死亡。甲、乙无共谋,分别在饮料中投毒,同时造成同一损害后果。此时,采用累计因果关系说,因甲、乙的行为单独均足以造成损害,故甲、乙承担连带责任。

2.因共同因果关系承担按份责任

《侵权责任法》第12条规定:"二人以上分别实施侵权行为造成同一损害,能够确定责任大小的,各自承担相应的责任;难以确定责任大小的,平均承担赔偿责任。"

构成要件:(1)两人以上分别实施加害行为,无共同故意或共同过失,故不构成共同侵权。(2)其加害行为结合在一起,共同造成同一个不可分割的损害,应作为一个案件处理。(3)在因果关系上,每个人的行为单独不足以造成损害,只有结合在一起才能共同造成损害后果。

例1:甲在丙的饮料中投毒5毫克,单独不足以致丙死亡。乙在不知情的情况下,也在丙的同一饮料中投入相同毒物5毫克。丙饮用后中毒死亡。

分析:①甲、乙无共同过错,不构成共同侵权。②甲、乙分别实施的行为导致同一损害,应作为一个案件处理。③甲、乙的行为都不足以导致损害,结合在一起共同导致损害的发生,应当承担按份责任。

例2:甲村架设的输电线路距离地面不足3米,违反了输电法律的强制性规定。村民乙在建房过程中,将大量土石堆放在输电线下,形成了一个两米多高的土堆。6岁的丙爬上土堆玩耍时,触电身亡。

分析:甲、乙无共同过错,分别实施的行为导致同一损害,每个人的行为都不足以造成损害后果的发生,但结合在一起导致了损害结果。因此,对丙的死亡,甲乙应承担按份责任。

例3:消费者甲在洗澡时,乙厂生产的电热水器发生漏电,与此同时,与热水器相连的丙厂生产的漏电保护器也因为质量瑕疵发生故障,甲因此遭电击身亡。

分析:乙、丙产品的缺陷单独均不足以造成损害,乙、丙应根据《侵权责任法》第12条承担按份责任。

五、具体侵权行为

(一)监护人责任

《侵权责任法》第32条规定:"无民事行为能力人、限制民事行为能力人造成他人损害的,由监护人承担侵权责任。监护人尽到监护责任的,可以减轻其侵权责任。有财产的无民事行为能力人、限制民事行为能力人造成他人损害的,从本人财产中支付赔偿费用。不足部分,由监护人赔偿。"

1.归责原则及免责事由:相对无过错,免责事由是尽到监护责任。但是,应注意的是尽到监护责任只是可以而非应当免责,同时,只是适当减轻而非完全免除。

2.父母离异

《最高人民法院关于贯彻执行〈中华人民共和国民法通则〉若干问题的意见(试行)》(以下简称《民通意见》)第158条规定:"夫妻离婚后,未成年子女侵害他人权益的,同该子女共同生活的一方应当承担民事责任;如果独立承担民事责任确有困难的,可以责令未与该子女共同生活的一方共同承担民事责任。"

3.委托监护情况下,侵权责任产生后,原则上由监护人承担,如果受托人有过错的,应当与监护人一起承担连带责任。

4.侵权时不满18周岁但诉讼时满18周岁

《民通意见》第161条规定:"侵权行为发生时行为人不满十八周岁,在诉讼时已满十八周岁,并有经济能力的,应当承担民事责任;行为人没有经济能力的,应当由原监护人承担民事责任。行为人致人损害时年满十八周岁的,应当由本人承担民事责任;没有经济收入的,由抚养人垫付,垫付有困难的,也可以判决或者调解延期给付。"

(二)教育机构责任

《侵权责任法》第38条规定:"无民事行为能力人在幼儿园、学校或者其他教育机构学习、生活期间受到人身损害的,幼儿园、学校或者其他教育机构应当承担责任,但能够证明尽到教育、管理职责的,不承担责任。"

《侵权责任法》第39条规定:"限制民事行为能力人在学校或者其他教育机构学习、生活期间受到人身损害,学校或者其他教育机构未尽到教育、管理职责的,应当承担责任。"

《侵权责任法》第40条规定:"无民事行为能力人或者限制民事行为能力人在幼儿园、学校或者其他教育机构学习、生活期间,受到幼儿园、学校或者其他教育机构以外的人员人身损害的,由侵权人承担侵权责任;幼儿园、学校或者其他教育机构未尽到管理职责的,承担相应的补充责任。"

1.归责原则:过错责任。限制民事行为能力人适用一般过错,无民事行为能力人适用过错推定。

2.责任主体:学校、幼儿园或其他针对没有完全行为能力的人的教育机构。

注意:家长将孩子送往学校后,其监护职责并未转移至学校。

3.受保护的主体:无行为能力人与限制行为能力人。

4.第三人侵权,由第三人承担侵权责任。

(1)因为教育机构以外第三人造成学生人身损害的,此时,由第三人承担责任。

注意:教育机构承担与其过错相应的补充责任,而不是与第三人承担连带责任。

(2)非因教育机构以外第三人造成学生人身损害的,由教育机构承担与其过错相应责任。例如:①管理瑕疵;②教学设施瑕疵;③教育机构的老师或者工作人员造成人身损害;④其他在校学生造成人身损害。

(三)用工责任

《侵权责任法》第34条规定:"用人单位的工作人员因执行工作任务造成他人损害的,由用人单位承担侵权责任。劳务派遣期间,被派遣的工作人员因执行工作任务造成他人损害的,由接受劳务派遣的用工单位承担侵权责任;劳务派遣单位有过错的,承担相应的补充责任。"

《侵权责任法》第35条规定:"个人之间形成劳务关系,提供劳务一方因劳务造成他人损害的,由接受劳务一方承担侵权责任。提供劳务一方因劳务自己受到损害的,根据双方各自的过错承担相应的责任。"

[提示:即使工作人员或者被使用人(雇员)有重大过错,也不与雇主承担连带责任。]

1.归责原则是相对无过错,其免责事由是证明工作人员的行为为非职务行为。

2.种类

(1)单位用工。《侵权责任法》第34条第1款规定:工作人员在执行职务过程中造成他人损害的,由用人单位单独承担侵权责任,不再考虑工作人员的主观过错,工作人员不与单位承担连带责任。而且用人单位不得向工作人员追偿。

(2)劳务派遣。《侵权责任法》第34条第2款规定,实际用人单位承担无过错责任,派遣单位在其过错范围内承担补充赔偿责任。

(3)个人用工。《侵权责任法》第35条规定,在性质上,个人用工中双方之间乃劳务关系。其范围主要包括保姆、小时工等。

[案例9]甲在乙承包的水库游泳,乙的雇工丙、丁误以为甲在偷鱼苗将甲打伤。下列哪一说法正确?( )

A.乙、丙、丁承担连带责任

B.丙、丁应先赔偿甲的损失,再向乙追偿

C.只能由丙丁承担连带责任

D.只能由乙承担赔偿责任

[案例10]甲电器销售公司的安装工人李某在为消费者黄某安装空调的过程中,不慎从高处掉落安装工具,将路人王某砸成重伤。李某是乙公司的劳务派遣人员,此前曾多次发生类似小事故,甲公司曾要求乙公司另派他人,但乙公司未予换人,下列哪一选项是正确的?( )

A.对王某的赔偿责任应当由李某承担,黄某承担补充责任

B.对王某的赔偿责任应由甲公司承担,乙公司承担补充责任

C.甲公司与乙公司应对王某承担连带赔偿责任

D.对王某的赔偿责任承担应采用过错责任原则

[案例11]甲搬家公司指派员工郭某为徐某搬家,郭某担心人手不够,请同乡蒙某帮忙。在搬家途中,因郭某忘记了拴上车厢挡板,蒙某从车上坠地受伤。下列哪一种选项是正确的?（　　）

A.应由郭某承担赔偿责任

B.应由甲公司承担赔偿责任

C.应由甲公司与郭某承担连带责任

D.应由甲公司与徐某承担连带责任

(四)帮工责任

帮工责任与用工责任的最大区别在于其无偿性。

《最高人民法院关于审理人身损害赔偿案件适用法律若干问题的解释》(以下简称《人身损害赔偿解释》)第13条规定:"为他人无偿提供劳务的帮工人,在从事帮工活动中致人损害的,被帮工人应当承担赔偿责任。被帮工人明确拒绝帮工的,不承担赔偿责任。帮工人存在故意或者重大过失,赔偿权利人请求帮工人和被帮工人承担连带责任的,人民法院应予支持。"

该法第14条规定:"帮工人因帮工活动遭受人身损害的,被帮工人应当承担赔偿责任。被帮工人明确拒绝帮工的,不承担赔偿责任;但可以在受益范围内予以适当补偿。帮工人因第三人侵权遭受人身损害的,由第三人承担赔偿责任。第三人不能确定或者没有赔偿能力的,可以由被帮工人予以适当补偿。"

1.帮工致人损害责任

根据《人身损害赔偿解释》第13条的规定,帮工致害责任存在以下情况:(1)一般情况下,帮工人在从事帮工活动中致人损害的,由被帮工人承担赔偿责任。(2)被帮工人明确拒绝帮工的,不承担赔偿责任。(3)帮工人存在故意或重大过失的,赔偿权利人请求帮工人和被帮工人承担连带责任的,人民法院应予以支持。

2.帮工受害责任

依据《人身损害赔偿解释》第14条的规定,被帮工人的抗辩事由为:(1)被

帮工人明确拒绝帮工的,不承担赔偿责任;但可以在受益范围内予以适当补偿。(2)由于第三人的侵权行为致使帮工人受到损害的,被帮工人不承担责任。在此种情况下,由帮工人向侵权行为人主张侵权赔偿责任。但第三人不能确定或者没有赔偿能力的,帮工人可以要求被帮工人给予适当补偿。

这两种补偿是有区别的:前一种补偿是在被帮工人受益的范围内,因为在此种情况下,被帮工人已经明确拒绝了帮工人的帮工请求,主观上无任何过失,补偿是出于人道考虑;后一种情况不以明确拒绝为前提,补偿数额可以适当超出受益范围,当然也可以少于受益范围。

(五)定作人责任

定作人责任发生在承揽合同中,是承揽人按定作人的要求完成工作,交付工作成果,定作人给付报酬的合同。

《人身损害赔偿解释》第 10 条规定:承揽人在完成工作过程中对第三人造成损害或者造成自身损害的,定作人不承担赔偿责任。但定作人对定作、指示或者选任有过失的,应当承担相应的赔偿责任。

(六)安全保障义务人的责任

《侵权责任法》第 37 条规定:"宾馆、商场、银行、车站、娱乐场所等公共场所的管理人或者群众性活动的组织者,未尽到安全保障义务,造成他人损害的,应当承担侵权责任。因第三人的行为造成他人损害的,由第三人承担侵权责任;管理人或者组织者未尽到安全保障义务的,承担相应的补充责任。"

1.归责原则:一般过错责任。无过错,则无责任。

2.责任主体:宾馆、商场、银行、车站、娱乐场所等公共场所的管理人或者群众性活动的组织者。

3.受保护的主体:不以与义务人有交易关系为限,责任主体只要对该场所具有事实上的控制力即可。

4.责任的类型有两种:

第一,因经营者自身的原因造成他人损害,经营者所要承担的直接侵权责任。

这种责任为过错责任,其构成要件为:(1)经营者违反安全保障义务。其一,场所安全义务。经营者对服务场所及其服务设施、设备具有安全保障义务。例如:服务场所的建筑物主体结构符合安全要求,经过合格验收;服务场所配备了必要的消防设施,并处于良好的运行状态;服务场所使用的电梯符合安全要求。其二,安全防范措施义务。经营者对可能出现的危险应当采取必要的安全防范措施,配备足够的安全人员,建立健全的安全保障制度。对于不安全因素进行提示、说明、对有害安全的行为予以劝告,对于已经发生或正在发生的危险,经营者应当积极协助当事人以避免损害的发生或较少损失。综上所述,如果经营者的经营场所存在硬件方面的缺陷或者存在软件方面的缺陷,或者在发生危险时经营者没有采取积极的防范措施,则认为经营者违反了安全保障义务。(2)损害发生于经营者的危险控制范围之内。(3)对于发生损害的潜在危险,经营者能够合理地予以控制。(4)损害结果的发生没有第三者责任的介入。

[例12] 甲入住乙宾馆,房间壁挂热水器突然脱落,将甲砸伤,经查,该热水器脱落是由于丙安装公司过错所致,为此引起纠纷,对于甲的受害,下列表述正确的是:(　　)

A.乙宾馆应承担全部责任

B.丙公司应承担全部责任

C.乙宾馆和丙公司承担连带责任

D.甲对乙宾馆或丙公司享有选择权

第二,因第三人侵权导致损害结果发生的,经营者应在能够防止或者制止损害的范围内承担相应的补充赔偿责任。

其构成要件为:(1)第三人侵权是损害结果发生的直接原因。(2)经营者对第三人的侵权未尽必要的防范和合理控制义务,即经营者不作为。(3)第三人侵权与经营者未尽安全保障义务发生原因竞合,它表现为如果经营者尽到了作为义务,通常能够防止或制止损害结果的发生或者扩大。符合以上要件的,经营者应当承担补充赔偿责任。

[例13] 小偷甲在某商场窃得乙的钱包后逃跑,乙发现后急追。甲逃跑中在商场卫生间门口撞上另一顾客丙,因商场地板湿滑,丙摔成重伤。分析谁承担责任?

(七)网络服务提供者的责任

《侵权责任法》第36条规定:"网络用户、网络服务提供者利用网络侵害他人民事权益的,应当承担侵权责任。网络用户利用网络服务实施侵权行为的,被侵权人有权通知网络服务提供者采取删除、屏蔽、断开链接等必要措施。网络服务提供者接到通知后未及时采取必要措施的,对损害的扩大部分与该网络用户承担(连带责任)。网络服务提供者知道网络用户利用其网络服务侵害他人民事权益,未采取必要措施的,与该网络用户承担(连带责任)。"

归责原则:一般过错责任原则。

(八)医疗损害责任

《侵权责任法》规定了三种医疗损害责任:(1)医疗技术损害责任(《侵权责任法》第54条)。(2)违反告知义务的医疗损害责任(《侵权责任法》第55条)。(3)医疗产品致人损害的责任(《侵权责任法》第59条)。

1.医疗技术损害责任

《侵权责任法》第54条规定:"患者在诊疗活动中受到损害,医疗机构及其医务人员有过错的,由医疗机构承担赔偿责任。"

(1)归责原则:医疗损害责任属于一般过错责任,而不是过错推定。

(2)过错标准:未尽到与当时的医疗水平相应的诊疗义务。

《侵权责任法》第57条规定:"医务人员在诊疗活动中未尽到与当时的医疗水平相应的诊疗义务,造成患者损害的,医疗机构应当承担赔偿责任。"

(3)推定医疗机构过错的情形

《侵权责任法》第58条规定:"患者有损害,因下列情形之一的,推定医疗机构有过错:(一)违反法律、行政法规、规章以及其他有关诊疗规范的规定;(二)隐匿或者拒绝提供与纠纷有关的病历资料;(三)伪造、篡改或者销毁病历资料。"

(4)医疗机构不承担责任(免责)的情形

《侵权责任法》第60条规定:"患者有损害,因下列情形之一的,医疗机构不承担赔偿责任:(一)患者或者其近亲属不配合医疗机构进行符合诊疗规范的诊疗;(二)医务人员在抢救生命垂危的患者等紧急情况下已经尽到合理诊疗义务;(三)限于当时的医疗水平难以诊疗。前款第一项情形中,医疗机构及其医务人员也有过错的,应当承担相应的赔偿责任。"

(5)《侵权责任法》第59条:"因药品、消毒药剂、医疗器械的缺陷,或者输入不合格的血液造成患者损害的,患者可以向生产者或者血液提供机构请求赔偿,也可以向医疗机构请求赔偿。患者向医疗机构请求赔偿的,医疗机构赔偿后,有权向负有责任的生产者或者血液提供机构追偿。"

据此可知,以第三人的原因造成侵权的,医疗机构不能免责,二者形成不真正连带责任,承担责任后可向对方追偿。

[案例14]方某突发重病,方父将其送至医院,医院使用进口医疗器械实施手术,手术失败,方某死亡。方父认为医院在诊疗过程中存在一系列违规操作,应对方某的死亡承担赔偿责任。分析医院是否承担赔偿责任?

2.违反告知义务的医疗损害责任

《侵权责任法》第55条规定:"医务人员在诊疗活动中应当向患者说明病情和医疗措施。需要实施手术、特殊检查、特殊治疗的,医务人员应当及时向患者说明医疗风险、替代医疗方案等情况,并取得其书面同意;不宜向患者说明的,应当向患者的近亲属说明,并取得其书面同意。医务人员未尽到前款义务,造成患者损害的,医疗机构应当承担赔偿责任。"

《侵权责任法》第56条规定:"因抢救生命垂危的患者等紧急情况,不能取得患者或者其近亲属意见的,经医疗机构负责人或者授权的负责人批准,可以立即实施相应的医疗措施。"

(九)高度危险责任

《侵权责任法》第69条规定:"从事高度危险作业造成他人损害的,应当承担侵权责任。"

该法第70条规定:"民用核设施发生核事故造成他人损害的,民用核设施的经营者应当承担侵权责任,但能够证明损害是因战争等情形或者受害人故意造成的,不承担责任。"

该法第71条规定:"民用航空器造成他人损害的,民用航空器的经营者应当承担侵权责任,但能够证明损害是因受害人故意造成的,不承担责任。"

该法第72条规定:"占有或者使用易燃、易爆、剧毒、放射性等高度危险物造成他人损害的,占有人或者使用人应当承担侵权责任,但能够证明损害是因受害人故意或者不可抗力造成的,不承担责任。被侵权人对损害的发生有重大过失的,可以减轻占有人或者使用人的责任。"

该法第73条规定:"从事高空、高压、地下挖掘活动或者使用高速轨道运输工具造成他人损害的,经营者应当承担侵权责任,但能够证明损害是因受害人故意或者不可抗力造成的,不承担责任。被侵权人对损害的发生有过失的,可以减轻经营者的责任。"

该法第74条规定:"遗失、抛弃高度危险物造成他人损害的,由所有人承担侵权责任。所有人将高度危险物交由他人管理的,由管理人承担侵权责任;所有人有过错的,与管理人承担连带责任。"

该法第75条规定:"非法占有高度危险物造成他人损害的,由非法占有人承担侵权责任。所有人、管理人不能证明对防止他人非法占有尽到高度注意义务的,与非法占有人承担连带责任。"

该法第76条规定:"未经许可进入高度危险活动区域或者高度危险物存放区域受到损害,管理人已经采取安全措施并尽到警示义务的,可以减轻或者不承担责任。"

该法第77条规定:"承担高度危险责任,法律规定赔偿限额的,依照其规定。"

1.高危情形:核设施、航空器、高空、地下挖掘、高压、高速轨道运输工具、汽车、易燃、易爆、剧毒、放射性。

2.归责原则:(1)原则:相对无过错责任。(2)例外:①《侵权责任法》第74条规定,所有人将高度危险物交由他人管理的,由管理人承担侵权责任;所有人有过错的,与管理人承担连带责任。②《侵权责任法》第75条规定,非法占有高度危险物造成他人损害的,由非法占有人承担侵权责任。所有人、管理人不能证明对防止他人非法占有尽到高度注意义务的(具有过错),与非法占有人承担连带责任。

3.免责事由

(1)民用核设施发生核事故造成他人损害的,经营者承担无过错责任。免责事由有:①受害人故意;②战争。不可抗力不属于免责事由。

(2)民用航空器造成他人损害的,经营者承担无过错责任。免责事由:仅限于受害人故意。战争和不可抗力均不是免责事由。

(3)从事高空、高压、地下挖掘或使用高速轨道运输工具造成他人损害的,经营者承担无过错责任。免责事由有:①受害人故意(不承担);②不可抗力(不承担);③受害人过错(可以减轻经营者的责任)。

(4)占有或者使用易燃、易爆、剧毒、放射性等危险物质造成他人损害的,占有人或者使用人承担无过错责任。免责事由有:①受害人故意(不承担);②不可抗力(不承担);③受害人重大过失(可以减轻占有人或使用人的责任)。

[提示:所有人遗失、抛弃高度危险物致人损害,由所有人承担无过错责任。]

所有人将高度危险物交由他人管理时,①管理人遗失、抛弃高度危险物致

人损害的,由管理人承担无过错责任;②所有人有过错的,与管理人承担连带责任。(《侵权责任法》第 74 条)

非法占有高度危险物致人损害的,①非法占有人承担无过错责任;②所有人、管理人不能证明对防止他人非法占有尽到高度注意义务的,与非法占有人承担连带责任。(《侵权责任法》第 75 条)

(十)环境污染责任

《侵权责任法》第 68 条:"因第三人的过错污染环境造成损害的,被侵权人可以向污染者请求赔偿,也可以向第三人请求赔偿。污染者赔偿后,有权向第三人追偿。"

1.归责原则:无过错责任

《侵权责任法》第 65 条:"因污染环境造成损害的,污染者应当承担侵权责任。"

[提示:无论污染者有无过错,污染者应当承担侵权责任。污染者不得以排污符合国家或者地方污染物排放标准为由主张不承担责任。]

2.举证责任倒置

《侵权责任法》第 66 条:"因污染环境发生纠纷,污染者应当就法律规定的不承担责任或者减轻责任的情形及其行为与损害之间不存在因果关系承担举证责任。"

3.数人污染时的责任分担

《侵权责任法》第 67 条:"两个以上污染者污染环境,污染者承担责任的大小,根据污染物的种类、排放量等因素确定。"

4.免责事由

(1)不可抗力+及时补救。

(2)受害人自己的过错造成——部分免责。

(3)第三人的过错造成,污染者与第三人承担不真正连带责任(即被侵权人可以向污染者请求赔偿,也可以向第三人请求赔偿),第三人承担最终责任(污染者赔偿后,有权向第三人追偿)。

(十一)产品责任

《侵权责任法》第 41 条规定:"因产品存在缺陷造成他人损害的,生产者应当承担侵权责任。"

该法第42条规定:"因销售者的过错使产品存在缺陷,造成他人损害的,销售者应当承担侵权责任。销售者不能指明缺陷产品的生产者也不能指明缺陷产品的供货者的,销售者应当承担侵权责任。"

该法第43条规定:"因产品存在缺陷造成损害的,被侵权人可以向产品的生产者请求赔偿,也可以向产品的销售者请求赔偿。产品缺陷由生产者造成的,销售者赔偿后,有权向生产者追偿。因销售者的过错使产品存在缺陷的,生产者赔偿后,有权向销售者追偿。"

该法第44条规定:"因运输者、仓储者等第三人的过错使产品存在缺陷,造成他人损害的,产品的生产者、销售者赔偿后,有权向第三人追偿。"

该法第45条规定:"因产品缺陷危及他人人身、财产安全的,被侵权人有权请求生产者、销售者承担排除妨碍、消除危险等侵权责任。"

该法第46条规定:"产品投入流通后发现存在缺陷的,生产者、销售者应当及时采取警示、召回等补救措施。未及时采取补救措施或者补救措施不力造成损害的,应当承担侵权责任。"

该法第47条规定:"明知产品存在缺陷仍然生产、销售,造成他人死亡或者健康严重损害的,被侵权人有权请求相应的惩罚性赔偿。"

1.归责原则:生产者与销售者的无过错责任。

2.产品责任的责任主体:缺陷产品的生产者和销售者。

3.产品责任的适用规则:不真正连带责任。

被侵权人既可以选择生产者,也可以选择销售者主张赔偿,还可以同时起诉。

4.生产者的最终责任为无过错责任,销售者的最终责任为过错责任。

因销售者的过错使产品存在缺陷的,生产者赔偿后,有权向销售者追偿。销售者没有过错的,在赔偿后有权向生产者追偿。

5.产品警示、召回制度

产品投入流通后,发现存在缺陷的,生产者、销售者应当及时采取警示、召回等补救措施,未及时采取补救措施或者采取补救措施不力造成损害的应当承担侵权责任。

注意:警示、召回是生产者、销售者的自救制度,而非侵权责任的承担方式。

6.惩罚性赔偿

明知产品存在缺陷,仍然生产销售造成他人死亡或者健康严重损害的,被侵权人有权请求惩罚性赔偿。

注意:惩罚性赔偿要求生产者或销售者明知这一主观要件外,还要求造成他人死亡或健康严重损害的事实,如果仅造成财产损害,不适用惩罚性赔偿。

7.产品生产者的免责事由

依据《产品质量法》的规定,产品生产者的免责事由有:(1)未将产品投入流通的;(2)产品投入流通时,引起损害的缺陷尚不存在的;(3)将产品投入流通时的科学技术水平尚不能发现缺陷存在的。同时法律规定,由于受害人故意造成损害的,生产者、销售者不承担赔偿责任;由于受害人过失造成损害的,可以减轻生产者、销售者的赔偿责任。例:甲购一辆汽车后,自行对其进行改装,导致刹车系统出现问题,甲为此受到严重伤害。甲的损失应自行承担。

[案例15] 甲从乙奔驰4S店购买了一部奔驰E级轿车,在行驶过程中,发现该车刹车系统存在安全隐患,为此引起纠纷。甲如下请求应予支持的有:( )

A.如果乙明知该车刹车系统存在隐患,甲可要求惩罚性赔偿金

B.不管乙是否知道刹车系统存在隐患,甲可要求惩罚性赔偿金

C.不管甲是否受到严重健康损害,甲可要求惩罚性赔偿金

D.甲未受到严重健康损害,甲不可要求惩罚性赔偿金

[案例16] 王刚将其驾驶的涉案车辆送至某汽车维修站进行水箱维修。因该车水箱位于驾驶室下部,该修理站维修工马阳在将驾驶室举升起来,进入驾驶室下面修理水箱的过程中,涉案车辆的驾驶室举升缸轴座托架总成突然断裂,导致驾驶室落下将其砸伤(创伤性截瘫)。涉案车辆生产厂商为被告陕重公司。事故发生时,该车已进行了正常的年检,并办理了道路运输证。陕重公司提出,断裂的部件确实是其原厂部件,整车及其零部件出厂前均通过了质量检测,并符合国家标准。问:马阳可否要求陕重公司赔偿?

(十二)地面施工责任

《侵权责任法》第91条规定:"在公共场所或者道路上挖坑、修缮安装地下设施等,没有设置明显标志和采取安全措施造成他人损害的,施工人(非发包人)应当承担侵权责任。窨井等地下设施造成他人损害,管理人不能证明尽到管理职责的,应当承担侵权责任。"例如:马路井盖被偷或者移动位置,管理人未及时安装或者复原导致行人夜间掉进窨井造成损害,管理人应对此承担侵权责任。

归责原则:过错推定责任。如果责任主体欲免责,必须证明自己设置明显的标志和采取安全措施。

(十三)物件致害责任

1.建筑物、建筑物上的搁置物、悬挂物脱落、坠落致人损害的责任

《侵权责任法》第85条规定:"建筑物、构筑物或者其他设施及其搁置物、悬挂物发生脱落、坠落造成他人损害,所有人、管理人或者使用人不能证明自己没有过错的,应当承担侵权责任。所有人、管理人或者使用人赔偿后,有其他责任人的,有权向其他责任人追偿。"

需要注意的是:(1)本条不调整建筑物"倒塌"的责任,调整的是建筑物的组成部分脱落,或者搁置物、悬挂物脱落、坠落致人损害的。(2)归责原则:过错推定。(3)第三人对损害的发生具有过错的,第三人不对外承担责任(受害人不能将有过错的第三人作为被告起诉),所有人、管理人或者使用人对外承担责任后,有权向有过错的第三人追偿。

2.建筑物倒塌致人损害的责任

《侵权责任法》第86条规定:"建筑物、构筑物或者其他设施倒塌造成他人损害的,由建设单位与施工单位承担连带责任。建设单位、施工单位赔偿后,有其他责任人的,有权向其他责任人追偿。因其他责任人的原因,建筑物、构筑物或者其他设施倒塌造成他人损害的,由其他责任人承担侵权责任。"

需要注意的是:(1)该法第86条第1款调整建筑物"因质量问题倒塌"的,由建设单位与施工单位承担连带责任;第2款调整建筑物"非因质量问题倒塌",而是"完全因第三人原因"倒塌的,由第三人承担责任。(2)归责原则:相对无过错责任。

3.其他物件致人损害的责任

《侵权责任法》第88条规定:"堆放物倒塌造成他人损害,堆放人不能证明自己没有过错的,应当承担侵权责任。"

该法第89条规定:"在公共道路上堆放、倾倒、遗撒妨碍通行的物品造成他人损害的,有关单位或者个人应当承担侵权责任。"

该法第90条规定:"因林木折断造成他人损害,林木的所有人或者管理人不能证明自己没有过错的,应当承担侵权责任。"

理解:(1)第88条、第90条承担过错推定责任;(2)第89条在道路上堆放、倾倒、遗撒妨碍通行物品致人损害的堆放人承担无过错责任,堆放、倾倒、

遗撒人不能确定或者无力承担的,道路的管理部门具有过错的,承担与其过错相应的补充责任。

(十四)饲养动物致人损害责任

《侵权责任法》第78条规定:"饲养的动物造成他人损害的,动物饲养人或者管理人应当承担侵权责任,但能够证明损害是因被侵权人故意或者重大过失造成的,可以不承担或者减轻责任。"

该法第79条规定:"违反管理规定,未对动物采取安全措施造成他人损害的,动物饲养人或者管理人应当承担侵权责任。"

该法第80条规定:"禁止饲养的烈性犬等危险动物造成他人损害的,动物饲养人或者管理人应当承担侵权责任。"

该法第81条规定:"动物园的动物造成他人损害的,动物园应当承担侵权责任,但能够证明尽到管理职责的,不承担责任。"

该法第82条规定:"遗弃、逃逸的动物在遗弃、逃逸期间造成他人损害的,由原动物饲养人或者管理人承担侵权责任。"

该法第83条规定:"因第三人的过错致使动物造成他人损害的,被侵权人可以向动物饲养人或者管理人请求赔偿,也可以向第三人请求赔偿。动物饲养人或者管理人赔偿后,有权向第三人追偿。"

该法第84条规定:"饲养动物应当遵守法律,尊重社会公德,不得妨害他人生活。"

1.归责原则:一般动物都是无过错责任,动物园动物是过错推定责任。

2.动物损害责任的减轻和免责事由:

(1)受害人的故意或重大过失。依照《侵权责任法》第78条的规定,如果饲养人或管理人能够证明损害是由于被侵权人的故意或重大过失造成的,可以减轻或免除责任。(一般过失不能减轻或免责)

(2)第三人过错。依照《侵权责任法》第83条的规定,因第三人过错致使动物造成他人损害的,受害人可以向动物饲养人请求赔偿,也可以向第三人请求赔偿。动物饲养人赔偿后可以向第三人追偿。注意与《民法通则》的区别,民通规定直接由第三人承担,而侵权法规定,既可以向动物饲养人请求赔偿,也可向第三人请求赔偿。

(十五)机动车道路交通事故责任

1.机动车交通事故责任承担

依据《道路交通安全法》第 76 条的规定,机动车发生交通事故造成人身伤亡、财产损失的,由保险公司在机动车第三者责任强制保险责任限额范围内予以赔偿。超过责任限额的部分,按照下列方式承担赔偿责任:

(1)机动车之间发生交通事故的,由有过错的一方承担责任;双方都有过错的,按照各自过错比例分担责任。

(2)机动车与非机动车驾驶人、行人之间发生交通事故的:

①非机动车驾驶人或行人没有过错的,机动车驾驶人承担全部赔偿责任。

②非机动车驾驶人或行人有一定过错的,适当减轻机动车驾驶人的责任。

③非机动车驾驶人或行人全部过错的,机动车驾驶人承担不超过 10% 的赔偿责任。

④非机动车驾驶人或行人故意的,机动车驾驶人将免责。

2.租赁、借用等情形机动车的机动车交通事故责任

依照《侵权责任法》第 49 条的规定,因租赁、借用等情形导致机动车的所有人和使用人不是同一人时,发生交通事故后属于该机动车一方责任的,由保险公司在机动车强制保险责任限额范围内予以赔偿,不足部分由机动车使用人承担赔偿责任。机动车所有人对损害的发生有过错的承担相应的赔偿责任。应予注意的是,此处不是由机动车的所有人和使用人负连带责任。使用人责任为无过错责任,所有人责任为过错责任。

所有人过错既包括车辆本身存在问题,也包括所有人未向使用人说明车辆使用的特别注意事项,还包括所有人向无执照的使用人借用或租赁。机动车送交修理,委托保管或者出质期间,承修人、保管人或质权人擅自使用机动车致人损害的,承修人、保管人或者质权人承担侵权责任。

3.未办理所有权转移登记的机动车交通事故责任

依照《侵权责任法》第 50 条之规定,当事人之间已经以买卖等方式转移并交付机动车,但是未办理所有权登记,发生交通事故后属于该机动车一方责任的,由保险公司在机动车强制保险责任限额范围内予以赔偿,不足部分由受让人承担责任。

应予特别注意的是,此条规定改变了我国司法实践中的做法。我国司法实践中的做法是,或者由受让人和转让人负连带责任,或者由转让人负补充责

任。而依据此条规定,转让人在此情况下不承担责任,即不承担连带责任,也不承担补充责任,还不承担先行垫付的责任。

对于购买人使用分期付款方式购买车辆从事运输,因交通事故造成他人财产损失的,根据最高人民法院2000年的批复,由购买人承担赔偿责任,保留汽车所有权的,出卖方不承担民事责任。

4.拼装车或报废车交通事故责任

依照《侵权责任法》第51条的规定,因买卖等方式转让拼装或者已经达到报废标准的机动车,由转让人和受让人承担连带责任。应予注意的是,此种情况下不管当事人是否办理了所有权转移登记手续,转让人和受让人均应承担连带责任。这一规定的目的是杜绝拼装车和报废车的交易,以维护交通安全。

5.盗窃、抢夺或者抢劫机动车交通责任

依照《侵权责任法》第52条之规定,盗窃、抢夺、抢劫机动车发生交通事故,由盗窃人、抢夺人、抢劫人承担赔偿责任。保险公司在机动车强制保险限额范围内垫付抢救费用的有权向交通事故责任人追偿。应特别注意的是:如果抢劫人不是一人,则由他们承担连带责任;如果抢劫的是报废车、拼装车仍然由抢劫人承担责任。如果抢劫人本身没有财力进行赔偿,则保险公司应在机动车强制保险范围内先行垫付受害人的抢救费用。

6.驾驶人逃逸后对被侵权人的救济

《侵权责任法》第53条规定:机动车驾驶人发生交通事故后逃逸,该机动车参加强制保险的,由保险公司在机动车强制保险责任限额范围内予以赔偿;机动车不明或者该机动车未参加强制保险,需要支付被侵权人人身伤亡的抢救、丧葬等费用的,由道路交通事故社会救助基金垫付。道路交通事故社会救助基金垫付后,其管理机构有权向交通事故责任人追偿。

真题链接

1.田某突发重病神志不清,田父将其送至医院,医院使用进口医疗器械实施手术,手术失败,田某死亡。田父认为医院在诊疗过程中存在一系列违规操作,应对田某的死亡承担赔偿责任。关于本案,下列哪一选项是正确的?(2016/03/23)

A.医疗损害适用过错责任原则,由患方承担举证责任
B.医院实施该手术,无法取得田某的同意,可自主决定
C.如因医疗器械缺陷致损,患方只能向生产者主张赔偿
D.医院有权拒绝提供相关病历,且不会因此承担不利后果

答案:A

【考点】医疗损害责任过错责任原则

【解析】《侵权责任法》第54条规定:"患者在诊疗活动中受到损害,医疗机构及其医务人员有过错的,由医疗机构承担赔偿责任。"据此,医疗损害适用过错责任原则,患者须证明医疗机构及其医务人员有过错。故A项正确。《侵权责任法》第55条第1款规定:"医务人员在诊疗活动中应当向患者说明病情和医疗措施。需要实施手术、特殊检查、特殊治疗的,医务人员应当及时向患者说明医疗风险、替代医疗方案等情况,并取得其书面同意;不宜向患者说明的,应当向患者的近亲属说明,并取得其书面同意。"据此,医院无法取得田某同意时,应当患者的近亲属说明,并取得其书面同意。故B项错误。《侵权责任法》第59条规定:"因药品、消毒药剂、医疗器械的缺陷,或者输入不合格的血液造成患者损害的,患者可以向生产者或者血液提供机构请求赔偿,也可以向医疗机构请求赔偿。患者向医疗机构请求赔偿的,医疗机构赔偿后,有权向负有责任的生产者或者血液提供机构追偿。"据此,患者此时享有选择权,并非只能向生产者主张赔偿。《侵权责任法》第58条规定:"患者有损害,因下列情形之一的,推定医疗机构有过错:(一)违反法律、行政法规、规章以及其他有关诊疗规范的规定;(二)隐匿或者拒绝提供与纠纷有关的病历资料;(三)伪造、篡改或者销毁病历资料。"据此,医疗机构有义务提供病历,否则即可推定其有过错。故D项错误。

2.张小飞邀请关小羽来家中做客,关小羽进入张小飞所住小区后,突然从小区的高楼内抛出一块砚台,将关小羽砸伤。关于砸伤关小羽的责任承担,下列哪一选项是正确的?(2016/03/24)

A.张小飞违反安全保障义务,应承担侵权责任
B.顶层业主通过证明当日家中无人,可以免责
C.小区物业违反安全保障义务,应承担侵权责任
D.如查明砚台系从10层抛出,10层以上业主仍应承担补充责任

答案:B

【考点】公共场所的管理人或者群众性活动的组织者的安全保障义务

【解析】宾馆、商场、银行、车站、娱乐场所等公共场所的管理人或者群众性活动的组织者，未尽到安全保障义务，造成他人损害的，应当承担侵权责任。本题中，张小飞和小区物业并无此种安全保障义务。故A项、C项错误。《侵权责任法》第87条规定："从建筑物中抛掷物品或者从建筑物上坠落的物品造成他人损害，难以确定具体侵权人的，除能够证明自己不是侵权人的外，由可能加害的建筑物使用人给予补偿。"据此，高空抛物之情形下，能确定具体侵权人的，显然应由具体侵权人承担侵权责任；同时，允许业主通过证明自己不是侵权人而免责。故B项正确，D项错误。

3.4名行人正常经过北方牧场时跌入粪坑，1人获救3人死亡。据查，当地牧民为养草放牧，储存牛羊粪便用于施肥，一家牧场往往挖有三四个粪坑，深者达三四米，之前也发生过同类事故。关于牧场的责任，下列哪些选项是正确的？（2016/03/67）

A.应当适用无过错责任原则

B.应当适用过错推定责任原则

C.本案情形已经构成不可抗力

D.牧场管理人可通过证明自己尽到管理职责而免责

答案：BD

【考点】物件损害责任

【解析】《侵权责任发》第91条规定："在公共场所或者道路上挖坑、修缮安装地下设施等，没有设置明显标志和采取安全措施造成他人损害的，施工人应当承担侵权责任。窨井等地下设施造成他人损害，管理人不能证明尽到管理职责的，应当承担侵权责任。"物件损害责任适用过错推定责任，管理人可以通过证明自己尽到管理职责而免责。故A项错误，B项正确，D项正确。不可抗力是指不能预见、不能避免并不能客服的客观情况，本题中的牧场粪坑不属于不可抗力。故C项错误。

4.著作权人Y认为网络服务提供者Z的服务所涉及的作品侵犯了自己的信息网络传播权，向Z提交书面通知要求其删除侵权作品。对此，下列哪些选项是正确的？（2016/03/62）

A.Y的通知书应当包含该作品构成侵权的初步证明材料

B.Z接到书面通知后，可在合理时间内删除涉嫌侵权作品，同时将通知书转送提供该作品的服务对象

C.服务对象接到Z转送的书面通知后，认为提供的作品未侵犯Y的权利

的,可以向 Z 提出书面说明,要求恢复被删除作品

D.Z 收到服务对象的书面说明后应即恢复被删除作品,同时将服务对象的说明转送 Y 的,则 Y 不得再通知 Z 删除该作品

答案:ACD

【考点】信息网络传播权的侵权救济

【解析】A 项考查权利人向网络服务商提供的书面通知。依据《信息网络传播权保护条例》第 14 条,对提供信息存储空间或者提供搜索、链接服务的网络服务提供者,权利人认为其服务所涉及的作品、表演、录音录像制品,侵犯自己的信息网络传播权或者被删除、改变了自己的权利管理电子信息的,可以向该网络服务提供者提交书面通知,要求网络服务提供者删除该作品、表演、录音录像制品,或者断开与该作品、表演、录音录像制品的链接。通知书应当包含下列内容:(1)权利人的姓名(名称)、联系方式和地址;(2)要求删除或者断开链接的侵权作品、表演、录音录像制品的名称和网络地址;(3)构成侵权的初步证明材料。权利人应当对通知书的真实性负责。A 项正确。

B 项考查网络服务商的侵权责任。依据《侵权责任法》第 36 条规定,"网络用户利用网络服务实施侵权行为的,被侵权人有权通知网络服务提供者采取删除、屏蔽、断开链接等必要措施。网络服务提供者接到通知后未及时采取必要措施的,对损害的扩大部分与该网络用户承担连带责任。"据此,网络服务提供者应当及时采取措施,B 项错误。

C 项考查被删除作品的恢复。依据《信息网络传播权保护条例》第 16 条,服务对象接到网络服务提供者转送的通知书后,认为其提供的作品、表演、录音录像制品未侵犯他人权利的,可以向网络服务提供者提交书面说明,要求恢复被删除的作品、表演、录音录像制品,或者恢复与被断开的作品、表演、录音录像制品的链接。C 项正确。

D 项考查服务对象的抗辩权。依据《信息网络传播权保护条例》第 17 条,网络服务提供者接到服务对象的书面说明后,应当立即恢复被删除的作品、表演、录音录像制品,或者可以恢复与被断开的作品、表演、录音录像制品的链接,同时将服务对象的书面说明转送权利人。权利人不得再通知网络服务提供者删除该作品、表演、录音录像制品,或者断开与该作品、表演、录音录像制品的链接。D 项正确。

5.姚某旅游途中,前往某玉石市场参观,在唐某经营的摊位上拿起一只翡翠手镯,经唐某同意后试戴,并问价。唐某报价 18 万元(实际进货价 8 万元,

市价9万元),姚某感觉价格太高,急忙取下,不慎将手镯摔断。关于姚某的赔偿责任,下列哪一选项是正确的?(2017/03/22)

A.应承担违约责任　　　　　B.应赔偿唐某8万元损失
C.应赔偿唐某9万元损失　　D.应赔偿唐某18万元损失

答案:C

【考点】一般侵权行为损害

【解析】姚某和唐某并未缔结契约,不存在违约责任,故A项错误。本题构成过失侵权,关键在于损害的确定,应以市场价格来确定损害赔偿额,故C项正确,B项错误,D项错误。

6.刘婆婆回家途中,看见邻居肖婆婆带着外孙小勇和另一家邻居的孩子小囡(均为4岁多)在小区花园中玩耍,便上前拿出几根香蕉递给小勇,随后离去。小勇接过香蕉后,递给小囡一根,小囡吞食时误入气管导致休克,经抢救无效死亡。对此,下列哪一选项是正确的?(2017/03/23)

A.刘婆婆应对小囡的死亡承担民事责任
B.肖婆婆应对小囡的死亡承担民事责任
C.小勇的父母应对小囡的死亡承担民事责任
D.属意外事件,不产生相关人员的过错责任

答案:D

【考点】一般侵权行为注意义务

【解析】刘婆婆赠送香蕉行为,属于日常行为,香蕉对于四岁多的孩子来说并未给其带来危险,因此并未对刘婆婆和肖婆婆产生额外的注意义务,小囡因吞食时误入气管导致休克,各方均不存在对注意义务的违反,并不存在过错,故应当属于意外事件,无须承担过错责任。

7.王某因全家外出旅游,请邻居戴某代为看管其饲养的宠物狗。戴某看管期间,张某偷狗,被狗咬伤。关于张某被咬伤的损害,下列哪一选项是正确的?(2017/03/24)

A.王某应对张某所受损害承担全部责任
B.戴某应对张某所受损害承担全部责任
C.王某和戴某对张某损害共同承担全部责任
D.王某或戴某不应对张某损害承担全部责任

答案:D

【考点】饲养动物致害责任

245

【解析】饲养的动物造成他人损害的,动物饲养人或者管理人应当承担侵权责任,但能够证明损害是因被侵权人故意或者重大过失造成的,可以不承担或者减轻责任。即饲养动物致害适用无过错责任,但存在免责事由,即被侵权人故意造成损害的,管理人可以不承担或减轻责任。本题中,王某委托邻居看管其狗,故邻居戴某属于动物管理人,王某不属于责任主体,故 A 项错误,C 项错误。张某偷狗被狗咬伤,属于被侵权人存在故意,因此应免除或减轻戴某承担的责任,B 项要求戴某承担全部,不符合立法规定,故 B 项错误,D 项正确。

8.甲、乙、丙三家毗邻而居,甲、乙分别饲养山羊各一只。某日二羊走脱,将丙辛苦栽培的珍稀药材悉数啃光。关于甲、乙的责任,下列哪些选项是正确的?(2017/03/67)

A.甲、乙可各自通过证明已尽到管理职责而免责
B.基于共同致害行为,甲、乙应承担连带责任
C.如能确定二羊各自啃食的数量,则甲、乙各自承担相应赔偿责任
D.如不能确定二羊各自啃食的数量,则甲、乙平均承担赔偿责任

【答案】CD

【考点】饲养动物致害责任

【解析】饲养动物致害责任为无过错责任,故 A 项错误。两者之间属于原因力结合的无意思联络的数人侵权,故甲、乙为按份责任,B 项错误,C 项正确,D 项正确。

9.文某在倒车时操作失误,撞上冯某新买的轿车,致其严重受损。冯某因处理该事故而耽误了与女友的约会,并因此争吵分手。文某同意赔偿全部的修车费用,但冯某认为自己的爱车受损并失去了女友,内心十分痛苦,要求文某赔一部新车并赔偿精神损害。下列哪一选项是正确的?(2018 年模拟题)

A.文某应当赔偿冯某一部新车
B.文某应向冯某支付精神损害抚慰金
C.文某应向冯某赔礼道歉
D.法院不应当支持冯某的精神损害赔偿请求

【答案】D

【考点】侵权责任承担

【解析】本题考查侵权责任的承担方式。《中华人民共和国侵权责任法》第 19 条规定:"侵害他人财产的,财产损失按照损失发生时的市场价格或者其他

方式计算。"所以冯某的车被文某撞坏,可以要求文某承担全部的修车费用但不需要赔一辆新车,A错误。

《最高人民法院关于确定民事侵权精神损害赔偿责任若干问题的解释》第4条规定:"具有人格象征意义的特定纪念物品,因侵权行为而永久性灭失或者毁损,物品所有人以侵权为由,向人民法院起诉请求赔偿精神损害的,人民法院应当依法予以受理。"根据题目可知,冯某的车不是具有人格象征意义的特定纪念物品,而且也并非永久性灭失或者毁损,他因此要求文某赔偿精神损失是法院不予支持的,BC错误,D正确。

10.小牛在从甲小学放学回家的路上,将石块扔向路上正常行驶的出租车,致使乘客张某受伤,张某经治疗后脸上仍留下一块大伤疤。出租车为乙公司所有。下列哪些选项是错误的?(2018年模拟题)

A.张某有权要求乙公司赔偿医药费及精神损害
B.甲小学和乙公司应向张某承担连带赔偿责任
C.张某有权要求甲小学赔偿医疗费及精神损害
D.张某有权要求小牛的监护人赔偿医疗费及精神损害

【答案】ABC

【考点】未成年人致人损害的侵权责任

【解析】A选项客运合同责任,根据《合同法》第302条规定:承运人应当对运输过程中旅客的伤亡承担损害赔偿责任,但伤亡是旅客自身健康原因造成的或者承运人证明伤亡是旅客故意、重大过失造成的除外。前款规定适用于按照规定免票、持优待票或者经承运人许可搭乘的无票旅客。故承运人在客运合同中承担的是无过错责任,乙公司应当承担违约责任,但在违约责任中不能提起精神损害赔偿,A项错误。

BC选项,根据《人身损害赔偿解释》第7条规定:对未成年人依法负有教育、管理、保护义务的学校、幼儿园或者其他教育机构,未尽职责范围内的相关义务致使未成年人遭受人身损害,或者未成年人致他人人身损害的,应当承担与其过错相应的赔偿责任。故学校承担的是过错责任,但本题中是在放学期间,学校没有过错,不需要承担责任,BC选项错误。

D选项,根据《侵权责任法》第32条规定:无民事行为能力人、限制民事行为能力人造成他人损害的,由监护人承担侵权责任。监护人尽到监护责任的,可以减轻其侵权责任。有财产的无民事行为能力人、限制民事行为能力人造成他人损害的,从本人财产中支付赔偿费用。不足部分,由监护人赔偿。故小牛的监护人应当承担无过错替代责任。另,根据《人身损害赔偿解释》第 1 条规定:因生命、健康、身体遭受侵害,赔偿权利人起诉请求赔偿义务人赔偿财产损失和精神损害的,人民法院应予受理。综合可知,D 项正确。

综合案例分析

  甲乔迁新居,雇用乙为搬家司机,雇用戊为搬运工。搬家当日,乙驾车经过闹市,小心慎行,因行人丙横穿马路,乙躲避不及撞伤在街心玩耍的 7 岁幼童丁。由于车体晃动,坐在货仓里的戊从车上跌落,摔成重伤。丁、戊送去医院抢救后,戊因重伤导致面部残疾,精神严重抑郁。

  甲去医院探望丁,适逢道路施工,甲跌落到地坑中受伤,施工方否认自己有过错,认为是甲无视警示牌从危险区经过才被弄伤,后甲将施工方诉至 A 法院。

  医院对丁实施抢救后,丁伤情暂时稳定,后来某日丁伤情突然恶化,丁父要求医院出示详细诊疗方案,医院将诊疗情况告知丁父,但拒不提供详细的书面方案。丁父遂在其个人博客上发表文章,题为《某某医院无良,草菅人命》,该文章被王某阅读后转发到天地社区论坛,随后又被相继转发到各大论坛,引起广泛的社会关注,对该医院的名誉造成严重的损害。天地社区论坛发现后立即删除了相关的帖子并关闭了相应的发帖账户。后该医院将丁父诉至 A 法院,丁父对该医院提起反诉。

  A 法院审理查明以下事实:(1)甲受伤的地点在施工危险区,施工方设有护栏和明显标识。(2)丁父的博文内容夸张,严重超出事实范围。(3)由于丁治疗时使用的血液存在一些质量问题,与丁的体质有排斥反应。(4)丁是在课间从学校跑到街心玩耍时受伤的。[①]

  问:(1)对于丁被撞伤的结果,丁父可以向谁主张承担责任?
  (2)甲是否可以向施工方主张承担赔偿责任?
  (3)医院可以什么为由向法院提起诉讼?
  (4)王某与丁父是否对医院构成共同侵权?理由是什么?
  (5)天地社区论坛是否对医院构成侵权?理由是什么?

---

① 参见张能宝主编:《案例分析专题例解》,法律出版社 2015 年版,第 225 页。

(6)对于丁住院治疗后伤情恶化的结果,丁父可以向谁主张承担责任?理由是什么?

(7)戊对自身所遭受的损害如何进行救济?

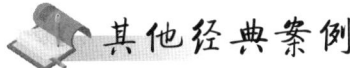

其他经典案例

微软诉两家企业侵权一审判决获赔三百余万元

两家高科技企业分别是铭万智达科技有限公司和铭万信息技术有限公司,是为中国企业提供信息化建设应用服务的高科技公司,其业务与微软业务有诸多类似之处。目前是国内最大的中小企业信息化服务提供商。微软称,2011年年初,发现这两家公司未经许可,长期非法复制、安装并商业使用微软依法享有著作权的软件。这些软件包括 Windows 系列产品、Office 办公软件系列产品、Visual Studio 开发工具系列产品等在内的几百套软件。双方曾有过长达9个月的沟通,但是两家公司并未采取积极措施停止侵权行为。微软便于2012年2月将两家公司诉至法院,要求两被告立即停止侵权并赔偿其经济损失。北京市第二中级人民法院近日作出一审判决,判令北京两家高科技企业立即停止使用微软 Windows、Office 等软件的侵权行为,并赔偿微软公司经济损失共计318万余元。

专题六

婚姻家庭法

第一讲 婚姻法

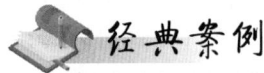经典案例

【案情】奥运冠军马琳和张宁益的离婚官司

曾引起媒体和公众的广泛关注,在历时两年、开庭六次的拉锯战之后,于2010年12月下旬,马琳在付出了千万家产后,与妻子张宁益终于达成和解,结束了六年的婚姻。

2010年6月下旬,马琳与妻子张宁益的离婚案再次开庭,吸引了大批记者前来采访,而当天北京市大兴区人民法院并没有宣布判决结果,这起官司陷入了旷日持久的拉锯战之中。这起离婚案于2010年12月下旬再次开庭,据知情人士透露,这次已是第六次开庭,法官主持双方再次进行调解,经过又一番唇枪舌剑后,双方就财产分配问题终于达成一致,当场签字画押,协议离婚,而张宁益在经过一次次"苦斗"后,终于取得了一个令自己满意的结果。据知情人士透露,在法院的调解下,马琳最终答应把北京亦庄价值七八百万的别墅分给张宁益,同时答应再分给张宁益数百万元存款,两项财产相加,张宁益分到的家产达到上千万元,这一结果远远超出了最初马琳提出的50万元。

点评:就离婚案本身而言,作为当事人一方,张宁益要求分割财产这无可厚非。可是,外界怎么也想不明白,他们曾经那么恩爱、幸福,曾经是那么山盟

海誓、忠贞不渝,可是为什么在离婚时一切都是那样的赤裸裸?奥运冠军马琳与二线演员张宁益的离婚案,他们的分离看不到《红楼梦》式的凄美和悲伤,更多的则是疯狂的炒作和赤裸裸的财产争夺。这不由得让人怀疑,难道他们真正相爱过?

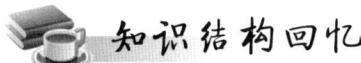
知识结构回忆

一、结婚
二、夫妻财产关系
三、诉讼离婚

一、结婚

(一)结婚的条件

结婚的实质要件包括结婚的法定条件(也称积极要件)和禁止条件(也称消极要件),形式要件为到法定机关进行婚姻登记。

1.法定条件:(1)必须男女双方完全自愿;(2)必须达到法定婚龄,男满22周岁,女满20周岁;(3)双方都无配偶。

2.禁止条件:(1)直系血亲(有扶养关系的继父母子女和养父母子女);(2)三代以内旁系血亲;(3)患有医学上认为不应结婚或暂缓结婚的疾病。

(二)同居关系

1.同居关系有两种:①有配偶者与他人同居;②双方均无配偶而同居。法律仅禁止前者,对于后者应归道德调整,法律不予过问。

同居关系的认定:未办理结婚登记而共同生活的男女,同居行为发生在1994年2月1日以后的(无论是否以夫妻名义共同生活),一律认定为同居关系,不能认定为事实婚姻。

2.同居关系的法律效果:①双方均无配偶,当事人起诉请求解除同居关系的,法院不予受理。②有配偶者与他人同居,当事人起诉请求解除同居关系的,法院应当受理并依法予以解除[《最高人民法院关于适用〈中华人民共和国婚姻法〉若干问题的解释(二)》(以下简称《婚姻法解释(二)》)第1条]。③同居期间所生子女与父母具有父母子女关系。④同居期间,双方共同取得的财产按照按份共有处理,一方取得的财产归其个人所有。⑤同居者相互不享有配偶权。

(三)无效婚姻和可撤销的婚姻

1.无效婚姻:是指领取了结婚证,但不符合结婚的实质条件,从而不具有法律效力的婚姻。

(1)无效的原因主要包括:①重婚;②有禁止结婚的亲属关系;③婚前患有医学上认为不应当结婚的疾病,婚后尚未治愈;④未达到法定婚龄的。(《婚姻法》第10条)

《婚姻法解释(三)》第1条规定:"当事人以婚姻法第十条规定以外的情形申请宣告婚姻无效的,人民法院应当驳回当事人的申请。当事人以结婚登记程序存在瑕疵为由提起民事诉讼,主张撤销结婚登记的,告知其可以依法申请行政复议或者其他行政诉讼。"

(2)无效婚姻的补正——如果婚姻当事人在结婚时不具备结婚的实质要件,但在申请宣告婚姻无效时,无效条件已经消失,此时婚姻当事人的婚姻为有效婚姻,此为无效婚姻的补正。如果婚姻当事人再主张婚姻无效,人民法院不予支持[《婚姻法解释(一)》第8条]。

[案例1]甲与乙登记结婚3年后,乙向法院请求确认该婚姻无效。乙提出的下列哪一理由可以成立?(1)乙登记结婚的实际年龄离法定年龄相差2年;(2)甲婚前谎称是海归博士且有车有房,乙婚后发现上当;(3)甲与乙是表兄妹关系;(4)甲以揭发乙父受贿为由胁迫乙结婚。

[案例2]下列选项中,构成无效婚姻的是:(　　)

A.一审判决准予离婚,在上诉期内与他人结婚形成的婚姻

B.未达法定婚龄而登记形成的婚姻

C.刘某与妻子赵某已分居三年,赵某始终不答应离婚,于是刘某便和秦某结了婚

D.王某在家人的胁迫下,与李某登记形成的婚姻

(3)无效婚姻的宣告

①须经申请。申请人包括:(a)婚姻当事人;(b)利害关系人。

《婚姻法解释(一)》第7条规定:"有权依据婚姻法第十条规定向人民法院就已办理结婚登记的婚姻申请宣告婚姻无效的主体,包括婚姻当事人及

利害关系人。利害关系人包括:(一)以重婚为由申请宣告婚姻无效的,为当事人的近亲属及基层组织。(二)以未到法定婚龄为由申请宣告婚姻无效的,为未达法定婚龄者的近亲属。(三)以有禁止结婚的亲属关系为由申请宣告婚姻无效的,为当事人的近亲属。(四)以婚前患有医学上认为不应当结婚的疾病,婚后尚未治愈为由申请宣告婚姻无效的,为与患病者共同生活的近亲属。"

举例:55岁的贾男与16岁的尹女"真心"相爱,登记结婚。尽管尹女死心塌地,其父母有权申请宣告婚姻无效,但贾男的近亲属则无此权利。

②须于法定期限内申请。《婚姻法解释(二)》第5条规定:"夫妻一方或者双方死亡后一年内,生存一方或者利害关系人依据婚姻法第十条的规定申请宣告婚姻无效的,人民法院应当受理。"这是申请宣告婚姻无效的最后期限。

③须经法院宣告。《婚姻法解释(二)》第3条规定:"人民法院受理离婚案件后,经审查确属无效婚姻的,应当将婚姻无效的情形告知当事人,并依法作出宣告婚姻无效的判决。"

[提示:确属无效婚姻的,申请人申请撤诉的,不予准许;对婚姻效力的审理不适用调解;有关婚姻效力的判决一经作出,即生效力,属于一审终审,不得上诉。]

(4)婚姻被宣告无效的法律后果

①婚姻自始无效。

②当事人不具有夫妻的权利和义务。

③当事人所生的子女,适用《婚姻法》有关父母子女的规定。

④当事人同居期间所得的财产,按共同共有处理(但有证据证明为当事人一方所有的除外)。

2.可撤销婚姻:是指具备结婚的实质要件,但一方以胁迫手段进行结婚登记,对此受胁迫的一方可依法请求撤销的婚姻。

《婚姻法》第11条规定:"因胁迫结婚的,受胁迫的一方可以向婚姻登记机关或人民法院请求撤销该婚姻。受胁迫的一方撤销婚姻的请求,应当自结婚登记之日起一年内提出。被非法限制人身自由的当事人请求撤销婚姻的,应当自恢复人身自由之日起一年内提出。"

《婚姻法解释(一)》第10条规定:"婚姻法第十一条所称的'胁迫',是指行为人以给另一方当事人或者其近亲属的生命、身体健康、名誉、财产等方面造成损害为要挟,迫使另一方当事人违背真实意愿结婚的情况。"

可撤销婚姻制度主要包括:

(1)可撤销事由:仅限于因胁迫而结婚。

(2)撤销机关:人民法院或婚姻登记机关。

(3)撤销权人:只能是受胁迫一方的婚姻关系当事人。

(4)撤销期间:自结婚登记之日起1年内提出。如果受胁迫的一方结婚后人身自由受到非法限制的,请求撤销婚姻应当自其恢复人身自由之日起1年内提出。若在法定期间内不行使权利,则该权利消灭。

(5)撤销的法律后果:与"婚姻被宣告无效的法律后果"相同。

[案例3] 材料一:网名"我心飞飞"的21岁女子甲与网名"我行我素"的25岁男子乙在网上聊天后产生好感,乙秘密将甲裸聊的镜头复制保存。后乙要求与甲结婚,甲不同意。乙威胁要公布其裸聊镜头,甲只好同意结婚并办理了登记。登记后,甲可否请求撤销该婚姻?

材料二:甲乙相亲,甲租来豪车,称自己为海归博士,在北京有五套住房,乙被憧憬已久的"豪门梦"冲昏头脑,当即决定了与甲办理了结婚登记。后发现甲为无业游民,家徒四壁,无房无车。问:乙可否请求撤销该婚姻?

(四)彩礼可否请求返还

根据我国《婚姻法解释(二)》的规定,如下情形可请求返还彩礼:

1.双方未办理结婚登记手续的。

2.办理了结婚登记手续,提起离婚:(1)虽然办理了结婚登记,但没有共同生活过;(2)婚前给付导致给付人生活困难的。

[案例4] 甲男与乙女结婚,支付女方父母30万元聘礼。双方未办理结婚登记,而是在乡下老家摆了酒席按照民俗举办了婚礼,然后以夫妻名义共同生活。乙为甲生了一女儿。3年后,双方感情不和分手。甲是否能要求女方父母返还30万元的聘礼?

二、夫妻财产关系

我国《婚姻法》所规定的夫妻财产制度包括两种,一种是法定财产制,另一种是约定财产制,并且以法定财产制为主、约定财产制为辅。

(一)约定财产制

约定财产制指夫妻双方通过协调对婚前、婚后取得的财产的归属、处分以及在婚姻关系解除后的财产分割达成协议,并优先于法定夫妻财产制适用的夫妻财产制度。

法律明确要求采取书面形式约定。

《婚姻法》第 19 条规定:"夫妻可以约定婚姻关系存续期间所得的财产以及婚前财产归各自所有、共同所有或部分各自所有、部分共同所有。约定应当采用书面形式。没有约定或约定不明确的,适用本法第十七条、第十八条的规定。夫妻对婚姻关系存续期间所得的财产以及婚前财产的约定,对双方具有约束力。夫妻对婚姻关系存续期间所得的财产约定归各自所有的,夫或妻一方对外所负的债务,第三人知道该约定的,以夫或妻一方所有的财产清偿。"

《婚姻法解释(一)》第 18 条规定:"婚姻法第十九条所称'第三人知道该约定的',夫妻一方对此负有举证责任。"

[案例 5]甲和乙是夫妻,甲想借钱炒股,乙不同意。甲说:"我自己借钱自己还!"二人书面约定此后各自收入归各自所有。甲以自己的名义向不知有此约定的同事丙借钱,双方未约定利息。丙的债权如何实现?

(二)法定财产制:包括夫妻共同财产制和夫妻个人特有财产制

1.夫妻共有财产

夫妻在婚姻关系存续期间所得的下列财产,归夫妻共同所有:

(1)工资、奖金(《婚姻法》第 17 条)。

(2)生产、经营的收益(《婚姻法》第 17 条)。

(3)知识产权的收益[《婚姻法解释(二)》第 12 条],是婚姻关系存续期间,实际取得或者已经明确可以取得的财产性收益。

(4)继承或受赠与所得的财产,但遗嘱或赠与合同确定只归夫或妻一方的财产,为夫或妻的个人财产(《婚姻法》第 17 条)。

(5)一方以个人财产投资取得的收益。

[提示:个人财产产生的孳息仍为个人财产;个人财产产生的自然增值仍为个人财产。这是《婚姻法解释(三)》第 5 条对《婚姻法解释(二)》第 11 条第(一)项的修改。]

(6)男女双方实际取得或者应当取得的"住房补贴"、"住房公积金"、"养老保险金"和"破产安置补偿费"[《婚姻法解释(二)》第11条]。

(7)军人的复员费、自主择业费、以夫妻关系存续年限乘以年平均值所得数额为夫妻共有财产。

(8)由一方婚前以个人财产购买,且登记在自己名下的不动产,并于婚后以夫妻共同财产还贷的,除非当事人另有约定,原则上认定房屋所有权归登记名义人个人所有,但婚后以共同财产还贷的部分及其自然增值,应认定为夫妻共同财产[《婚姻法解释(三)》第11条]。

(9)婚后,夫妻双方父母出资为夫妻购买的房屋,产权登记在夫妻一方名下的,除非另有约定,原则上认定为夫妻按份共有。份额按照双方父母的出资比例确定[《婚姻法解释(三)》第7条第2款]。

夫妻对共同所有的财产,有平等的处理权:①夫或妻在处理共同财产上的权利是平等的。②夫妻互有"家事代理权",即因日常生活需要而处理夫妻共同财产的,任何一方均有独立的决定权,无须经过对方的同意。③夫或妻非因日常生活需要对夫妻共同财产做重要处理决定,夫妻双方应当平等协商,取得一致意见。但是,他人有理由相信其为夫妻双方共同意思表示的,另一方不得以不同意或不知道为理由对抗善意第三人,即善意第三人可以主张表见代理或主张善意取得。

《婚姻法解释(三)》第4条规定,婚姻关系存续期间,夫妻一方原则上无权请求分割共同财产。有下列重大理由且不损害债权人利益的,可以请求分割:①一方有隐藏、转移、变卖、毁损、挥霍夫妻共同财产,或者伪造夫妻共同债务等严重损害夫妻共同财产利益行为的;②一方负有法定扶养义务的人患重大疾病需医治,另一方不同意支付相关医疗费用的。

2.夫妻个人财产

(1)一方的婚前财产及其孳息和自然增值(《婚姻法》第18条)。

(2)一方因身体受到伤害获得的医疗费、残疾人生活补助费等费用(《婚姻法》第18条)。

(3)遗嘱或赠与合同中确定只归夫妻一方所有的财产(《婚姻法》第18条)。

(4)一方专用的生活用品(《婚姻法》第18条)。

(5)军人的伤亡保险金、伤残补助金、医药生活补助费属于军人的个人财产。

(6)军人复员费、自主择业费扣除夫妻共同财产的部分属于复转军人的个人财产[《婚姻法解释(二)》第13条]。

(7)由一方婚前个人财产购买,且登记在自己名下的不动产,并于婚后以夫妻共同财产还贷的,除非当事人另有约定,原则上认定房屋所有权归登记名义人个人所有[《婚姻法解释(三)》第11条]。

(8)婚后由一方父母出资为子女购买的不动产,产权登记在出资人子女名下的,可以视为只对自己的子女一方的赠与,该不动产应认定为夫妻一方的个人财产[《婚姻法解释(三)》第7条第1款]。

[案例6]甲乙是夫妻,甲在婚前发表小说《前尘》,婚后获得稿酬。乙在婚姻存续期间发表了小说《今世》,离婚后第二天获得稿费。甲在婚姻存续期间创作了小说《来生》,离婚后发表并获得稿费。请判断三笔小说稿费归属。

[案例7]甲和乙是夫妻。甲因寻衅滋事将丙打成重伤,需要支付巨额医疗费。为了能为子女保留更多的财产,乙可否在婚姻关系存续期间要求分割夫妻共同财产?

[案例8]甲乙夫妻的下列哪一项婚后增值或所得,属于夫妻共同财产?(　　)

A.甲婚前承包果园,婚后果树上结的果实

B.乙婚前购买的1套房屋升值了50万元

C.甲用婚前的10万元婚后投资股市,得利5万元

D.乙婚前收藏的玉石升值了10万元

[案例9]甲乙于2012年6月办理结婚登记,2012年3月,甲购置了一套商品房作为婚房,并登记于个人名下,由甲以其个人财产支付首付,并由甲乙共同偿还之后的各期贷款。2013年6月,乙允诺将其婚前购置的一间一居室赠与甲,作为甲的工作室,并签订了书面赠与合同,但一直没有办理过户登记。2014年6月,乙父炒股赚钱,便购买了一套房屋送给乙,房屋登记在乙名下,但由甲乙夫妻二人共同居住使用。2016年10月,甲乙因感情破裂决定离婚,但是就财产分割问题无法达成一致,乙也拒绝向甲履行之前签订的赠与合同。因此甲向人民法院提起诉讼。

请分析:本案所涉及的三套房屋的权属。

三、诉讼离婚

(一)调解是审理离婚案件的必经程序

只有调解无效,才能通过法定离婚事由判决离婚。

(二) 离婚事由

1. 感情确已破裂为其唯一理由。

2. 有下列情形为感情破裂的推定理由,应准予离婚:(1)重婚或有配偶者与他人同居的;(2)实施家庭暴力或虐待、遗弃家庭成员的;(3)有赌博、吸毒等恶习屡教不改的;(4)因感情不和分居满两年的;(5)一方被宣告失踪,另一方提出离婚诉讼的。

[提示:若符合法律规定"应准予离婚"情形,不应当因当事人有过错而判决不准离婚。]

(三) 夫妻之间的生育权纠纷[《婚姻法解释(三)》第9条]

1. 夫以妻擅自中止妊娠侵犯其生育权为由请求损害赔偿的,人民法院不予支持。

2. 夫妻双方因是否生育发生纠纷,致使感情确已破裂,可以起诉请求离婚。

[案例10] 小刚与小霞自由恋爱结婚。婚后两年,小霞怀孕,小刚三代单传,高兴万分,希望生下孩子。为保险起见,小刚与小霞签订了生育协议:"小霞未经小刚同意不得擅自终止妊娠,否则小霞应当支付违约金6万元"。后因小霞妊娠反应过于强烈,痛苦难忍,遂自行至医院实施人流手术终止妊娠,并要求小刚支付相应费用。小刚一怒之下,离家出走,拒绝支付费用并主张6万元违约金。可否?

(四) 离婚权的限制

对现役军人的保护:现役军人的配偶要求离婚的,必须征得军人的同意。①这一规定对双方都是现役军人的不适用。②这一规定只适用于现役军人的配偶的离婚请求权,现役军人本人提出离婚的不在此限。③这一规定只适用于一方提出离婚的,不适用于双方合意的离婚。④军人有一方有重大过错的不适用本规定。

对妇女的特殊保护:女方在怀孕期间、分娩后一年内或中止妊娠后六个月内,男方不得提出离婚。女方提出离婚的,或人民法院认为确有必要受理男方离婚请求的,不在此限。

(五)离婚的法律后果

1.子女关系的处理

(1)离婚不影响父母与子女之间的关系。

(2)未成年子女和父母一方生活,但父母双方均为监护人。

(3)不与子女共同生活一方应当支付子女的必要的生活费和教育费的一部分或全部。

(4)不直接抚养子女的父或母,有探望子女的权利,另一方有协助的义务。父或母探望子女,不利于子女身心健康的,由人民法院依法中止探望的权利;中止的事由消失后,应当恢复探望的权利。

2.共同债务的承担

夫妻共同债务,是指夫妻为共同生活或为履行法定抚养、赡养义务等所负债务。最高人民法院2018年1月公布的《关于审理涉及夫妻债务纠纷案件适用法律有关问题的解释》(简称《夫妻债务解释》)确立了夫妻共同债务认定的新规则。

(1)双方签字:夫妻共同债务

《夫妻债务解释》第1条,夫妻双方共同签字或者夫妻一方事后追认等共同意思表示所负的债务,应当认定为夫妻共同债务。

(2)婚内一方以个人名义所负债务

①根据《夫妻债务解释》第2条,夫妻一方以个人名义为家庭日常生活需要所负的债务,属于夫妻共同债务。

②根据《夫妻债务解释》第3条,夫妻一方以个人名义超出家庭日常生活需要所负的债务,属个人债务,除非债权人能够证明该债务用于夫妻共同生活、共同生产经营或者基于夫妻双方共同意思表示的,才构成共同债务。

(3)婚前一方以个人名义所负债务[《婚姻法解释(二)》第23条]

①夫妻一方"婚前"以个人名义所负的债务,但债权人能够证明所负债务"用于婚后家庭共同生活的",应当认定为夫妻共同债务。例如:夫妻日常生活开销、购买婚房、装修婚房、经营共有生意等。

②两种情形,第三人主张债权的,人民法院不予支持:夫妻一方与第三人串通,虚构债务的;夫妻一方在从事赌博、吸毒等违法犯罪活动中所负债务。

3.夫妻共同债务的清偿步骤

(1)以夫妻共同财产清偿。

(2)夫妻共同财产不足以清偿,或者财产归各自所有的,由双方协议清偿;协议不成的,由人民法院判决。

(3)连带清偿责任与追偿权[《婚姻法解释(二)》第25条、第26条]

当事人的离婚协议或者人民法院的判决书、裁定书、调解书已经对夫妻财产分割问题作出处理的,债权人仍有权就夫妻共同债务向男女双方主张权利。

夫或妻一方死亡的,生存一方应当对婚姻关系存续期间的共同债务承担连带清偿责任。

一方就共同债务承担连带清偿责任后,基于离婚协议或者人民法院的法律文书向另一方主张追偿的,人民法院应当支持。

[案例11]甲与乙结婚后因无房居住,于2010年8月1日以个人名义向丙借款30万元购房,约定5年后归还。后因甲与他人同居,双方诉至法院要求离婚,法院于2014年3月1日判决甲与乙离婚,家庭财产全部归乙,夫妻债务均由甲承担。丙有权要求谁偿还借款?

4.离婚时对生活困难的一方的经济帮助

《婚姻法》第42条规定:"离婚时,如一方生活困难,另一方应从其住房等个人财产中给予适当帮助。具体办法由双方协议;协议不成时,由人民法院判决。"

《婚姻法解释(一)》第27条规定:"婚姻法第四十二条所称'一方生活困难',是指依靠个人财产和离婚时分得的财产无法维持当地基本生活水平。一方离婚后没有住处的,属于生活困难。离婚时,一方以个人财产中的住房对生活困难者进行帮助的形式,可以是房屋的居住权或者房屋的所有权。"

5.离婚诉讼无过错方的损害赔偿请求权

(1)法定情形:有下列情形之一,导致离婚的,无过错方有权请求损害赔偿:①重婚;②有配偶者与他人同居;③实施家庭暴力;④虐待、遗弃家庭成员。

(2)责任范围:包括物质损害赔偿和精神损害赔偿。

(3)主张方式:只有夫妻双方离婚时或者离婚后才能向对方主张损害赔偿。如果不要求离婚,仅仅要求对方赔偿损害,则法院不予支持。

(4)主张时间:诉讼离婚中原告主张损害赔偿的,应当在离婚之诉中一并提出;诉讼离婚中被告主张损害赔偿的,可以在离婚诉讼中或者离婚判决作出后一年内提出。协议离婚双方都可以在离婚后一年内提出损害赔偿请求。

 **真题链接**

1.乙起诉离婚时,才得知丈夫甲此前已着手隐匿并转移财产。关于甲、乙离婚的财产分割,下列哪一选项是错误的?(2016/03/18)

A.甲隐匿转移财产,分割财产时可少分或不分

B.就履行离婚财产分割协议事宜发生纠纷,乙可再起诉

C.离婚后发现甲还隐匿其他共同财产,乙可另诉再次分割财产

D.离婚后因发现甲还隐匿其他共同财产,乙再行起诉不受诉讼时效限制

答案:D

【考点】离婚离婚财产分割

【解析】《婚姻法》第47条规定:"离婚时,一方隐藏、转移、变卖、毁损夫妻共同财产,或伪造债务企图侵占另一方财产的,分割夫妻共同财产时,对隐藏、转移、变卖、毁损夫妻共同财产或伪造债务的一方,可以少分或不分。离婚后,另一方发现有上述行为的,可以向人民法院提起诉讼,请求再次分割夫妻共同财产。"据此,A项、C项正确,不选。《婚姻法解释(二)》第8条规定,当事人因履行财产分割协议发生纠纷提起诉讼的,人民法院应当受理。据此,B项正确,不选。《婚姻法解释(一)》第31条规定:"当事人依据婚姻法第四十七条的规定向人民法院提起诉讼,请求再次分割夫妻共同财产的诉讼时效为两年,从当事人发现之次日起计算。"据此,D项错误,应选。

2.钟某性情暴躁,常殴打妻子柳某,柳某经常找同村未婚男青年杜某诉苦排遣,日久生情。现柳某起诉离婚,关于钟、柳二人的离婚财产处理事宜,下列哪一选项是正确的?(2016/03/19)

A.针对钟某家庭暴力,柳某不能向其主张损害赔偿

B.针对钟某家庭暴力,柳某不能向其主张精神损害赔偿

C.如柳某婚内与杜某同居,则柳某不能向钟某主张损害赔偿

D.如柳某婚内与杜某同居,则钟某可以向柳某主张损害赔偿

答案:C

【考点】离婚离婚损害赔偿

【解析】《婚姻法》第46条规定:"有下列情形之一,导致离婚的,无过错方

有权请求损害赔偿:(一)重婚的;(二)有配偶者与他人同居的;(三)实施家庭暴力的;(四)虐待、遗弃家庭成员的。"此为离婚损害赔偿之情形。据此,A项错误。离婚损害赔偿之请求权主体为无过错方,如柳某婚内与杜某同居,则柳某不属于无过错方,物权请求损害赔偿,故C项正确,D项错误。《婚姻法解释(一)》第28条规定:"婚姻法第四十六条规定的'损害赔偿',包括物质损害赔偿和精神损害赔偿。涉及精神损害赔偿的,适用最高人民法院《关于确定民事侵权精神损害赔偿责任若干问题的解释》的有关规定。"据此,B项错误。

3.刘山峰、王翠花系老夫少妻,刘山峰婚前个人名下拥有别墅一栋。关于婚后该别墅的归属,下列哪一选项是正确的?(2016/03/20)

A.该别墅不可能转化为夫妻共同财产

B.婚后该别墅自动转化为夫妻共同财产

C.婚姻持续满八年后该别墅即依法转化为夫妻共同财产

D.刘、王可约定婚姻持续八年后该别墅转化为夫妻共同财产

答案:D

【考点】夫妻共同财产法定夫妻共同财产

【解析】婚姻法规定了婚前财产分别财产制,婚后所得共同财产制。《婚姻法解释(一)》第19条规定:"婚姻法第十八条规定为夫妻一方所有的财产,不因婚姻关系的延续而转化为夫妻共同财产。但当事人另有约定的除外。"据此,B项和C项错误。当事人另有约定的除外,故D项正确,A项错误。

4.屈赞与曲玲协议离婚并约定婚生子屈曲由屈赞抚养,另口头约定曲玲按其能力给付抚养费并可随时探望屈曲。对此,下列哪些选项是正确的?(2016/03/65)

A.曲玲有探望权,屈赞应履行必要的协助义务

B.曲玲连续几年对屈曲不闻不问,违背了法定的探望义务

C.屈赞拒不履行协助曲玲探望的义务,经由裁判可依法对屈赞采取拘留、罚款等强制措施

D.屈赞拒不履行协助曲玲探望的义务,经由裁判可依法强制从屈赞处接领屈曲与曲玲会面

答案:AC

【考点】离婚的效力及探望权

【解析】离婚后,未同未成年子女共同生活一方有权探望子女,另一方应当协助。故A项正确。探望是权利,不是义务,也不是权利义务的集合。故B

项错误。《婚姻法解释(一)》第32条规定:"婚姻法第四十八条关于对拒不执行有关探望子女等判决和裁定的,由人民法院依法强制执行的规定,是指对拒不履行协助另一方行使探望权的有关个人和单位采取拘留、罚款等强制措施,不能对子女的人身、探望行为进行强制执行。"据此,C项正确,D项错误。

5.高甲患有精神病,其父高乙为监护人。2009年高甲与陈小美经人介绍认识,同年12月陈小美以其双胞胎妹妹陈小丽的名义与高甲登记结婚,2011年生育一子高小甲。2012年高乙得知儿媳的真实姓名为陈小美,遂向法院起诉。诉讼期间,陈小美将一直由其抚养的高小甲户口迁往自己原籍,并将高小甲改名为陈龙,高乙对此提出异议。下列哪一选项是正确的?(2017/03/17)

A.高甲与陈小美的婚姻属无效婚姻
B.高甲与陈小美的婚姻属可撤销婚姻
C.陈小美为高小甲改名的行为侵害了高小甲的合法权益
D.陈小美为高小甲改名的行为未侵害高甲的合法权益

答案:D
【考点】婚姻的成立
【解析】陈小美并非婚姻登记中的当事人,故陈小美和高甲之间不存在婚姻关系,故A项错误,B项错误。《婚姻法》第22条规定:"子女可以随父姓,也可以随母姓。"未满十八周岁的人需要变更姓名的时候,由本人或者父母、收养人向户口登记机关申请变更登记。陈小美有权对高小甲改名,既不侵犯高小甲的合法权益,也未侵犯高甲的合法权益。故C项错误,D项正确。

6.刘男按当地习俗向戴女支付了结婚彩礼现金10万元及金银首饰数件,婚后不久刘男即主张离婚并要求返还彩礼。关于该彩礼的返还,下列哪一选项是正确的?(2017/03/18)

A.因双方已办理结婚登记,故不能主张返还
B.刘男主张彩礼返还,不以双方离婚为条件
C.已办理结婚登记,未共同生活的,可主张返还
D.已办理结婚登记,并已共同生活的,仍可主张返还

答案:C
【考点】彩礼
【解析】《婚姻法解释(二)》第10条规定:"当事人请求返还按照习俗给付的彩礼的,如果查明属于以下情形,人民法院应当予以支持:(一)双方未办理结婚登记手续的;(二)双方办理结婚登记手续但确未共同生活的;(三)婚前给

付并导致给付人生活困难的。适用前款第(二)、(三)项的规定,应当以双方离婚为条件。"据此,C项正确,A项、B项、D项错误。

综合案例分析

武某与金某是夫妻,住在苏州,两人于2015年7月8日结婚并依法办理了结婚登记。后武某因被公司聘请为总经理,前往上海工作,金某在家非常寂寞。后在邻居王婆的介绍下,认识了苏州某公司董事长钱某,两人相见恨晚,情迷意浓,并公然同居。后武某在上海闻听此事,觉得自己不应该为了工作把年轻的妻子抛在一边,便准备回到苏州,而此时金某已经怀上钱某的孩子,并向法院起诉离婚。经查,武某与金某的房子是武某于婚前用积蓄购买的,存款10万元是武某的弟弟赠与武某的,并说哥哥老实,明确表示只赠与武某。金某在婚后独居时,写了一本小说《梦幻》,获稿酬5万元。

问:(1)对金某的离婚请求法院应如何处理?

(2)设金某在孕检时发现患有艾滋病,并在婚前就患有该病,一直到现在都没有治愈。武某能否主张婚姻无效,哪些人可以提起无效婚姻之诉?

(3)武某能否提起损害赔偿?能否包括精神损害赔偿?

(4)法院判决离婚后,武某能否再提起损害赔偿的请求?

(5)财产如何处理?

第二讲 继承法

【案情】侯耀文遗产争夺案

2007年6月,侯耀文突发心脏病猝死,由于生前并未订立遗嘱,自2007年7月出殡火化后,侯耀文的骨灰至今仍寄存在八宝山骨灰堂,因亲属之间的遗产分配问题,而无法入土安葬。侯耀文长女侯瓒称,父亲去世后,所谓的遗产,自己仅见到一部车和一处含有欠贷的房产(玫瑰园别墅),对于父亲遗产究竟有多少她并不清楚。侯瓒和妹妹妞妞一起将伯父侯耀华、侯耀文的师侄牛成志、侯耀文的弟子郭晓小夫妻告上法庭,理由是牛成志擅自取走其父多笔存款;郭晓小夫妻则拉走玫瑰园别墅的所有物品;侯耀华控制了玫瑰园所有遗产和证件。遗产纠纷,使得侯耀文去世两年也未能入土为安。侯家的遗产纠纷甚至闹上了法庭——侯耀文两个女儿将伯父侯耀华等四人告上法庭,称其侵占父亲遗产。北京西城法院已受理此案,该案于 2009 年 7 月 30 日开庭。在 2009 年 2 月,侯瓒就将 12 岁的异母妹妹起诉到法院,不过,通过法院查清父亲的遗留银行存款去向后,侯瓒撤回了对妹妹的起诉。如今在新的诉状中,侯瓒将妹妹追加为原告,侯耀华成为第一被告,牛成志为第二被告,郭晓小夫妻则为第三被告。

侯耀文生前位于北京昌平玫瑰园的豪宅因超过一年未还贷款,银行将侯瓒及玫瑰园开发商告上法庭,要求二者偿还 70 余万元拖欠贷款。对于这一拖欠行为,侯瓒曾在接受采访时表示,因遗产被他人非法侵占和窃取而无法清偿巨额房贷欠款。只是在当时,侯瓒并没有点名究竟是谁侵占了遗产。侯瓒在申请中称,父亲侯耀文去世后,侯耀华第一时间赶到玫瑰园主持料理后事,并实际控制了所有遗产和证件。两年来,侯耀华从没主动邀请姐妹俩清点、封存遗物,除了一辆侯耀华使用近一年后交付给妹妹的汽车外,侯耀华没有将剩余遗产分配给两位继承人的意图;此外,牛成志取走侯耀文名下多笔银行巨款,郭晓小夫妇二人使用私家车辆和搬家公司,先后拉走了玫瑰园别墅的所有物品。她认为,被告未经其同意就擅自处分遗产,侵害了姐妹俩的财产继承权。侯瓒和妹妹请求法院责令侯耀华等人返还相应的遗产,并承担侵权责任。

2009 年 7 月 22 日,在西城法院,侯耀文的两个女儿告侯耀华等人擅自处分遗产一案进行了第一次证据交换。侯瓒姐妹及侯耀华等 6 名当事人均未出庭。侯瓒姐妹各自委托了一位代理人,被告侯耀华、牛成志、郭晓小夫妇四人共同委托两名律师出庭。在法庭上,被告律师提出了不公开开庭审理此案的请求。他称,"侯耀文老师在相声界是一面旗帜,不想让他的隐私被媒体披露出来并炒作,带给侯耀文负面的影响"。对此请求,侯瓒的律师没有明确作出回答,称无所谓;侯瓒妹妹的律师,则同意了不公开审理的请求。法官则向双方出示了此前从银行调取的证据。这些证据显示,根据侯瓒提供的线索,法院查明,侯耀文在工行、中行等处有存款 130 多万(其中包括 1 万美元),这些银行存款基本已被取走。一名不愿披露自己姓名的案件参与人表示:"这些钱用来处理后事和还侯耀文的部分欠款,事先经过侯瓒和侯瓒妹妹监护人的同意。实际上,所花的钱要高于从银行取到的这些钱款。"该人表示,为保证物品安全，征得姐妹俩监护人的同意后，郭晓小夫妇将玫瑰园的物品拉走后，存放在天通苑一租来的260平方米大的房子内，"清点里面的物品需7天左右"。

侯耀华称"以心做事"。

该案件参与人还称，侯耀华、牛成志等人获悉被起诉后，"很不理解"。侯耀华等人（当时）参与处理后事，"是伸出手来帮助她"。该人还称，侯耀华对此事的态度是，"我以心做事，心放在中间，上天会看到"。在弟弟侯耀文下葬的问题上，作为家长的侯耀华做过努力，也希望弟弟入土为安，但具体如何处置还是得听从侯瓒等人的意见。

侯耀文到底有多少遗产？尽管有媒体统计称有8000万元，但具体数目根本无法统计。

遗产分为三种：存款、有价证券；房子、车子；收藏品。存款方面可以通过银行查清，不过第二被告牛成志曾反驳："能有多少钱？谁有钱还去银行贷款买房？"；房产方面，市价2000万元的玫瑰园已经因贷款未还清而面临被银行收回的境况（车子则已经归还）；而最难以统计的，便是收藏品——侯耀文爱好名表，每个名表单价在一二十万，再加上珠宝、名人字画，价值不菲。

侯耀华是侵占还是保管？

侯耀华躲着媒体不接电话，郭晓小婉拒采访，只有牛成志作出回应："我要是没有受侯家的委托，能拿走存折吗？"牛成志表示，自己是为办侯耀文后事受托取款，当时还有人主事，侯瓒也在场，但他没有说出委托人的名字。

侯耀文弟子刘际在之前接受采访时表示，侯耀华的确保管着侯耀文别墅中的物品，不过他并不认为那是侵占，"前一年的贷款就是侯耀华还的。之后不还贷款，银行要收走那房子，怎么办呢，侯耀华租了一间房子，把所有侯耀文的东西都搁在那间房子里了，等姑娘们都清楚了再拿走。他（侯耀华）有的是东西，他不在乎那点东西"。

拖延了近一年的侯耀文案2010年6月4日曾开庭，法院经过近6个小时的审理后提出调解。侯瓒要求对方先返还擅自取走的钱，并在此基础上确认是否有债务清偿问题，同时被告移交法院已经清点查明的财务。而侯耀华一方要求原告对侯耀华以外的其他被告（侯耀文好友、管家牛成志、徒弟郭晓小、刘一夫妇）撤诉。由于侯瓒不同意撤销其他被告，且双方坚持诉讼请求，分歧较大，当庭调解失败，法院宣布择日宣判。随后，侯瓒向媒体公布了一份言辞激烈的公开信，叔侄之间的矛盾进一步激化。

最终，僵持了一年多的侯耀文遗产案有了结果，侯耀华与侄女侯瓒在和解协议书上签字,双方就耀文骨灰何时安葬、遗产如何处理等关键问题达成一致。侯耀华的代理律师刘锋表示,此前双方争议不休的多个问题,如骨灰如何处理、何时下葬,遗产如何处理等,已最终达成了一致意见,但调解协议的具体内容不便透露。

点评:许多豪门恩怨导致亲情不存,骨肉相残的缘由皆因财产而起,在本案中侯耀华与亲侄女对簿公堂原因有目共睹。侯耀文生前未立有遗嘱,而依据我国《继承法》应适用法定继承,法定继承第一顺序继承人为被继承人的配偶、子女、父母,并不包括兄弟姐妹,侯耀文去世时无法定配偶,侯耀文的父母亦已去世,故侯耀文的两个女儿理所当然成为其财产的合法继承人,最终侯耀华与其侄女能握手言和不得不说是最佳结果。

知识结构回忆

一、继承权
二、遗产的范围
三、法定继承
四、遗嘱继承、遗赠和遗赠扶养协议
五、被继承人债务的清偿

一、继承权

继承权是自然人根据法律的直接规定或者被继承人所立的合法有效的遗嘱而取得继承被继承人遗产的民事权利。

(一)继承权的放弃

继承人放弃继承权应当在遗产处理前作出放弃继承的明示的意思表示。继承人因口头方式表示放弃继承权的,须经本人承认或其他充分的证据证明,否则不能认定继承人放弃继承权。

在遗产处理前,或诉讼进行中,继承人对放弃继承反悔的,由人民法院根据具体情况决定是否承认。遗产处理后,继承人对放弃继承反悔的,一般不予承认。

(二)继承权的丧失

《继承法》第 7 条规定继承人有下列行为之一的,丧失继承权:(1)故意杀害被继承人的;(2)为争夺遗产而杀害其他继承人的;(3)遗弃被继承人的,或者虐待被继承人情节严重的;(4)伪造、篡改或者销毁遗嘱,情节严重的。

(三)继承权的保护

《继承法》第 8 条:"继承权纠纷提起诉讼的期限为二年,自继承人知道或者应当知道其权利被侵犯之日起计算。但是,自继承开始之日起超过二十年的,不得再提起诉讼。"

根据《民法总则》规定,普通的诉讼时效已改为 3 年,所以因继承权侵犯引发的纠纷,也应当适用 3 年时效。

二、遗产的范围

遗产是被继承人死亡时遗留的个人合法财产,我国继承法规定遗产包括:
(1)公民的合法收入;
(2)公民的房屋、储蓄和生活用品;
(3)公民的林木、牲畜和家禽;
(4)公民的文物、图书资料;
(5)法律允许公民所有的生产资料;
(6)公民的著作权、专利权中的财产权利;
(7)公民的合法财产。

同时,还应该明确下列财产和权利不属遗产的范围,不能继承:

(1)被继承人的人身权、政治权利。人身权利包括:姓名权、人身自由权、劳动权、名誉权、肖像权、荣誉权、生命健康权、受教育权、休息权等。政治权利包括:选举权、被选举权、言论、出版、集会、结社、游行、示威权,宗教信仰自由权,通信自由、通信秘密受法律保护权,担任领导职务权,批评、建议权,申诉、控告、检举权,权利被侵犯取得的赔偿权等。

(2)专属于被继承人本人的财产权利。包括:①国家、集体财产的使用权,包括:公共财产使用权、自留山、自留地、鱼塘、滩涂、水流、牧场、草原等的经营权以及宅基地的使用权;②承包权、房屋租赁权、雇佣合同中的劳务权、财物代管权;③继承权、受遗赠权、劳动工资权等。

(3)不属于被继承人的财产。①国家、集体的财产;②被继承人生前已处分的财产;③被继承人配偶的财产、婚前财产,夫妻共同财产中属于配偶的部分;④婚姻存续期间约定为配偶的财产;⑤被继承人与家庭其他成员的共同财产;⑥发给死者家属的抚恤金、生活补助费;⑦被继承人的人身保险合同中明确指定受益人的财产等。

三、法定继承

法定继承指在被继承人没有对其遗产的处理立有遗嘱的情况下,由法律直接规定继承人的范围、继承顺序、遗产分配的原则的一种继承形式。

(一)范围和顺序

第一顺序:配偶、子女(包括非婚生子女、养子女和有扶养关系的继子女)、父母(包括养父母和有扶养关系的继父母)。对公婆或岳父母尽了主要赡养义务的丧偶儿媳或丧偶女婿,无论其是否再婚,均可作为第一顺序的继承人。

第二顺序:兄弟姐妹(包括同父母的兄弟姐妹、同父异母的和同母异父的兄弟姐妹、养兄弟姐妹、有扶养关系的继兄弟姐妹)、祖父母、外祖父母。

1.继承人以外靠被继承人扶养的缺乏劳动能力又没有生活来源的人,或者继承人以外对被继承人扶养较多的人,分得适当财产。

2.长期与被继承人共同居住或对死者尽抚养、赡养义务较多的继承人可以多分。

3.没有劳动能力,又没有生活来源的继承人,应当多分。(唯一的应当多分)

4.有扶养能力却不尽扶养义务的继承人,应当不分或者少分。

5.胎儿问题:依据《民法总则》关于胎儿权利能力的规定,胎儿直接享有继承权,若娩出为死体,视为权利能力自始不存在,则其应得财产由其他法定继承人分割。

6.遗嘱继承中,如果有的法定继承人缺乏劳动能力又没有生活来源,则必须先为其留下应当继承的份额,否则就该继承人应得部分的遗嘱无效。这是法律对于遗嘱继承的限制,通过这种特留份的规定,保护能力欠缺的法定继承人的利益。

(二)代位继承和转继承

1.代位继承指在法定继承中被继承人的子女先于被继承人死亡或被宣告死亡时,由被继承人的子女的晚辈直系血亲代替继承其应继承的份额的法律制度。

构成要件:①被继承人死亡;②被继承人的子女先于被继承人死亡;③先于被继承人死亡的被继承人的子女没有丧失继承权。

[提示:①遗嘱继承不适用代位继承。仅遗产中应依照法定继承的部分,才能适用代位继承。②与(先于被继承人死亡的)子女形成抚养关系的继子女,不享有代位继承权(《最高人民法院关于贯彻执行〈中华人民共和国继承法〉若干问题的意见》,以下简称《继承法意见》,第26条)。]

需要强调的是,《继承法意见》第29条规定:"丧偶儿媳对公婆、丧偶女婿对岳父、岳母,无论其是否再婚,依照继承法第十二条规定作第一顺序继承人时,不影响其子女的代位继承。"这里的"其子女",是指与先于被继承人死亡的子女的亲生子女、养子女。

2.转继承是指被继承人死亡后,法定继承人或者遗嘱继承人没有放弃继承,或者受遗赠人已经接受遗赠,但在遗产分割前,法定继承人、遗嘱继承人或者受遗赠人死亡,则他们应当分得的被继承人的遗产,作为他们自己的遗产,由他们的继承人予以继承的制度。

[案例1] 2015年钱百万死亡,对所遗财产无遗嘱。钱有二子一女,长子(2013年死亡)生一子甲(2014年死亡),甲遗有一子乙;次子(2012年死亡),遗有一女丙;女儿(2011年死亡)收养一子丁。现乙、丙、丁为继承发生争执。丙认为乙是曾孙(第四代),无权继承;乙、丙认为丁是收养的,无权继承。问:依法谁有权继承?(　　)

A.乙、丙、丁都有继承权

B.乙、丙能继承,丁不能

C.丙能继承,乙、丁不能

D.丙、丁能继承,乙不能

四、遗嘱继承、遗赠和遗赠扶养协议

(一)遗嘱继承

遗嘱继承指于继承开始后,继承人按照被继承人合法有效的遗嘱继承被继承人遗产的法律制度。

1.遗嘱的有效要件

(1)遗嘱人有遗嘱能力。

立遗嘱人在立遗嘱时必须具备完全民事行为能力。无行为能力或者限制行为能力人所立的遗嘱无效。

(2)遗嘱人的意思表示无瑕疵。

受欺诈、胁迫所立遗嘱无效,而不是可撤销。

(3)遗嘱的内容合法且不得违背公序良俗。

(4)遗嘱继承人在继承开始时必须生存。

2.遗嘱的形式

(1)公证遗嘱(效力最强)

要件:①遗嘱人必须亲自到公正机关办理公证遗嘱,不得代理。②应由两名以上的公证员共同办理。因特殊情况只有一名公证员办理的,应由一名见证人见证并签名。

(2)自书遗嘱

要件:①必须由遗嘱人亲自"书写"。②须注明年、月、日。③须有遗嘱人的亲笔签名。《继承法意见》第40条规定,自然人在遗书中涉及死后个人财产处分的内容,确为死者真实意思的表示,有本人签名并注明年、月、日,又无相反证据的,可按自书遗嘱对待。

(3)代书遗嘱

要件:①由遗嘱人口述遗嘱内容。②两个以上无利害关系的见证人在场见证,其中一人代书。③遗嘱人、代书人、其他见证人签名,并注明年、月、日。

(4)录音遗嘱

要件:①由遗嘱人亲自叙述遗嘱的全部内容。②两个以上无利害关系的见证人在场见证(要求将见证人录入录音、录像之中)。

(5)口头遗嘱

要件:①须是遗嘱人在危急情况下的口述。"危急情况"是指遗嘱人生命垂危或者其他紧急情况,如参与重大军事行动、参加抢险救灾、遭遇意外事故等。②须有两个以上无利害关系的见证人在场见证。因为口头遗嘱特别容易被篡改、伪造,故《继承法》第17条第5款规定:危急情况解除后,遗嘱人能够用书面或录音形式立遗嘱的,所立的口头遗嘱无效。

几份遗嘱互相矛盾时,公证遗嘱的效力高于其他遗嘱,后遗嘱的效力高于先遗嘱。

[案例 2] 王强与萧红结婚后,生育三子一女,分别为王甲、王乙、王丙、王丁。王强死后留下房屋一套、存款 200 万。在众子女商讨如何分配遗产时,小女王丁在王强的工作电脑中发现了一份"身后事项安排"的文件。主要内容为:我患病多年,幸得小女王丁悉心照顾,得以延年,故房屋一套由王丁继承。萧红与我相伴一生,存款由其继承并自主分配。

问:王丁可否基于该"网络遗嘱"继承遗产?

[案例 3] 王某与肖某结婚,育有二子一女,分别为王甲、王乙和王丙。王某生前立下公证遗嘱,其住房一套由长子王甲继承,个人存款 180 万元由王乙、王丙和肖某平分。后来,王某的房屋被拆迁,获得产权调换房屋三套,补偿款 90 万元。王某死前未再立其他遗嘱。

问:王甲可否主张基于遗嘱独自取得产权调换的三套房屋和 90 万元补偿款?

[案例 4] 王某为山西的煤老板,财力雄厚,有甲、乙、丙、丁四个儿子。2011 年,王某授权其助手订立自书遗嘱一份,将财产全部留给大儿子甲所有;2012 年,甲意外身亡,王某悲痛之余,在其律师张某及邻居在场的情况下,以录音形式订立一份遗嘱,将财产留给二儿子乙所有;2014 年,乙的朋友赵某看望王某时称,乙经常将企业的资金挥霍无度,王某放心不下,则在赵某和助手见证的情况下,重新以录音的方式订立遗嘱,将财产留给三儿子丙所有;2018 年王某病危,半夜护士小姐巡房时,王某对护士称将财产留给四儿子丁所有,然后身亡。( )

A. 王某 2011 年的遗嘱最终有效,财产应归甲所有
B. 王某 2012 年的遗嘱最终有效,财产应归乙所有
C. 王某 2014 年的遗嘱最终有效,财产应归丙所有
D. 王某 2018 年的遗嘱最终有效,财产应归丁所有

(二)遗赠

遗赠指自然人以遗嘱的方式将其个人财产赠与国家、集体或者法定继承人以外的人,而于其死后发生效力的法律行为。

遗赠是单方法律行为。接受遗赠的人必须在知道受遗赠后 2 个月内作出明确的意思表示,未作出表示的,视为放弃接受遗赠。受遗赠人无权直接参与

遗产分配,而只能从遗嘱执行人或遗嘱继承人或法定继承人处取得遗产。

[案例5]某甲的叔叔临终前立下遗嘱,将全部财产留给某甲。3月2日,某甲的叔叔死亡,次日某甲得知这一份遗嘱的内容,却说:"叔叔何必如此。"直到5月15日,某甲一直没有作出是否接受该遗产的表示。那么,依法某甲的行为应:(　　)

A.推定为放弃遗赠　　　　B.推定为接受遗赠
C.推定为部分接受遗赠　　D.由人民法院决定

(三)遗赠扶养协议

遗赠抚养协议指遗赠人与扶养人或者集体所有制组织签订的关于扶养、遗赠的协议。遗赠抚养协议是双务有偿的行为。

1.遗赠扶养协议为双方、双务、有偿法律行为。

2.扶养人既可以是自然人,也可以是相关基层组织,但不得是法定扶养义务人。

3.扶养人的义务在双方协议成立时生效,但扶养人获得遗产的权利则在遗赠人死亡后发生效力。

4.遗赠扶养协议的效力优先于遗嘱继承、遗赠和法定继承。

[案例6]张甲有两子张乙和张丙,因张乙和张丙在国外工作,无暇顾及张甲。张甲便与刘某签订一份遗赠抚养协议,将自己的房屋在死后赠与给刘某,刘某尽生养死葬的义务。张甲在病危期间,张乙回国,张甲在临终前立下了口头遗嘱,将其房屋由张乙继承(遗嘱符合形式要件)。张甲死亡后,王某拿出了一份张甲的自书遗嘱,其房屋赠与王某。现就张甲的房屋,王某、刘某、张乙、张丙发生纠纷,下列表述正确的是:(　　)

A.应以遗赠抚养协议为准,由刘某取得房屋
B.应以遗赠为准,由王某取得房屋
C.应以遗嘱为准,由张乙取得房屋
D.应以法定继承,由张乙和张丙取得房屋

五、被继承人债务的清偿

(一)清偿原则

1.前提:继承人接受遗产的继承。

2.所有遗产若不能满足债权人需要,继承人没有进一步还债的法律义务。

3.继承人中有缺乏劳动能力又没有生活来源的人,即使遗产不足,也应为其保留适当遗产,然后再清偿债务。

4.共同继承人对遗产债务应当承担连带责任。

(二)清偿顺序

1.先由法定继承人用所得遗产清偿;

2.不足的,剩余债务由遗嘱继承人、受遗赠人按比例偿还,但以遗产价值为限;

3.无法定继承的,由遗嘱继承人、受遗赠人依比例偿还,但以遗产价值为限;

4.遗赠扶养协议受赠人不承担债务清偿责任。

[案例7] 老翁去世,留下遗产价值90万元。留下的遗嘱里写道:"儿子甲得30万元,侄女乙得30万元。"原遗嘱遗漏了另外价值30万元的财产。某翁尚另有一儿子丙。后甲得45万元,丙得15万元,乙得30万元。现丁找上门来,说老翁欠其50万元。法庭查证属实。

问:本案应该如何处理?

 **真题链接**

1.贡某立公证遗嘱:死后财产全部归长子贡文所有。贡文知悉后,自书遗嘱:贡某全部遗产归弟弟贡武,自己全部遗产归儿子贡小文。贡某随后在贡文遗嘱上书写:同意,但还是留10万元给贡小文。其后,贡文先于贡某死亡。关于遗嘱的效力,下列哪一选项是正确的?(2016/03/21)

A.贡某遗嘱已被其通过书面方式变更

B.贡某遗嘱因贡文先死亡而不生效力

C.贡文遗嘱被贡某修改的部分合法有效

D.贡文遗嘱涉及处分贡某财产的部分有效

答案:B

【考点】公证遗嘱、遗嘱继承

【解析】《继承法》第20条规定:"遗嘱人可以撤销、变更自己所立的遗嘱。立有数份遗嘱,内容相抵触的,以最后的遗嘱为准。自书、代书、录音、口头遗嘱,不得撤销、变更公证遗嘱。"据此,公证遗嘱只能通过公证遗嘱进行修改和变更,故A项错误。《继承法》第27条规定:"有下列情形之一的,遗产中的有关部分按照法定继承办理:(一)遗嘱继承人放弃继承或者受遗赠人放弃受遗赠的;(二)遗嘱继承人丧失继承权的;(三)遗嘱继承人、受遗赠人先于遗嘱人死亡的;(四)遗嘱无效部分所涉及的遗产;(五)遗嘱未处分的遗产。"据此,贡某的遗嘱因遗嘱继承人贡文先死亡而不生效力,故B项正确。贡文遗嘱是贡文之单方法律行为,贡某无权对其内容进行修改,故C项错误。贡文遗嘱处分了贡某的财产,而此时贡某尚未死亡,继承尚未开始,属于无权处分他人财产,故其遗嘱中处分贡某财产的部分无效。故D项错误。

2.熊某与杨某结婚后,杨某与前夫所生之子小强由二人一直抚养,熊某死亡,未立遗嘱。熊某去世前杨某孕有一对龙凤胎,于熊某死后生产,产出时男婴为死体,女婴为活体但旋即死亡。关于对熊某遗产的继承,下列哪些选项是正确的?(2016/03/66)

A.杨某、小强均是第一顺位的法定继承人
B.女婴死亡后,应当发生法定的代位继承
C.为男婴保留的遗产份额由杨某、小强继承
D.为女婴保留的遗产份额由杨某继承

答案:ACD

【考点】法定继承

【解析】熊某与小强之间构成具有抚养关系的继父母子女关系,故小强对熊某遗产享有继承权。故A项正确。

《继承法》第11条规定:"被继承人的子女先于被继承人死亡的,由被继承人的子女的晚辈直系血亲代位继承。代位继承人一般只能继承他的父亲或者母亲有权继承的遗产份额。"女婴并无晚辈直系血亲,不发生代位继承。故B项错误。

《继承法》第28条规定:"遗产分割时,应当保留胎儿的继承份额。胎儿出生时是死体的,保留的份额按照法定继承办理。"男婴出生为死体,故为其保留的份额应当作为熊某的遗产按照法定继承处理。故C项正确。女婴出生后旋即死亡,为其保留的份额已经成为该女婴之遗产,由其继承人杨某继承。故D项正确。

3.小强现年9周岁,生父谭某已故,生母徐某虽有抚养能力,但因准备再婚决定将其送养。徐某的姐姐要求收养,其系华侨富商,除已育有一子外符合收养人的其他条件;谭某父母为退休教师,也要求抚养。下列哪一选项是正确的?(2017/03/19)

　　A.徐某因有抚养能力不能将小强送其姐姐收养

　　B.徐某的姐姐因有子女不能收养小强

　　C.谭某父母有优先抚养的权利

　　D.收养应征得小强同意

答案:C

【考点】收养的范围

【解析】配偶一方死亡,另一方送养未成年子女的,死亡一方的父母有优先抚养的权利。故A项、B项错误,C项正确。收养年满十周岁以上未成年人的,应当征得被收养人的同意。故D项错误。

4.韩某于2017年3月病故,留有住房1套、存款50万元、名人字画10余幅及某有限责任公司股权等遗产。韩某在2014年所立第一份自书遗嘱中表示全部遗产由其长子韩大继承。在2015年所立第二份自书遗嘱中,韩某表示其死后公司股权和名人字画留给7岁的外孙女婷婷。2017年6月,韩大在未办理韩某遗留房屋所有权变更登记的情况下以自己的名义与陈卫订立了商品房买卖合同。下列哪些选项是错误的?(2017/03/66)

　　A.韩某的第一份遗嘱失效

　　B.韩某的第二份遗嘱无效

　　C.韩大与陈卫订立的商品房买卖合同无效

　　D.婷婷不能取得某有限责任公司股东资格

答案:ABCD

【考点】遗嘱继承

【解析】立有数份遗嘱,内容相抵触的,以最后的遗嘱为准。韩某的第二份遗嘱变更了第一份遗嘱中的部分内容,故变更部分以第二份遗嘱为准,第一份遗嘱部分失效,故A项错误,B项错误。继承获得的房屋,未经登记处分的,不发生物权效力,但其买卖合同本身仍然可以有效,故C项错误。自然人股东死亡后,其合法继承人可以继承股东资格;但是,公司章程另有规定的除外。故D项错误。

5.甲(男)与乙(女)结婚,其子小明20周岁时,甲与乙离婚。后甲与丙

(女)再婚,丙与小亮8周岁,随甲、丙共同生活。小亮成年成家后,甲与丙甚感孤寂,收养孤儿小光为养子,视同己出,未办理收养手续。丙去世,其遗产的第一顺序继承人有哪些?(2018模拟题)

A.小明　　　B.小亮　　　C.甲　　　D.小光

答案:BC

【考点】法定继承

【解析】《继承法》第10条规定:"遗产按照下列顺序继承:第一顺序:配偶、子女、父母。第二顺序:兄弟姐妹、祖父母、外祖父母。继承开始后,由第一顺序继承人继承,第二顺序继承人不继承。没有第一顺序继承人继承的,由第二顺序继承人继承。本法所说的子女,包括婚生子女、非婚生子女、养子女和有扶养关系的继子女。本法所说的父母,包括生父母、养父母和有扶养关系的继父母。本法所说的兄弟姐妹,包括同父母的兄弟姐妹、同父异母或者同母异父的兄弟姐妹、养兄弟姐妹、有扶养关系的继兄弟姐妹。"甲与丙结婚时,小明已经成年,丙与小明之间没有形成有抚养关系,故小明不属于丙之第一顺序继承人。A项错误,不选。小亮为丙之亲生子女,属于丙之第一顺序继承人。B项正确,应选。甲为丙之配偶,属于丙之第一顺序继承人。C项正确,应选。小光虽由甲与丙抚养,但甲、丙未办理收养手续,其间没有形成法律上的养父母子女关系,故小光不属于丙之第一顺序继承人。D项错误,不选。

综合案例分析

1.李某与妻子朱某,女儿李梅(12周岁)一家三口住在贫困山村。未脱贫致富,2015年12月李某分别向信用社和复员军人张某各借款5万元,又向邻村借款5万元,共计15万元,购买邻村一台旧卡车开始货运业务。2016年7月,在尚未办理各项车辆运输保险的情况下,李某冒着大雨天、山路十分湿滑的危险为村民刘某运货进城,不幸坠入山谷,车毁人亡。朱某得知后,痛不欲生,当晚上吊自杀,留下孤儿李梅。村委会在全权处理李、朱丧事并清查其财产债务后,会同乡民政干部组织召开了一个特别会议,参加人有村委会和乡民政干部、邻村村长、信用社负责人、刘某、张某、李梅。经查,李某夫妇共有财产2万元存款,房屋及家庭生活用品。

问:(1)该案涉及哪些方面的法律问题?

(2)你认为本案依法应如何处理?

2.王某与孙某曾经同甘苦共患难,两人相约如果一人不幸早逝,由对方负责收养死者的幼子。孙某2008年遭遇车祸不幸去世后,其幼子甲由王某收养,但未办理收养登记。王某生有两子乙、丙,一女丁。长子乙供职外企,待遇优厚但却不孝顺,对王某视若无睹。次子丙早年因车祸致残,丧失劳动能力,亦无其他生活来源。丁被所在国企分流下岗,经济困难,但却承担了照顾王某的责任,长期与王某共同生活。2012年,王某病故,留下遗产若干。

根据我国相关继承法律的规定,请回答:本案中王某的遗产应当如何分配?

其他经典案例

1.梅艳芳遗产案

香港已故歌星梅艳芳母亲覃美金及胞兄梅启明,就梅艳芳遗产缠讼,先后将梅艳芳好友及多个遗产管理人告上法庭,但一直被驳回。2010年7月,梅妈妈再次上诉至终审庭,与梅艳芳遗产管理人争夺名下寿山村道及山村道物业业权,更指遗产管理人德勤关黄陈方会计师行管理遗产时疏忽,向会计师行索偿10亿港元。香港高院在去年12月29日裁定梅家母子败诉,更指两人不尽不实、难以置信及毫无根据,须支付诉讼费用。

2.迈克尔·杰克逊遗产案

迈克尔·杰克逊的死讯让世界各地迷恋他的歌迷陷入悲伤,但很快却掀起了关于迈克尔·杰克逊的遗产争夺战。操纵杰克逊母亲凯瑟琳提起遗嘱上诉的幕后操纵者竟然就是杰克逊的父亲!迈克尔死后,法庭最初判凯瑟琳是遗产的管理人,并获迈克尔3名子女的监护权,但后来迈克尔2002年遗嘱曝光,虽委托母亲凯瑟琳为3名子女监护人及4成财产受益人,但遗嘱执行人却是律师约翰·布兰卡及好友约翰·麦克莱恩。凯瑟琳质疑遗嘱执行人的地位,她的律师已展开法律行动,希望争夺遗产的控制权。

3.帕瓦罗蒂遗产案

意大利著名男高音歌唱家帕瓦罗蒂2008年9月6日辞世。但是,他的身后却不平静。他的两任妻子及前妻的三个女儿为争夺2.5亿美元的遗产而闹得不可开交。

4.古月遗产案

古月生前先后曾组建过三次家庭,与第一任妻子生有两个女儿胡雁、胡冰。第一任妻子去世后,古月与第二任妻子桂萍结婚并生有一子古宇。后来,古月与第二任妻子因感情不和离婚,于1996年与现任妻子张燕结婚。古月去世后,由于财产分配问题,古月的三位儿女把他们的继母、古月的遗孀张燕告上了北京市丰台区人民法院。

专题七　知识产权法

第一讲　著作权法

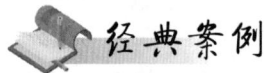

【案情】陈佩斯、朱时茂诉中国国际电视总公司侵犯著作权使用权

《吃面条》《拍电影》《羊肉串》等均为陈佩斯、朱时茂等人创作并在历次中央电视台春节联欢晚会表演的小品。1999年5月,原告陈佩斯、朱时茂购买了中国国际电视总公司(以下简称电视总公司)出版、发行的VCD光盘《陈佩斯、朱时茂小品专辑》《欢乐送到家》《笑笑笑小品专辑》《笑笑大世界》《陈佩斯小品专辑》《小品专辑》等,其中含有两原告创作并在春节联欢晚会表演的小品。原告陈佩斯、朱时茂认为中国国际电视总公司侵犯其著作权使用权、获得报酬权以及表演者权,诉至北京市第一中级人民法院。

原告陈佩斯、朱时茂诉称:1994年,被告曾就非法出版发行原告创作及表演的小品一事向原告道歉并给予象征性的补偿。原告表示不再进一步追究被告的侵权行为。双方约定,对于以后的出版发行事宜由双方具体协商。但1999年3月、4月间,原告再次发现被告未经许可,擅自出版发行含有两原告在历届春节联欢晚会上表演的并享有著作权及表演者权的十个小品在内的VCD光盘。同年5月,原告就被告的侵权行为向被告致函,要求被告停止侵权并赔偿损失,但被告没有答复。原告认为被告的行为违背了双方的约定,带有明显的侵权故意,造成对原告合法权益的再次侵害,故根据《著作权法》第46条第2项的规定诉至法院。请求依法判令被告停止侵权、停止出版销售所有侵权产品,公开赔礼道歉,在《中国电视报》上刊登赔礼道歉书,以消除影响;赔偿原告经济损失1937750元(在审理中原告撤回对10个小品中的2个小品的起诉,故赔偿请求变更为1666465元),并承担本案的诉讼费及原告因本案诉讼而支出的其他一切费用。

被告电视总公司辩称:本案所涉小品虽由两原告创作、表演,但均在中央电视台的组织、导演下出现在电视台大型文艺节目中,成为中央电视台摄制的电视节目的组成部分。中央电视台对这些电视节目拥有全部著作权。电视总公司出版上述节目的VCD光盘制品,是经中央电视台许可授权后依法进行的,绝无任何侵犯他人著作权之嫌。请求驳回原告的诉讼请求。

一审法院经审理查明:

(一)本案涉及的原告八个小品的创作及表演情况

《吃面条》作者、表演者:陈佩斯、朱时茂。创作时间:1983年1月。首次表演时间:1983年2月。表演地:哈尔滨体育馆。中央电视台春节联欢晚会表演时间:1984年。

《拍电影》作者、表演者:陈佩斯、朱时茂。创作时间:1984年5月。首次表演时间:1984年12月。表演地:电影协会年会(广州)。中央电视台春节联欢晚会表演时间:1985年。

《羊肉串》作者、表演者:陈佩斯、朱时茂。创作时间:1985年10月。首次表演时间:1985年12月。表演地:慰问八宝山殡葬工人演出(北京)。中央电视台春节联欢晚会表演时间:1986年。

《胡椒面》作者:陈佩斯、朱时茂、范旭霞;表演者:陈佩斯、朱时茂、范旭霞。创作时间:1987年10月。首次表演时间:1988年1月。表演地:山东电视台元旦晚会(济南)。中央电视台春节联欢晚会表演时间:1989年。

《主角与配角》作者、表演者:陈佩斯、朱时茂。创作时间:1989年10月,首次表演时间:1989年12月。表演地:慰问北京军区后勤部演出。中央电视台春节联欢晚会表演时间:1990年。

《警察与小偷》作者:陈佩斯、朱时茂;表演者:陈佩斯、朱时茂、巩汉林、杨蕾、魏积安、蔡明。创作时间:1990年10月。首次表演时间:1990年12月。表演地:公安部联欢晚会(北京)。中央电视台春节联欢晚会表演时间:1991年。

《姐夫与小舅子》作者、表演者：陈佩斯、朱时茂。创作时间：1991年12月。首次表演时间：1992年1月。表演地：慰问公安、武警演出（北京）。中央电视台春节联欢晚会表演时间：1992年。

《王爷与邮差》作者：陈佩斯、朱时茂、王宝社；表演者：陈佩斯、朱时茂。创作时间：1991年开始。首次表演时间：1991年11月。表演地：广播剧场（北京）。中央电视台春节联欢晚会表演时间：1998年。

本案原告在起诉时主张其在中央电视台春节联欢晚会上表演的十个小品的著作权及表演者权，除上述八个小品外，还有小品《狗娃与黑妞》《宇宙体操选拔赛》。其中《狗娃与黑妞》《胡椒面》《警察与小偷》《宇宙体操选拔赛》《王爷与邮差》五个小品涉及原告以外的作者或表演者。在案件审理期间，《胡椒面》的合作作者及表演者范旭霞、《王爷与邮差》的合作作者王宝社声明：就陈佩斯、朱时茂与电视总公司侵权一案，放弃对相应小品的实体权利；《警察与小偷》的合作表演者巩汉林、杨蕾、魏积安、蔡明放弃对该小品的诉讼权利。原告于1999年9月3日向法院申请撤回对《宇宙体操选拔赛》《狗娃与黑妞》两个小品权利的主张，并将诉讼请求由1937750元变更为1666465元、法院经审查对原告就两个小品的撤诉申请裁定准予。对于以上事实，双方当事人无异议。且有原告提供的小品创作表演情况、公证购买实物、侵权情况对照表、范旭霞等人的声明、原告撤诉申请、法院裁定、当事人陈述等在案佐证。

（二）原告指控被告出版发行侵权音像制品涉及使用原告创作表演的小品情况

1.1994年朱时茂与电视总公司就电视总公司未经朱时茂许可，擅自出版、发行《陈佩斯、朱时茂小品专辑》录像带达成谅解协议，约定：电视总公司向朱时茂道歉；电视总公司补偿朱时茂经济损失（按所得利润的1/3，即18085.61元予以补偿）；朱时茂允许电视总公司将其发行的《陈佩斯、朱时茂小品专辑》售完；朱时茂放弃就此事项诉讼的权利；《陈佩斯、朱时茂小品专辑》今后的出版、发行事宜由双方另行约定。此事实有朱时茂与电视总公司1994年订立的协议书在案佐证，双方当事人对此事实无异议。

2.1999年5月27日，原告在北京市新华图书有限责任公司购买了电视总公司出版、发行的VCD光盘《陈佩斯、朱时茂小品专辑》《欢乐送到家》小品专辑，其中汇集了两原告创作并在春节联欢晚会上表演的小品《吃面条》《拍电影》《主角与配角》《羊肉串》《王爷与邮差》《胡椒面》《警察与小偷》《姐夫与小舅子》；同日，在北京金冶光文化音像有限公司购买了电视总公司出版、发行的

VCD 光盘《笑笑笑小品专辑》《笑笑大世界》《陈佩斯小品专辑》《小品专辑》,其中含有两原告创作并在春节联欢晚会表演的上述八个小品。长安公证处经原告申请对上述购买过程和所购物品进行了证据保全公证。原告于 1999 年 5 月 28 日在北京中安天平图书中心、北京市音乐书店、北京物美商城有限责任公司、北京优玖音像发行中心又购买了电视总公司出版、发行的 VCD 光盘《幽默小品系列》《二十世纪华人优秀幽默作品之陈佩斯小品专辑》《笑笑大世界》《陈佩斯小品专辑》《小品集锦》,其中包括原告创作和表演的上述小品。1999 年 9 月 22 日,在合议庭的主持下,双方当事人的代理人到场,对原告公证购买及自行购买的涉嫌侵权 VCD 光盘进行了现场勘验。双方当事人对被告未经原告许可出版、发行行为及公证购买实物均无异议。被告对原告在北京市音乐书店自行购买的《二十世纪华人优秀幽默作品之陈佩斯小品专辑》第一集、第二集的真实性有异议,但未提供相应的证据。对原告自行购买的其他 VCD 光盘的真实性及由被告出版、发行的事实无异议。上述事实,有(99)长证内经字第 1264 号公证书、(99)长证内经字第 1265 号公证书、原告自行购买情况表、公证购买实物、原告自行购买实物、勘验笔录、当事人陈述在案佐证。

3.电视总公司与广州市鸿翔影视有限公司于 1996 年 6 月 26 日订立一份关于复制《幽默小品集锦之一、之二、之三、之四》《陈佩斯、朱时茂小品专辑》各 3000 套的 VCD 录音录像制品复制委托书;电视总公司与佛山金珠激光数码储存片有限公司分别于 1997 年 12 月 31 日和 1998 年 1 月 5 日订立两份关于复制 5000 套《笑笑大世界》VCD 的录音录像制品复制委托书。本案庭审以后,电视总公司根据合议庭的要求于 1999 年 11 月 19 日提交 1998 年 8 月 26 日、11 月 26 日,1999 年 3 月 4 日、6 月 24 日、6 月 26 日、8 月 2 日、9 月 29 日的《鸿翔影视调拨单及出库单》。涉及本案小品的 VCD 产品有《陈佩斯小品》《笑笑大世界》《陈佩斯小品专辑》。以上事实有被告提交的录音录像制品复制委托书、鸿翔影视调拨单及出库单在案佐证。原告对以上证据的真实性无异议,但对其证明对象及证明效力有异议。

(三)被告抗辩的事实和证据

中央电视台于 1998 年 1 月 1 日授权电视总公司作为中央电视台制作的各类电视节目全世界版权交易的总代理。电视总公司提交了由中央电视台办公室于 1999 年 9 月 27 日出据的证明,内容为:中央电视台历届春节联欢晚会均为电视台投资、制作,对节目内容进行筹备、组织、修改,并经台、部(总局)以至中央有关负责同志审定,对中央电视台制作的节目已授权电视总公司出版、制作音像制品。以上事实有被告提交的授权书、中央电视台办公室证明在案佐证。原告认为中央电视台办公室无权代表中央电视台出具该证明,且无权对原告的小品及表演进行授权。

(四)原告主张赔偿的依据及计算方法

原告认为,原告无法准确调查取证被告在1996—1998年的时间里究竟出版发行了多少个版本,每个版本又发行了多少数量,更无法得知被告几年来就此获取巨额利润的准确数额,因此原告要求以被告1994年非法出版原告小品录像带所获得利润为版权使用费计算基数,并乘以五倍的方式作为计算赔偿数额的唯一方法。具体索赔额计算方法为:根据1994年双方达成的调解协议书,被告的侵权纯利润总额为:18085.61元×3=54256.83元,平均每个节目利润额为:54256.83元,7个侵权节目=7751元。据此,1996年侵权利润额应为,《幽默小品系列》第三辑(使用2个节目):7751元×2=15502元;《小品集锦》(使用2个节目):7751元×2=15502元;《陈佩斯、朱时茂小品专辑》(使用4个节目):7751元×4=31004元;《二十世纪华人优秀幽默作品之陈佩斯小品专集》第1、2集(使用8个节目):7751元×8=62008元;《陈佩斯小品专辑》第1、2集(使用8个节目):7751元×8=62008元。1996年侵权利润总计为:186024元。1997年侵权利润额为:《笑笑大世界》第1套、第4套(使用4个节目):7751元×4=31004元。1998年侵权利润额为:《小品逗你笑》第6集(使用4个节目):7751元×4=31004元;《笑笑笑小品专集》第1、2、3套(使用3个节目):7751元×3=23253元;《欢乐送到家》第1、2集(使用8个节目):7751元×8=62008元。1998年侵权利润总计为:116265元。1996年、1997年、1998年这3年侵权利润额总计为:333293元。原告索赔总额为:333293元×5倍=1666465元。另查,原告因本案诉讼而支出的费用共计21516元,其中包括以下费用:诉讼费18342元;公证费1600元;查档费100元;交通费417元;购买与本案有关小品VCD花费1057元。上述费用支出均有原告提供的原始单据在案佐证。

一审法院认为:(1)两原告作为作者和表演者,是本案所涉八个小品的著作权人和表演权权利人,对八个小品依法享有著作权和表演者权;(2)被告仅有中央电视台的许可而未经原告许可,出版、发行多个版本的含有原告享有著作权及表演者权利的小品的VCD光盘,明显构成侵权,损害了原告的合法权益,被告理应承担相应的法律责任,包括赔礼道歉、公开消除影响、赔偿损失;(3)应当参考原、被告双方于1994年达成的调解协议中规定的利润额作为本案所涉小品侵权赔偿计算的基数,再结合被告出版发行侵权 VCD 光盘的节目数量、侵权情节、主观过错等情况酌情确定赔偿数额。

综上所述,依据《著作权法》第 45 条第(5)项、第 46 条第(4)项的规定,判决如下:

1. 被告中国国际电视总公司立即停止侵权,不得出版发行侵犯原告陈佩斯、朱时茂小品著作权和表演者权的侵权制品;

2. 被告中国国际电视总公司自本判决生效之日起 30 日内在《中国电视报》上刊登致歉声明,向原告陈佩斯、朱时茂赔礼道歉、公开消除影响;

3. 被告中国国际电视总公司自本判决生效之日起 10 日内给付原告陈佩斯、朱时茂著作权侵权赔偿金 333293 元及原告因本案支出的合理费用 3164 元。

被告中国国际电视总公司不服一审判决提出上诉,二审双方达成和解。

点评:本案属于著作权中表演者的权利与维护的经典案例,央视春节晚会演红了陈佩斯、朱时茂这对"小品黄金搭档",而这两人因小品 VCD 版被侵权第一次"搭档"打官司,就告倒了"东家"中国国际电视总公司。该是侵权就是侵权,该维权就维权,陈、朱这种"真理至上"的处世原则,不得不让人感叹:勇气可嘉。

知识结构回忆

一、著作权的取得

二、著作权的客体

三、著作权的主体和著作权的归属

四、著作权的内容

五、邻接权

六、著作权的限制

七、著作权侵权

著作权亦称版权,是指作者对其创作的文学、艺术和科学技术作品所享有的专有权利。著作权是公民、法人依法享有的一种民事权利,属于无形财产权。

一、著作权的取得

1.中国公民、法人或其他组织的作品,自作品创作完成时产生著作权。

[**提示**:创作是事实行为,无须具有行为能力。创作完成即取得著作权,无须发表。]

2.外国人、无国籍人的作品根据其作者所属国或者经常居住地国同中国签订的协议或者共同参加的国际条约享有著作权,自作品创作完成时产生著作权。

二、著作权的客体

著作权的客体是作品。作品,是指文学、艺术和科学领域内具有独创性并能以某种有形形式复制的智力成果(《著作权实施条例》第2条)。

(一)作品的特征

1.作品必须是人类的智力成果。

2.作品必须是能够被他人客观感知的外在表现。

3.只有具有"独创性"的外在表达才是作品。

[案例1] 在20世纪初发生在英国的 Walter v. Lane 案中,一名报社记者运用速记法忠实、准确地记录了政治家演讲的内容,另一家报社未经该名记者所在的报社许可而刊登了该名记者所记录的内容,两家报社就该行为是否构成版权侵权发生纠纷。请分析。

[案例2] 假设甲公司为了编制当地居民的电话号码簿,派人走家串户收集并逐一核实每一居民的电话号码,花费了大量的时间和人力。在收集了当地全体居民的电话号码之后,甲公司按居民姓名的字母顺序排列了电话号码。乙公司抄袭了甲公司的电话号码簿。讨论乙公司是否侵犯了甲公司的著作权?

[案例3] 马某等出版了图书《舌尖上的中国》,其内容系按一定的主题和题目汇编选入了106篇名家关于饮食的散文。中央电视台制作了与原告图书同名的纪录片《舌尖上的中国》,且与原告图书同为饮食题材。中央电视台随后编著了《舌尖上的中国》一书并出版。马某等认为中央电视台未经许可擅自出版同名作品侵犯了其著作权。

问:简短的标题是作品么?

(二)作品的内容

1.受著作权法保护的作品

(1)文字作品;(2)口述作品;(3)音乐、戏剧、曲艺、舞蹈、杂技艺术作品;(4)美术、建筑作品;(5)摄影作品;(6)电影作品和以类似摄制电影的方法创作的作品;(7)工程设计图、产品设计图、地图、示意图等图形作品和模型作品;(8)计算机软件;(9)法律、行政法规规定的其他作品。

[案例4]2006年6月27日凌晨,意大利在德国世界杯八分之一决赛意大利对阵澳大利亚最后时刻凭借左后卫格罗索获得的点球机会以1:0淘汰了澳大利亚队。中央电视台著名的足球解说员黄健翔终场前即兴进行了极富激情的解说:"点球!点球!点球!格罗索立功啦!格罗索立功啦!不要给澳大利亚人任何的机会!伟大的意大利的左后卫,他继承了意大利的光荣的传统!法切蒂、卡布里尼、马尔蒂尼在这一刻灵魂附体!格罗索一个人,他代表了意大利足球悠久的光荣传统!在这一刻,他不是一个人在战斗!他不是一个人!……托蒂!托蒂面对这个点球。他面对的是全世界的意大利球迷的目光和期待!……球进啦!比赛结束啦!意大利队获得了胜利!淘汰了澳大利亚队!他们没有再一次倒在希丁克的球队面前!伟大的意大利!伟大的意大利的左后卫!马尔蒂尼,今天生日快乐!意大利万岁!""伟大的意大利,意大利人的期望,这个点球是一个绝对理论上的决杀。绝对的死角,意大利队进入了八强!这个胜利属于意大利,属于格罗索,属于卡纳瓦罗,属于布冯,属于马尔蒂尼,属于所有热爱意大利足球的人!"

"澳大利亚队也许会后悔的,希丁克在下半时他们多一人的情况下打得太保守、太沉稳了,他失去了自己在小组赛的那种勇气,面对意大利足球悠久的历史和传统,他失去了他在小组赛中那种猛扑猛打的作风,他终于自食其果。澳大利亚队该回家了,也许他们不用回遥远的澳大利亚,他们不用回家,因为他们大多数人都在欧洲生活,再见!"

这段现场解说的录音很快被许多网络制成手机彩铃供用户下载,也引起了著作权方面的争议。那么,这段黄健翔的激情解说是否构成我国著作权法上的"口述作品"呢?

[案例5]罗永浩曾是北京新东方学校老师,在该校讲授英语课程,具有较高知名度。某网站上传了载有罗永浩讲课内容的MP3格式录音文件,登载时注明"新东方老罗语录"等字样,并对文件进行了介绍:"罗永浩,北京新东方的

英语教师,以讲课生动活泼且令人爆笑不止闻名,很多经典段子都是课堂上同学们自己录下来的。"

问:罗永浩是否可以起诉该网站侵权?

[案例6] 牛某研习书法绘画30年,研究出汉字的独特写法牛氏"润金体"。"润金体"借鉴了"瘦金体",但在布局、线条、勾画、落笔以及比例上自称体系,多出三分圆润,审美价值很。牛某将其成果在网络上发布,并注明"版权所有,未经许可,不得使用。"A公司从该网站下载了九个"润金体"字,组成一段广告词"小绵羊、照太阳、过海洋"为自己从国外进口的羔羊肉做广告。A公司的行为是否构成侵权?

2.不受著作权法保护的作品

(1)思想;(2)操作方法、技术方案和实用功能;(3)事实及对事实无独创性的汇编;(4)官方正式文件;(5)竞技体育活动;(6)公有领域的作品;(7)违禁作品的著作权保护问题。

[案例7] 谭某独创了一种既不同于简谱也不同于五线谱的钢琴记谱新方法,仅用阿拉伯数字1、2、3、4、5进行标注,是学习钢琴者能够很快识谱并进行钢琴弹奏。谭某将《欢乐颂》等公有领域的歌曲转成了以该方法展示的曲谱形式,某公司未经许可将其在网络上进行了传播。谭某诉该公司侵犯了其改编作品著作权。

问:钢琴记谱方法受不受保护?

[案例8] 国家体育总局组织创编了第九套广播体操,并将"复制、出版、发行和网络信息传播权"独家授予了中国体育报业总社(人民体育出版社),某音像公司出版了第九套广播体操的演示教学DVD,包括全套正面演示、分解动作教学演示、全套背面演示等10段影像。中国体育报业总社起诉该音像公司侵犯著作权。

问:第九套广播体操是否属于著作权保护的作品?

三、著作权的主体和著作权的归属

著作权主体是指享有著作权的人,著作权的归属是指作品著作权应当由谁所享有。

(一)自然人作者

《著作权法》第11条:创作作品的公民是作者。

不视为创作的情形:(1)为他人创作进行组织工作;(2)提供咨询意见、物质条件;(3)进行其他辅助工作等。这些人不能作为"作者"而成为著作权的主体。

[案例9] 20世纪80年代初,重庆市有关部门聘请叶某设计《歌乐山烈士群雕》(以下简称《群雕》)。叶某完成并展示了《群雕》初稿之后,重庆市歌乐山烈士陵园管理处美工刘某根据领导指示,为说明《群雕》所处位置而制作了烈士墓模型。随后叶某与刘某指导木工制作了《群雕》放大稿骨架。这时,刘某作为《群雕》工程办公室的工作人员,在叶某的指导下,参加了《群雕》泥塑放大制作和其他一些工作。泥塑放大制作过程中,叶某经常到现场进行指导和刻画、修改,并对有关方面提出的合理化建议予以采纳。对刘某提出的一些建议,叶某认为符合自己创作意图和表现手法的,亦予以采纳,刘某遂认为自己是《群雕》的作者之一。

问:刘某是否是《群雕》的作者?

(二)视为作者的法人或其他组织

《著作权法》第11条:"由法人或者其他组织主持,代表法人或者其他组织意志创作,并由法人或者其他组织承担责任的作品,法人或者其他组织视为作者。"以这种方式创作的作品被称为"法人作品"。法人既然被视为作者,当然享有作品的一切著作权。真正创作完成作品的自然人对作品没有任何著作权发意义上的权利,包括署名权。

(三)特殊作品的著作权归属与行使

1.报告、讲话作品:著作权归报告人或讲话人,执笔人得报酬;自传体作品著作权约定优先,没有约定,归特定人物,执笔人或整理人得报酬。

2.演绎作品:包括改编、翻译、注释、整理的作品,著作权归演绎者。其对著作权的行使,不得侵犯原作品的著作权。第三人使用演绎作品需要得到双重许可。(《著作权法》第12条)

3.合作作品:著作权属于全体作者。(《著作权法》第13条、《著作权法实施条例》第9条)

4.汇编作品:包括辞书、选集、期刊、杂志、数据库等,著作权人是汇编者。汇编作品受到双重保护,即原作品的著作权和汇编作品的著作权。第三人使用汇编作品需要得到双重许可。(《著作权法》第14条)

5.影视作品:著作权由制片人享有。参与创作人(如导演、演员等)享有署名权和获得报酬权。不过,影视作品中的剧本、音乐等可以单独使用的作品的作者,有权单独行使其著作权。(《著作权法》第 15 条)

6.职务作品:主要是利用法人或者其他组织的物质技术条件创作,并由法人或者其他组织承担责任的工程设计图、产品设计图、地图、计算机软件等作品,作者享有署名权和受奖励权,著作权的其他权利由单位享有。(《著作权法》第 16 条)上述情形以外,著作权由作者享有,单位享有两年的优先使用权。

优先使用权的行使有以下规定:①作品完成两年内,未经单位同意,作者不得许可第三人以与单位使用相同的方式使用该作品。作品完成两年的期限,自作者向单位交付作品之日起计算。②在作品完成两年内,如单位在其业务范围内不使用,作者可以要求单位同意由第三人以与单位使用的相同方式使用,单位没有正当理由不得拒绝。

7.委托作品:著作权有约定按约定,无约定属于受托人,委托人有使用权。(《著作权法》第 17 条)

8.美术作品:著作权由作者享有。但美术作品原件转让的,原件的所有人享有原件所有权和原件展览权,此外的其他权利仍由著作权人享有;而且,原作者的修改权只有经过买受人同意才能行使。(《著作权法》第 18 条)

9.作者身份不明的作品:由原件作品的所有人行使除署名权以外的著作权。

10.计算机软件作品:著作权归软件的开发者。

[案例 10]《我的前半生》一书原来是由末代皇帝爱新觉罗.溥仪在抚顺战犯管理所关押期间口述,他的弟弟溥杰执笔完成的。后来,群众出版社指派当时在该社工作的干部李文达与溥仪一起对《我的前半生》进行修改。李文达亲自到溥仪过去生活过的地方进行调查,澄清了原书中许多讹误的史实。而且有关领导决定由李文达在确立的新主题思想下重新构思,重新组织材料和结构。溥仪和李文达在新的主体思想指导下重新撰写,并最终完成了修改稿。在 20 世纪 80 年代,李文达以合作作者的身份对外宣传《我的前半生》,溥仪的遗孀李淑贤认为这本书的著作权仅属于溥仪一人所有,因此,对李文达提起了诉讼。

问:自传作品的著作权由谁享有?

四、著作权的内容

著作权包括人身权和财产权。

(一)人身权又称精神权利

人身权具体包括:

1. 发表权,即决定作品是否公之于众的权利。发表权是一次性的权利。
2. 署名权,即表明作者身份,在作品上署名的权利。
3. 修改权,即修改或者授权他人修改作品的权利。
4. 保护作品完整权,即保护作品不受歪曲、篡改的权利。

[案例11] 甲生前曾多次表示要将自己尚未发表的书稿赠送给乙,但一直未交付。后甲立遗嘱由丙继承全部遗产,但甲临终前又将该书稿赠与丁并立即交付。该书稿的发表权应由谁行使?

[案例12] 1993年10月,上海朵云轩、香港永成古玩有限公司联合在香港拍卖出售了一幅画《毛泽东肖像》,画上有"炮打司令部,我的一张大字报,毛泽东"字样,落款为"吴冠中画于工艺美院一九六二年"。拍卖前,吴冠中曾通过有关单位转告上海朵云轩这幅画是假冒原告署名的伪作。但上海朵云轩在接到书面函件后仍进行拍卖,甚至出具专家鉴定意见称,这是吴冠中的作品,致使该伪作被他人以港币52.8万元购去。两拍卖公司的行为是否侵犯吴冠中的署名权?

(二)财产权又称经济权利

财产权具体包括:

1. 复制权,即以印刷、复印、拓印、录音、录像、翻录、翻拍等方式将作品制作一份或者多份的权利。
2. 发行权,即以出售或者赠与的方式向公众提供作品的原件或者复制件的权利。发行权一次用尽(即首次销售原则)。
3. 出租权,即有偿许可他人临时使用电影作品和以类似摄制电影的方法创作的作品、计算机软件的权利。仅四种人享有出租权(其他著作权人不享有出租权):(1)电影作品的著作权人;(2)以类似摄制电影的方法创作的作品(主要是指电视剧、有独创性的MTV)的著作权人;(3)计算机软件的著作权人(计算机软件不是出租标的的除外);(4)录音、录像制品的制作者。
4. 展览权,即公开陈列美术作品、摄影作品的原件或者复制件的权利。
5. 表演权,即公开表演作品,以及用各种手段公开播送作品的表演的权利。只有著作权人享有表演权,其他人如录音、录像制品的制作者、演唱者均不享有表演权。表演权控制的行为包括:(1)公开的活表演(如演奏乐曲、上演剧本、朗诵诗歌)。(2)公开的机械表演。机械表演指将活表演录制于唱片、影片、光盘上之后,利用机器设备向公众传播记录的表演的公开表演方式。

6.放映权,即通过放映机、幻灯机等技术设备公开再现美术、摄影、电影和以类似摄制电影的方法创作的作品等的权利。

7.广播权,即以无线的方式公开广播或者传播作品,以有线传播或者转播的方式向公众传播广播的作品,以及通过扩音器或者其他传送符号、声音、图像的类似工具向公众传播广播作品的权利。

8.信息网络传播权,即以有线或者无线的方式向公众提供作品,使公众可以在其个人选定的时间和地点获得作品的权利。著作权人、表演者、录音录像制品的制作者均享有信息网络传播权。

9.摄制权,即以摄制电影或者以类似摄制电影的方法将作品固定在载体上的权利。

10.改编权,即改变作品,创作出具有独创性的新作品的权利。

11.翻译权,即将作品从一种语言文字转换成另一种语言文字的权利。

12.汇编权,即将作品或者作品的片段通过选择或者编排,汇集成新作品的权利。

13.应当由著作权人享有的其他权利。

五、邻接权

邻接权是指作品传播者在传播作品的过程中依法享有的专有权。保护期限50年。

(一)出版者权(《著作权法》第29条至第35条)

1.出版者的权利:(1)依合同享有图书出版的专有出版权;(2)版式设计专有使用权(保护期10年,至首次出版后第10年的12月31号);(3)出版者的修改权。

2.出版者的义务:(1)图书出版者应与著作权人订立出版合同,并支付报酬;(2)应按约定的质量和期限出版图书;(3)图书出版者重印、再版作品的,应当通知著作权人,并支付报酬。图书脱销后,图书出版者拒绝重印、再版的,著作权人有权终止合同。

3.著作权人的权利:投稿后,15日内未收到报社通知决定刊登的,或30日内未收到期刊社通知决定刊登的,可以转投,但双方另有约定的除外。

(二)表演者权(《著作权法》第36条至第38条)

表演者权指演员或其他文学、艺术作品的表演人(包括演出单位),对其表演所享有的权利。

1.表演者的权利:(1)人身权:①表明身份权;②保护表演形象不受歪曲权。(2)财产权:①许可他人对表演的现场直播和公开传送,并获得报酬;②许可他人录像、录音,并获得报酬;③许可他人复制、发行录有其表演的音像制品,并获得报酬;④许可他人通过信息网络向公众传播,并获得报酬。(3)权利保护期限:人身权不受限制,财产权50年,截至表演发生后第50年。

2.表演者的义务:(1)表演他人作品须取得被表演之原作品著作权人的许可,否则构成侵权;(2)表演者将其表演许可他人使用,应得原作品著作权人的许可,否则被许可人和表演者构成共同侵权。

[提示:著作权人表演自己的作品则为行使表演权,此时著作权人既有表演权又有表演者权;而著作权人许可他人表演其作品时,则被许可人对其表演具有表演者权,但对该作品没有著作权即没有表演权。]

(三)录音录像制作者权(《著作权法》第39条至第41条)

1.录制者的权利:4个。对其录制的音像制品,享有许可他人:(1)复制;(2)发行;(3)出租;(4)信息网络传播并获取报酬的权利。

2.录制者的义务:使用他人作品制作音像制品,应当取得著作权人的许可,并支付报酬。

[提示:被许可人的义务包括被许可人复制、发行、通过信息网络向公众传播录音像制品,还应当取得著作权人、表演者的许可,并支付报酬。]

(四)播放者权(《著作权法》第42条至第45条)

1.播放者的权利:3个。许可他人:(1)转播;(2)录制;(3)复制其广播电视节目。

2.播放者的义务:(1)播放他人未发表的作品,应当取得著作权人的许可,并支付报酬。(2)播放他人已经发表的作品,可以不经著作权人的许可,但应当支付报酬。(3)播放已经出版的录音制品(不包括录像制品),可以不经著作权人的许可,但应当支付报酬。当事人另有约定的除外。

[提示:电视台播放他人的电影作品和以类似摄制电影的方法创作的作品、录像制品,应当取得制片者或者录像制作者的许可,并支付报酬;播放他人的录像制品,还应当取得著作权人的许可,并支付报酬。]

六、著作权的限制

(一)著作权的保护期限

1.作者的署名权、修改权、保护作品完整权等人身权的保护期不受限制。

2.公民的作品,其发表权和著作权法规定的14项财产权的保护期为作者终生及其死亡后50年,截止于作者死亡后第50年的12月31日;如果是合作作品,截止于最后死亡的作者死亡后第50年的12月31日。

3.法人或者其他组织的作品、著作权(署名权除外)由法人或者其他组织享有的职务作品,其发表权和著作权法规定的14项财产权的保护期为50年,截止于作品首次发表后第50年的12月31日,但作品自创作完成后50年内未发表的,本法不再保护。

4.电影作品和以类似摄制电影的方法创作的作品、摄影作品,其发表权和著作权法规定的14项财产权的保护期为50年,截止于作品首次发表后第50年的12月31日,但作品自创作完成后50年内未发表的,著作权法不再保护。

5.作者身份不明的作品,其《著作权法》第10条第1款第(5)项至第(17)项规定的权利的保护期截止于作品首次发表后第50年的12月31日。作者身份确定后,适用《著作权法》第21条的规定。

(二)著作权的合理使用:无须经许可,也无须支付报酬

著作权的合理使用是指针对他人已经发表的作品,根据法律的规定,在不必征得著作权人同意的情况下,无偿使用其作品的行为,但应当指明作者姓名、作品名称,并不得侵犯著作权人的其他权利。

1.构成要件:(1)一般只针对已经发表的作品,使用他人未发表的作品必须征得著作权人的同意。(2)必须基于法律的明文规定。(3)不必征得著作权人的许可,也不必向其支付报酬。(4)使用他人作品时,必须注明作者姓名、作品名称,不得影响该作品的正常使用,也不得不合理地损害著作权人的合法利益。

2.合理使用的法定情形:《著作权法》第22条规定的12种情形。

(1)为个人学习、研究或者欣赏,使用他人已经发表的作品;

(2)为介绍、评论某一作品或者说明某一问题,在作品中适当引用他人已经发表的作品;

(3)为报道时事新闻,在报纸、期刊、广播电台、电视台等媒体中不可避免地再现或者引用已经发表的作品;

(4)报纸、期刊、广播电台、电视台等媒体刊登或者播放其他报纸、期刊、广播电台、电视台等媒体已经发表的关于政治、经济、宗教问题的时事性文章,但作者声明不许刊登、播放的除外;

(5)报纸、期刊、广播电台、电视台等媒体刊登或者播放在公众集会上发表的讲话,但作者声明不许刊登、播放的除外;

(6)为学校课堂教学或者科学研究,翻译或者少量复制已经发表的作品,供教学或者科研人员使用,但不得出版发行;

(7)国家机关为执行公务在合理范围内使用已经发表的作品;

(8)图书馆、档案馆、纪念馆、博物馆、美术馆等为陈列或者保存版本的需要,复制本馆收藏的作品;

(9)免费表演已经发表的作品,该表演未向公众收取费用,也未向表演者支付报酬;

(10)对设置或者陈列在室外公共场所的艺术作品进行临摹、绘画、摄影、录像;

(11)将中国公民、法人或者其他组织已经发表的以汉语言文字创作的作品翻译成少数民族语言文字作品在国内出版发行;

(12)将已经发表的作品改成盲文出版。

前款规定适用于对出版者、表演者、录音录像制作者、广播电台、电视台的权利的限制。

[案例13] 何某于2005年初创作了漫画《摔了一跤》,先后发表在《讽刺与幽默》报、《漫画大王》杂志上,并获得2005年"漫王杯"漫画比赛优秀奖。教育部考试中心在2007年高考全国语文一卷命题作文《摔了一跤》的漫画,处文字内容和部分细节有所改动外,在漫画构思、结构、很多细节上与漫画《摔了一跤》完全一样,是利用了原告的漫画作品,该诗卷在河南、陕西等省使用。教育部考试中心未经许可修改并利用何某的漫画作品,也没有署名和支付报酬,是否搞成侵权?

(三)法定许可使用:无须经许可,但须支付报酬

法定许可使用指依照著作权法的规定,传播者在使用他人已经发表但没有著作权保留声明的作品时,可以不经著作权人许可,但应向其支付报酬,并尊重著作权人其他权利的制度。法定许可的法定情形:

1. 报刊转载法定许可

《著作权法》第32条规定:报刊社可以转载或作为文摘、资料刊登其他报刊刊登的作品,著作权人声明不得转载、摘编的除外。

需要注意的是:第一,作品必须发表在报刊和期刊上,发表在网络上的,不适用法定许可;第二,有法定许可使用权的,仅限于报社和期刊社。

2. 制作录音制品的法定许可

《著作权法》第39条规定:录音制作者使用他人已经合法录制为录音制品的音乐作品制作录音制品,著作权人声明不得使用的除外。

3. 广播组织播放作品的法定许可

(1)《著作权法》第42条规定:广播电台、电视台播放他人已发表的作品。

需要注意的是:广播电台、电视台播放他人已经发表的作品、已经出版的录音制品,可以不经著作权人许可,但应当支付报酬。例外:广播电台、电视台播放他人已经发表的电影作品、以类似摄制电影的方法创作的作品、录像作品,不适用法定许可。

(2)《著作权法》第43条规定:广播电台、电视台播放已经出版的录音制品。

4. 编写出版"国家规划"教科书的法定许可

《著作权法》第23条规定:为实施国家九年义务教育或国家教育规划而编写出版教科书,在教科书中汇编已经发表的作品片断或短小的文字作品、音乐作品或者单幅的美术、摄影作品。作者声明不许使用的除外。

5. 制作和提供课件法定许可

《信息网络传播权保护条例》第8条规定:为通过信息网络实施九年制义务教育或者国家教育规划,可以不经著作权人的许可,使用其已经发表作品的片断或者短小的文字作品、音乐作品或者单幅的美术作品、摄影作品制作课件,由制作课件或者依法取得课件的远程教育机构通过信息网络向注册学生提供,但应当向著作权人支付报酬,并应当采取技术措施,防止服务对象以外的其他人获得著作权人的作品。

6.通过网络向农村提供特定作品的准法定许可

《信息网络传播权保护条例》第 9 条规定:为扶助贫困,通过信息网络向农村地区的公众免费提供中国公民、法人或者其他组织已经发表的种植养殖、防病治病、防灾减灾等与扶助贫困有关的作品和适应基本文化需求的作品,网络服务提供者应当在提供前公告拟提供的作品及其作者、拟支付报酬的标准。自公告之日起 30 日内,著作权人不同意提供的,网络服务提供者不得提供其作品;自公告之日起满 30 日,著作权人没有异议的,网络服务提供者可以提供其作品,并按照公告的标准向著作权人支付报酬。网络服务提供者提供著作权人的作品后,著作权人不同意提供的,网络服务提供者应当立即删除著作权人的作品,并按照公告的标准向著作权人支付提供作品期间的报酬。

依照前款规定提供作品的,不得直接或者间接获得经济利益。

七、著作权侵权

著作权侵权是指未经著作权人同意,又无法律上的根据使用他人作品或者行使著作权专用权的行为。侵权三要件:(1)要有侵权事实;(2)行为具有违法性;(3)行为人具有过错。

(一)具体表现

1.未经著作权人许可,发表其作品的;

2.未经合作作者许可,将与他人合作创作的作品当作自己单独创作的作品发表的;

3.没有参加创作,为谋取个人名利,在他人作品上署名的;

4.歪曲、篡改他人作品的;

5.剽窃他人作品的;

6.未经著作权人许可,以展览、摄制电影和以类似摄制电影的方法使用作品,或者以改编、翻译、注释等方式使用作品的,本法另有规定的除外;

7.使用他人作品,应当支付报酬而未支付的;

8.未经电影作品和以类似摄影电影的方法创作的作品、计算机软件、录音录像制品的著作权人或者与著作权有关的权利人许可,出租其作品或者录音录像制品的,本法另有规定的除外;

9.未经出版者许可,使用其出版的图书、期刊的版式设计的;

10.未经表演者许可,从现场直播或者公开传送其现场表演,或者录制其

表演的;

11.未经著作权人许可,复制、发行、表演、放映、广播、汇编、通过信息网络向公众传播其作品的,本法另有规定的除外;

12.出版他人享有专有出版权的图书的;

13.未经表演者许可,复制、发行录有其表演的录音录像制品,或者通过信息网络向公众传播其表演的,著作权法另有规定的除外;

14.未经录音录像制作者许可,复制、发行、通过信息网络向公众传播其制作的录音、录像制品的,著作权法另有规定的除外;

15.未经许可,播放或者复制广播、电视的,著作权法另有规定的除外;

16.未经著作权人或者与著作权有关的权利人许可,故意避开或者破坏权利人为其作品、录音录像制品等采取的保护著作权或者与著作权有关的权利的技术措施的,法律、行政法规另有规定的除外;

17.未经著作权人或者与著作权有关的权利人许可,故意删除或者改变作品、录音录像品等的权利管理电子信息的,法律、行政法规另有规定的除外;

18.制作、出售假冒他人署名的作品的;

19.其他侵犯著作权以及与著作权有关的权益的行为。

以上第(1)项至第(10)项行为,侵权人应当根据情况承担停止侵害、消除影响、赔礼道歉、赔偿损失等民事责任。第(11)项至第(19)项行为,侵权人除了承担上述民事责任外,同时损害公共利益的,可以由著作权行政管理部门责令停止侵权行为,没收违法所得,没收、销毁侵权复制品,并可处以罚款;情节严重的,著作权行政管理部门还可以没收主要用于制作侵权复制品的材料、工具、设备等;构成犯罪的,依法追究刑事责任。

(二)免责规定

复制品的出版者、制作者能证明其出版、制作有合法授权的,复制品的发行者或者电影作品或以类似摄制电影的方法创作的作品,计算机软件、录音录像制品的复制品的出租者能证明其发行、出租的复制品有合法来源的,不承担法律责任。(《著作权法》第52条)

(三)时效

侵犯著作权的诉讼时效为2年。

(四)著作权赔偿的认定

《著作权法》第 48 条规定,侵犯著作权或者与著作权有关的权利的,侵权人应当按照权利人的实际损失给予赔偿;实际损失难以计算的,可以按照侵权人的违法所得给予赔偿。赔偿数额还应当包括权利人为制止侵权行为所支付的合理开支。权利人的实际损失或者侵权人的违法所得不能确定的,由人民法院根据侵权行为的情节,判决给予 50 万元以下的赔偿。

 **真题链接**

1.清风艺术馆将其收藏的一批古代名家绘画扫描成高仿品,举办了"古代名画精品展",并在入场券上以醒目方式提示"不得拍照、摄影"。唐某购票观展时趁人不备拍摄了展品,郑某则购买了该批绘画的纸质高仿版,扫描后将其中"清风艺术馆珍藏、复制必究"的标记清除。事后,唐某、郑某均在某电商网站出售各自制作的该批绘画的高仿品,也均未注明来源于艺术馆。艺术馆发现后,向电商发出通知,要求立即将两人销售的高仿品下架。对此,下列哪一说法是正确的?(2016/03/11)

A.唐某、郑某侵犯了艺术馆的署名权

B.郑某实施了删除权利管理信息的违法行为

C.唐某未经许可拍摄的行为构成违约

D.电商网站收到通知后如不采取措施阻止唐某、郑某销售该高仿品,应向艺术馆承担赔偿责任

案:C

【考点】古代作品的著作权、格式合同条款

【解析】A 项考查作品的法律界定。依据《著作权法》第 3 条及《著作权法实施条例》第 2 条规定,作品是指作者创作出来的具有文学、艺术或科学性质的具有独创性而以一定形式复制表现出来的智力成果。本题中艺术馆的扫描行为不是创作,其扫描件不是作品,也就不存在署名权。A 项错误。

B 项考查权利管理信息。依据世界版权公约和我国著作权法的规定,只有作品才享有权利管理信息。题中清风艺术馆只是展览人,不是著作权人,不

享有权利管理信息。B项错误。

C项考查格式条款。清风艺术馆展览名家绘画,入场券上以醒目的方式表明不可拍照,唐某购买入场券参观,可视为与艺术馆采用格式合同的形式订立了参观合同。其未经许可进行拍照的行为构成违约。C项正确。

D项考查网络服务商的侵权责任。《侵权责任法》第36条规定,网络用户、网络服务提供者利用网络侵害他人民事权益的,应当承担侵权责任。网络用户利用网络服务实施侵权行为的,被侵权人有权通知网络服务提供者采取删除、屏蔽、断开链接等必要措施。网络服务提供者接到通知后未及时采取必要措施的,对损害的扩大部分与该网络用户承担连带责任。网络服务提供者知道网络用户利用其网络服务侵害他人民事权益,未采取必要措施的,与该网络用户承担连带责任。清风艺术馆展览的是一幅古画,其著作财产权已经过期,绘画进入流通领域,所以不构成侵权。D项错误。

2.甲作曲、乙填词,合作创作了歌曲《春风来》。甲拟将该歌曲授权歌星丙演唱,乙坚决反对。甲不顾反对,重新填词并改名为《秋风起》,仍与丙签订许可使用合同,并获报酬10万元。对此,下列哪些选项是正确的?(2016/03/63)

A.《春风来》的著作权由甲、乙共同享有
B.甲侵害了《春风来》歌曲的整体著作权
C.甲、丙签订的许可使用合同有效
D.甲获得的10万元报酬应合理分配给乙

答案:AC

【考点】合作作品的著作权保护

【解析】A项考查合作作品。题中歌曲《春风来》由甲作曲,乙填词。其著作权由甲和乙共有。A项正确。

B项考查合作作品著作权的分割。依据《著作权法》第13条规定,"两人以上合作创作的作品,著作权由合作作者共同享有。没有参加创作的人,不能成为合作作者。合作作品可以分割使用的,作者对各自创作的部分可以单独享有著作权,但行使著作权时不得侵犯合作作品整体的著作权。"甲使用其可分割的作曲,重新填词,独自完成歌曲《秋风起》,已构成一个新作品,并未破坏《春风来》的完整性。据此,B项错误。

C项考查著作权许可使用合同。由于甲对《秋风起》享有著作权,其和丙的著作权许可使用合同并未侵权,合法有效。C项正确。

D项考查著作权许可使用的报酬问题。基于歌曲《秋风起》的著作权归甲所有,甲无须将报酬分配给乙。D项错误。

3.某电影公司委托王某创作电影剧本,但未约定该剧本著作权的归属,并据此拍摄电影。下列哪一未经该电影公司和王某许可的行为,同时侵犯二者的著作权?(2017/03/14)

A.某音像出版社制作并出版该电影的DVD

B.某动漫公司根据该电影的情节和画面绘制一整套漫画,并在网络上传播

C.某学生将该电影中的对话用方言配音,产生滑稽效果,并将配音后的电影上传网络

D.某电视台在"电影经典对话"专题片中播放30分钟该部电影中带有经典对话的画面

答案:B

【考点】著作权侵权行为

【解析】根据《著作权法》第17条规定,委托作品未约定归属,著作权属于受托人,即本题中电影剧本的著作权属于王某。《著作权法》第15条规定,电影制品的著作权由制片人所有,即电影的著作权归电影公司所有。根据《著作权法》第46条规定,电视台播放他人的电影作品和以类似摄制电影的方法创作的作品、录像制品,应当取得制片者或者录像制作者许可,并支付报酬;播放他人的录像制品,还应当取得著作权人许可,并支付报酬。A项错误,只侵犯了电影公司的著作权。B项正确。情节属于剧本,画面属于电影,合成绘制漫画并在网上传播,侵犯了二者的著作权。C项错误,侵犯了电影的改编权。D项错误,只侵犯了电影公司的著作权。

4.摄影爱好者李某为好友丁某拍摄了一组生活照,并经丁某同意上传于某社交媒体群中。蔡某在社交媒体群中看到后,擅自将该组照片上传于某营利性摄影网站,获得报酬若干。对蔡某的行为,下列哪一说法是正确的?(2017/03/21)

A.侵害了丁某的肖像权和身体权

B.侵害了丁某的肖像权和李某的著作权

C.侵害了丁某的身体权和李某的著作权

D.不构成侵权

答案:B

【考点】肖像权、著作权

【解析】身体权指自然人对自己身体完整性所享有的权利,本题中并未涉及侵犯丁某身体完整性的情形,故 A 项错误,C 项错误。李某对该组照片享有著作权,蔡某未经许可将该组照片上传于某营利性摄影网站,侵犯了李某的著作权,同时也侵犯了丁某的肖像权。故 B 项正确,D 项错误。

5.甲创作了一首歌曲《红苹果》,乙唱片公司与甲签订了专有许可合同,在聘请歌星丙演唱了这首歌曲后,制作成录音制品(CD)出版发行。下列哪些行为属于侵权行为?(2014/03/62)

A.某公司未经许可翻录该 CD 后销售,向甲、乙、丙寄送了报酬

B.某公司未经许可自聘歌手在录音棚中演唱了《红苹果》并制作成 DVD 销售,向甲寄送了报酬

C.某商场购买 CD 后在营业时间作为背景音乐播放,经过甲许可并向其支付了报酬

D.某电影公司将 CD 中的声音作为电影的插曲使用,只经过了甲许可

答案:AD

【考点】著作权和邻接权的保护

【解析】《著作权法》第 40 条第 3 款规定,录音制作者使用他人已经合法录制为录音制品的音乐作品制作录音制品,可以不经著作权人许可,但应当按照规定支付报酬;著作权人声明不许使用的不得使用。《著作权法》第 42 条规定,录音录像制作者对其制作的录音录像制品,享有许可他人复制、发行、出租、通过信息网络向公众传播并获得报酬的权利……被许可人复制、发行、通过信息网络向公众传播录音录像制品,还应当取得著作权人、表演者许可,并支付报酬。

6.甲展览馆委托雕塑家叶某创作了一座巨型雕塑,将其放置在公园入口,委托创作合同中未约定版权归属。下列行为中,哪一项不属于侵犯著作权的行为?(2014/03/17)

A.甲展览馆许可乙博物馆异地重建完全相同的雕塑

B.甲展览馆仿照雕塑制作小型纪念品向游客出售

C.个体户冯某仿照雕塑制作小型纪念品向游客出售

D.游客陈某未经著作权人同意对雕塑拍照纪念

答案:D

【考点】著作权的归属、著作财产权、著作人身权

【解析】《著作权法》第17条规定,受委托创作的作品,著作权的归属由委托人和受托人通过合同约定。合同未作明确约定或者没有订立合同的,著作权属于受托人。据此可知,本题中雕塑的著作权属于受托人叶某。另外,该法第10条第(五)项规定,复制权,即以印刷、复印、拓印、录音、录像、翻录、翻拍等方式将作品制作一份或者多份的权利。本题中,甲展览馆与个体户冯某的行为侵犯了叶某著作财产权中的复制权。而陈某拍照纪念的行为则没有侵犯著作权人的人身、财产权利,不属于侵权行为。

7.甲电视台经过主办方的专有授权,对篮球俱乐部联赛进行了现场直播,包括在比赛休息时舞蹈演员跳舞助兴的场面。乙电视台未经许可截取电视信号进行同步转播。关于乙电视台的行为,下列哪一表述是正确的?(2014/03/18)

A.侵犯了主办方对篮球比赛的著作权

B.侵犯了篮球运动员的表演者权

C.侵犯了舞蹈演员的表演者权

D.侵犯了主办方的广播组织权

答案:C

【考点】著作权中的作品种类、著作邻接权中的播放者的权利

【解析】选项A、B、D错误。《著作权法》第3条规定:"本法所称的作品,包括以下列形式创作的文学、艺术和自然科学、社会科学、工程技术等作品:(一)文字作品;(二)口述作品;(三)音乐、戏剧、曲艺、舞蹈、杂技艺术作品;(四)美术、建筑作品;(五)摄影作品;(六)电影作品和以类似摄制电影的方法创作的作品;(七)工程设计图、产品设计图、地图、示意图等图形作品和模型作品;(八)计算机软件;(九)法律、行政法规规定的其他作品。"据此可知,著作权中的作品种类不包括体育竞赛表演。因此,乙电视台的行为也就不可能侵犯主办方的著作权及运动员的表演者权。但甲电视台在经过主办方授权后,合法拥有对篮球联赛的直播权利,因此享有著作邻接权中的播放者的权利,乙电视台未经许可劫取电视信号进行同步转播的行为侵犯了甲电视台的播放者的权利。选项C正确。《著作权法》第38条第1款第(三)项规定,表演者对其表演享有许可他人从现场直播和公开传送其现场表演,并获得报酬的权利。根据该法第47条第(十)项的规定,未经表演者许可,从现场直播或者公开传送其现场表演,或者录制其表演的,属于对表演者的侵权行为。据此可知,本题中乙电视台未经许可截取电视信号进行同步转播的行为侵犯了舞蹈演员的表演者权。

 综合案例分析

1.2011年8月,某省展览馆向省内外画家和书法家发出几千份邀请函,称2012年9月10日是该馆建馆40周年,邀请这些画家、书法家届时参加庆典。一些画家和书法家收到邀请函后,纷纷作画或赋诗以示祝贺,并将作品赠与该展览馆。至2011年12月底,展览馆收到字、画共计1000幅,遂从中挑选100幅作品编辑成纪念画册,印制1万册公开销售。

问:(1)展览馆的行为是否侵犯了作者的著作权?为什么?

(2)展览馆是否可以将上述赠与的作品展览?

2.《穿过你的黑发的我的手》词曲作者罗大佑,演唱者张学友,录音制作者和MTV制作者宝丽金,北京电视台播放录音带,某歌厅播放MTV。

问:他们之间的著作权权利义务关系如何?

 其他经典案例

1.北大方正"陷阱取证"案

在获悉北京高术天力科技有限公司正在全国范围内大规模非法制售方正RIP、方正文合、方正字库等软件后,北京北大方正集团公司委派下属公司职员以普通用户的身份会同公证人员进行取证。2001年7月20日,北大方正员工以个人身份在高术公司买了一台激光照排机,8月22日,高术公司员工进行了照排机的安装、调试工作,同时在两台计算机内安装了盗版的方正RIP软件和方正文合软件,并提供了刻录有上述软件的光盘及高术天力公司的工作单两份。2001年10月,北大方正状告高术天力公司侵犯其计算机软件著作权。

二审法院判决高术天力公司立即停止复制、销售侵权软件的行为、公开赔礼道歉、赔偿原告经济损失13万元及公证费6万元。

点评:此案不仅引发了人们对于中国反盗版事业的关注,更引发了中国法律界人士对于"陷阱取证"与"诚信原则"如何取舍的争论。

2."迪伽奥特曼"服装著作权案

2009年,圆谷制作株式会社中国大陆区迪伽奥特曼授权人上海世纪华创文化形象管理有限公司向福州市中级人民法院提起诉讼状告张飞燕、佛山玉

麒麟服装有限公司,要求人民法院判令两被告立即停止销售侵犯原告对"迪迦奥特曼 ULTRAMAN TIGA"形象享有著作权的服装;判令两被告立即销毁上述其未出售的侵权样品及相关标志等;判令两被告赔偿因其侵权行为给原告造成的经济损失人民币50万元;判令两被告公开赔礼道歉;判令两被告赔偿原告为实现权利而支付的一切费用(包括但不限于诉讼费、保全费、律师费、调查费等)。

一审法院判决两被告停止侵权,佛山玉麒麟服装有限公司赔偿原告经济损失人民币30万元,二审福建省高级人民法院维持了一审法院的判决。

点评:本案是福建省两级法院审结的一例影响较大的涉及著作权纠纷案件,它的成功审结充分表明我国在加入世贸组织后加大了对知识产权的保护力度。

3.《卧虎藏龙》音乐侵权案

原告:华南师范大学音乐系宁勇副教授。被告:中国电影合作制片公司、北京北大华亿影视文化有限责任公司、英国联华影视公司。

原告宁勇认为曾获得"奥斯卡最佳原创音乐奖"等多项奖项的大片《卧虎藏龙》未经其同意直接使用了其原创曲有2分多钟,故宁勇于2001年12月向广州市中级人民法院提起诉讼,认为中国电影合作制片公司、北京北大华亿影视文化有限责任公司、英国联华影视公司制作影片《卧虎藏龙》未经许可使用其音乐作品《丝路驼铃》,侵犯了其多项权益。要求《卧虎藏龙》三电影著作权人支付使用及赔偿费128万元。《丝路驼铃》作曲音乐是宁勇1982年在中国音乐学院毕业时创作的,该曲完整演奏时间约8分钟。一审法院同时认为,《卧虎藏龙》剧组曾给《丝路驼铃》作者宁勇邮寄过200美元的汇票,宁勇未领取该汇票,应当视为《卧虎藏龙》三电影著作权人已经履行过向著作权人支付报酬的义务,不存在侵犯宁勇获得报酬权的情形。宁勇不服广州市中级人民法院的一审判决,向广东省高级人民法院提起上诉。广东省高级人民法院二审认为,影片《卧虎藏龙》节选宁勇音乐制品《丝路驼铃》中2分55秒的内容,缩节为2分18秒作为影片背景音乐,把宁勇表现沙漠驼队坚韧不拔精神的《丝路驼铃》,用于影片女主人公玉娇龙愤然与匪首罗小虎激烈打斗的场景。《卧虎藏龙》制片者未取得《丝路驼铃》著作权人的许可即使用作品,侵犯了宁勇的音乐作品著作权,应当依法承担民事责任。终审判决三电影著作权人酌情赔偿宁勇经济损失2万元。

4.电影《刘三姐》署名权案

原告:邓昌伶子女。被告:邓凡平等六人。

邓昌伶受壮族民间传歌故事的启发,于1953年写成剧本《刘三姐》,后经邓凡平、牛秀、龚邦榕等人"集体创作"剧本《刘三姐》,被长春电影制片厂搬上荧幕。1996年,被告将原告剧本删改后以"邓昌伶神话剧"的标题在《刘三姐剧本集》一书中发表。原告的诉讼要求:要求确认邓昌伶享有彩调剧《刘三姐》的原著署名权;要求确认被告编辑、发表、歪曲、篡改作品属侵权行为;要求被告公开赔礼道歉,并赔偿原告经济损失3万元、精神损失费2万元。此案经过南宁市城北区人民法院、南宁市中级人民法院、广西壮族自治区高级人民法院三级审理,历时六年终于得出了终审判决结果。法院认为,邓昌伶剧本《刘三姐》具有独创性,依法应受著作权保护。而彩调剧《刘三姐》第三、第五、第八、第九方案主要利用了邓剧本中独创的剧情结构,符合改编创作的特点,因而认定彩调剧《刘三姐》第三、第五、第八、第九方案系邓昌伶戏剧作品《刘三姐》的改编作品,并判令以后再版彩调剧《刘三姐》第三、第五、第八、第九方案时,需在剧本前注明"根据邓昌伶同名剧本改编"。至此,通过法院的梳理,可以明确的"血缘关系"是:电影中的《刘三姐》,其实是彩调剧中的那位《刘三姐》的"女儿";那么彩调剧《刘三姐》就是邓昌伶"孕育"而成的。

5."老干妈"不正当竞争案

本案是"两个老干妈之争",一个是贵阳老干妈,一个是湖南华越老干妈。到底谁才是真正"正宗"的"老干妈",成为本案的焦点。

原告贵阳南明老干妈风味食品有限责任公司创立于1994年1月,前身是一家叫作"实惠饭店"的小店。小店的主人是一位叫陶华碧的老太太,她制作的风味小菜远近闻名,后来企业越做越大,只短短几年,风味食品就覆盖全国,而且还出口到国外。在贵州,"老干妈"已经和"茅台""黄果树"同样出名。可此后,全国各种号称"老干妈"的风味食品也出现蔓延,而且大多采用和"老干妈"差不多的包装设计,在这些"克隆老干妈"里,湖南华越食品公司生产的"老干妈"就是其中之一。于是,贵阳老干妈以不正当竞争为由将湖南老干妈告上了法庭。

本案经过二审终审而最终有了一个说法。北京市高级人民法院判决被告停止侵权、赔偿贵阳老干妈经济损失40万元。

第二讲　商标法

【案情】"iPad"商标侵权案

2000年,当时苹果公司并未推出iPad平板电脑,唯冠国际旗下的唯冠台北公司在多个国家与地区分别注册了iPad商标。2001年,唯冠国际旗下深圳唯冠科技公司又在中国内地注册了iPad商标的两种类别。2009年12月23日,唯冠国际CEO和主席杨荣山授权麦世宏签署了相关协议,将10个商标的全部权益转让给英国IP申请发展有限公司,其中包括中国内地的商标转让协议。协议签署之后,英国IP公司向唯冠台北公司支付了3.5万英镑购买所有的iPad商标,然后,英国IP公司以10英镑的价格,将上述10个iPad商标所有权转让给了"苹果"。2012年02月17日,惠州市中级人民法院已经判当地苹果经销商构成侵权,禁止其销售苹果iPad相关产品。这是国内法院首次认定苹果商标侵权。IP公司向深圳市中级人民法院提起iPad商标确权之诉,深圳市中级人民法院驳回IP公司的起诉后,IP公司向广东省高级人民法院提出上诉,最终双方在法院的斡旋下调解结案。

点评:本案是我国涉及知名商品保护的著名案例,苹果公司控制的英国IP公司虽然与唯冠台北公司签订了包括中国大陆在内的iPad商标转让合同,但是IP公司并没有依据我国《商标法》的规定向国家商标局申请iPad商标转让备案,最终苹果公司自尝苦果。

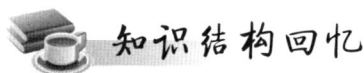

一、可注册商标的标志

二、商标的分类

三、商标权的取得

四、商标注册的程序

五、商标权的内容

六、注册商标的终止

七、商标侵权行为

八、驰名商标的认定和保护

一、可注册商标的标志

《商标法》第8条:任何能够将自然人、法人或者其他组织的商品与他人的商品区别开的标志,包括文字、图形、字母、数字、三维标志、颜色组合和声音等,以及上述要素的组合,均可以作为商标申请注册。

二、商标的分类

经商标局核准注册的商标分为注册商标、包括商品商标、服务商标和集体商标、证明商标。

集体商标指以团体、协会或者其他组织的名义注册,供该组织成员在商事活动中使用,以表明使用者在该组织中的成员资格的标志。如美国汽车联合会的"AAA"商标。

证明商标指由对某种商品或者服务具有监督能力的组织所控制,而由该组织以外的单位或者个人使用于其商品或者服务,可用以证明该商品或者服务的原产地、原料、制作方法、质量或者其他特定品质的标志。如:中国"绿色食品";国际羊毛局的"纯新羊毛标志"。

三、商标权的取得

(一)商标注册原则

1.申请在先原则。

2.自愿注册原则。但人用药品和烟草制品为强制注册原则。

(二)商标注册条件

1.必备条件:(1)显著性;(2)便于识别;(3)不得与他人在先取得的合法权利相冲突。

2.禁止条件(消极条件)

(1)不得侵犯他人在先取得的合法权利。

(2)不得违反《商标法》禁止注册或使用某些标志的条款。《商标法》第10条、第11条、第12条、第16条对此进行了规定。

禁止作为商标使用的标志:①同中华人民共和国的国家名称、国旗、国徽、军旗、勋章相同或者近似的,以及同中央国家机关所在地特定地点的名称或标志性建筑物的名称、图形相同的;②同外国的国家名称、国旗、国徽、军旗相同或者近似的,但该国政府同意的除外;③同政府间国际组织的旗帜、徽记、名称相同或者近似的,但经该组织同意或者不易误导公众的除外;④与表明实施控制、予以保证的官方标志、检验印记相同或者近似的,但经授权的除外;⑤同"红十字""红新月"的标志、名称相同或者近似的;⑥带有民族歧视性的;⑦带有欺骗性,容易使公众对商品的质量等特点或者产地产生误认的;⑧有害于社会主义道德风尚或者有其他不良影响的;⑨县级以上行政区划名称或者公众知晓的地名,但该地名具有其他含义或者作为集体商标、证明商标组成部分的除外,已经注册的使用地名的商标继续有效。

禁止作为商标注册但可以作为未注册商标或其他标志使用的标志:①仅有本商品的通用名称、图形、型号的。②仅仅直接表示商品的质量、主要原料、功能、用途、重量、数量及其他特点的。③缺乏显著特征的。前述所列标志经过使用取得显著特征,并便于识别的,可以作为商标注册。④以三维标志申请注册商标的,仅由商品自身的性质产生的形状、为获得技术效果而需有的商品形状或者使商品具有实质性价值的形状,不得注册。

[案例1]肖某申请将"冰心"注册在白酒、黄酒和葡萄酒上。商标局、商标评审委员会和法院均认为不应予以注册。请分析。

[案例2]2001年,海南省博鳌被确定为"亚洲论坛"的永久会址。此后,"博鳌亚洲论坛"为亚洲国家政府、工商界及学术界就经济、社会、环境等重要事务提高层次对话平台,对于整合亚洲地区区域经济发展和推动国家发展目标的实现发挥了重要作用和影响力。王某于2003年在第11类路灯等商品上注册了"博鳌"商标。海南博鳌投资控股有限公司针对该商标提出撤销注册申请。

问:"博鳌"能被个人注册为商标么?

四、商标注册的程序

(一)申请的代理

1.国内申请人可以自己直接办理,也可以委托商标代理组织到商标局办理注册申请手续。

2.外国人或者外国企业在中国申请注册商标和办理其他商标事宜的,实行强制代理制。其应当委托国家认可的具有商标代理资格的组织代理。

3.未经授权,代理人、代表人以自己的名义将被代理人、被代表人的商标进行注册,后者提出异议的,不予注册,并禁止使用。

(二)注册申请

1.申请原则

(1)申请在先原则

申请在先原则又称注册在先原则,是指两个或者两个以上的商标注册申请人,在同一种商品或者类似的商品上,以相同或者近似的商标申请注册的,申请在先的商标,其申请人可获得商标专用权,在后的商标注册申请予以驳回。如果是同一天申请,初步审定并公告使用在先的商标,驳回其他人的申请,不予公告;同日使用或均未使用的,申请人之间可以协商解决,协商不成的,由各申请人抽签决定。

(2)自愿注册原则

自愿注册原则是指商标使用人是否申请商标注册取决于自己的意愿。在自愿注册原则下,商标注册人对其注册商标享有专用权,受法律保护。未经注册的商标,可以在生产服务中使用,但其使用人不享有专用权,无权禁止他人在同种或类似商品上使用与其商标相同或近似的商标,但驰名商标除外。

(3)使用在先原则

在使用申请在先原则无法判定的情况下采用使用在先原则。《商标法》第29条规定:"两个或者两个以上的商标注册申请人,在同一种商品或者类似商品上,以相同或者近似的商标申请注册的,初步审定并公告申请在先的商标;同一天申请的,初步审定并公告使用在先的商标,驳回其他人的申请,不予公告。"此原则在遇到与商标权类似的其他知识产权的权利(如:专利权、著作权)相冲突时,往往起到重要的决定作用。

2.申请日与优先权

申请日以商标局收到申请文件的日期为准。申请人享有优先权的,以优先权日为申请日。以下两种情况可以享有优先权。

(1)商标注册申请人自其商标在外国第一次提出商标注册申请之日起6个月内,又在中国就相同商品以同一商标提出商标注册申请的,依照该外国同中国签订的协议或者共同参加的国际条约,或者按照相互承认优先权的原则,可以享有优先权。(《商标法》第24条)

(2)商标在中国政府主办的或者承认的国际展览会展出的商品上首次使用的,自该商品展出之日起6个月内,该商标的注册申请人可以享有优先权。(《商标法》第25条)

(三)审查和核准

1.受理

2.初审:(1)合格者,予以公告;(2)不合格者,或者与他人在先权利冲突者,驳回申请,不予公告。

3.异议:(1)初审后的商标,自公告之日起3个月内,为异议期,任何人均可异议。(2)公告期满无异议的要予以核准注册。(3)有异议的,商标局听取异议人、被异议人陈述事实、理由,并作出裁定。

4.权利救济:(1)凡对上述商标局作出的驳回申请、不予公告的决定不服者,以及对商标局就异议作出的裁定不服者,均可在收到通知15日内申请商标评审委员会复审。(2)凡对上述复审裁定不服者,均可自收到通知之日起30日内提起行政诉讼。

5.核准并公告:当事人对公告期满无异议的,予以核准注册,发给商标注册证,并予以公告。

经裁定异议不能成立而核准注册的,商标注册申请人取得商标专用权的时间自初审公告3个月期满之日起计算。

五、商标权的内容

(一)专有使用权

专有使用权是商标权最重要的内容,是商标权中最基本的核心权利。商标权人有权在核定的商品或服务上独占性地使用核准的商标,并享有因此产生的一切利益。对于商标权人来说,专有使用权是一种完整、充分、绝对的权利,具有不受他人干涉和无须他人配合的排他性。

(二)许可权

1.商标使用许可合同应为书面形式,自签订之日起生效,并报商标局备案。未经备案的,不影响该许可合同的效力,但不得对抗善意第三人。

2.商标使用许可分为独占的使用许可、排他的使用许可和普通的使用许可。

(三)转让权

转让人和受让人之间应当签订转让协议,并共同向商标局提出申请。转让注册商标经核准后,予以公告,受让人自公告之日起享有商标专用权。

(四)续展权

注册商标有效期为10年,自核准注册之日起计算。期满前12个月以及期满后6个月可申请续展注册,在此期间未能提出申请的,可给予6个月的宽限期。宽限期满仍未提出申请的,注销其注册商标,并且自注销之日起1年内,商标局对与该商标相同或相近似的商标注册申请,不予核准。

六、注册商标的终止

(一)注册商标的注销

注册商标的注销是指商标局基于法定原因行使职权而使商标专用权归于消灭的行为。

在下列情况下,商标局可以注销注册商标。(1)自动申请注销;(2)到期不续展;(3)无继承人注销(即商标注册人死亡或者终止,自死亡或者终止之日起1年期满,该注册商标没有办理转移手续的,任何人可以向商标局申请注销该注册商标)。

(二)注册商标的撤销

注册商标的撤销是指商标局对违法使用商标的注册人依法强制取消已经注册的商标的一种强制性法律措施。

1.违法使用商标而被撤销（《商标法》第44条、第45条）

《商标法》第44条："使用注册商标，有下列行为之一的，由商标局责令限期改正或者撤销其注册商标：（一）自行改变注册商标的；（二）自行改变注册商标的注册人名义、地址或者其他注册事项的；（三）自行转让注册商标的；（四）连续三年停止使用的。"

《商标法》第45条："使用注册商标，其商品粗制滥造，以次充好，欺骗消费者的，由各级工商行政管理部门分别不同情况，责令限期改正，并可以予以通报或者处以罚款，或者由商标局撤销其注册商标。"

2.不符合注册条件而获得注册的商标（即注册不当商标）可以被撤销（《商标法》第41条）

《商标法》第41条："已经注册的商标，违反本法第十条、第十一条、第十二条规定的，或者是以欺骗手段或者其他不正当手段取得注册的，由商标局（可依职权）撤销该注册商标；其他单位或者个人可以请求商标评审委员会裁定撤销该注册商标。已经注册的商标，违反本法第十三条、第十五条、第十六条、第三十一条规定的，自商标注册之日起五年内，商标所有人或者利害关系人可以请求商标评审委员会裁定撤销该注册商标。对恶意注册的，驰名商标所有人不受五年的时间限制。"（商标局不依职权主动撤销）

补充：①《商标法》第13条是关于驰名商标的认定。②《商标法》第15条：未经授权，代理人或者代表人以自己的名义将被代理人或者被代表人的商标进行注册，被代理人或者被代表人提出异议的，不予注册并禁止使用。③《商标法》第16条：商标中有商品的地理标志，而该商品并非来源于该标志所标示的地区，误导公众的，不予注册并禁止使用；但是，已经善意取得注册的继续有效。④《商标法》第31条：申请商标注册不得损害他人现有的在先权利，也不得以不正当手段抢先注册他人已经使用并有一定影响的商标。

商标评审委员会作出维持或撤销注册商标的裁定后，应当书面通知有关当事人。当事人不服的，可以自收到通知之日起30日内向人民法院起诉。

3.注册商标撤销的法律后果

（1）依照《商标法》第41条（注册不当撤销）撤销商标的，其商标专用权视为"自始"不存在（具有追溯力）。有关撤销注册商标的决定或裁定，对在撤销前人民法院作出并已执行的商标侵权案件的判决、裁定，工商行政管理部门作出并已执行的商标侵权案件的处理决定，以及已经履行的商标转让或者使用许可合同，不具有追溯力（如果未执行或履行仍有追溯力）；但是，因商标注册人恶意给他人造成的损失,应当给予赔偿(此时有追溯力)。

(2)依照《商标法》第44条、第45条(违法使用撤销)撤销注册商标的,其商标专用权字商标局"作出撤销决定之日"其终止。自然,该种撤销不具有溯及力。

七、商标侵权行为

《商标法》第52条

有下列行为之一的,均属侵犯注册商标专用权:

(一)未经商标注册人的许可,在同一种商品或者类似商品上使用与其注册商标相同或者近似的商标的;

(二)销售侵犯注册商标专用权的商品的;

(三)伪造、擅自制造他人注册商标标识或者销售伪造、擅自制造的注册商标标识的;

(四)未经商标注册人同意,更换其注册商标并将该更换商标的商品又投入市场的;

(五)给他人的注册商标专用权造成其他损害的。

《商标法实施条例》第50条

有下列行为之一的,属于商标法第五十二条第(五)项所称侵犯注册商标专用权的行为:

(一)在同一种或者类似商品上,将与他人注册商标相同或者近似的标志作为商品名称或者商品装潢使用,误导公众的;

(二)故意为侵犯他人注册商标专用权行为提供仓储、运输、邮寄、隐匿等便利条件的。

《商标解释》第1条

下列行为属于商标法第五十二条第(五)项规定的给他人注册商标专用权造成其他损害的行为:

(一)将与他人注册商标相同或者相近似的文字作为企业的字号在相同或者类似商品上突出使用,容易使相关公众产生误认的;

(二)复制、摹仿、翻译他人注册的驰名商标或其主要部分在不相同或者不相类似商品上作为商标使用,误导公众,致使该驰名商标注册人的利益可能受到损害的;

(三)将与他人注册商标相同或者相近似的文字注册为域名,并且通过该域名进行相关商品交易的电子商务,容易使相关公众产生误认的。

《商标解释》第2条

依据商标法第十三条第一款的规定,复制、摹仿、翻译他人未在中国注册的驰名商标或其主要部分,在相同或者类似商品上作为商标使用,容易导致混淆的,应当承担停止侵害的民事法律责任。

八、驰名商标的认定和保护

(一)认定考虑因素

《商标法》第14条规定,认定驰名商标应当考虑下列因素:(1)相关公众对该商标的知晓程度;(2)该商标使用的持续时间;(3)该商标的任何宣传工作的持续时间、程度和地理范围;(4)该商标作为驰名商标受保护的记录;(5)该商标驰名的其他因素。

(二)认定机构

驰名商标的认定机构为商标局、商标评审委员会、人民法院。

(三)对驰名商标的特殊保护措施(《商标法》第13条、第41条第2款,《商标法条例》第53条)

[案例3] 尤某申请注册"YiLi+伊利"商标,指定的商品为:水龙头、卫生间用手干燥器、冲水装置和管道等卫生设备。内蒙古伊利实业集团公司在异议期提出异议,但先后被商标局和商标评审委员会驳回。伊利公司提起行政诉讼。

问:在卫生洁具上可以注册"伊利"商标吗?

 **真题链接**

1.营盘市某商标代理机构,发现本市甲公司长期制造销售"实耐"牌汽车轮胎,但一直未注册商标,该机构建议甲公司进行商标注册,甲公司负责人鄢某未置可否。后鄢某辞职新创立了乙公司,鄢某委托该商标代理机构为乙公

司进行轮胎类产品的商标注册。关于该商标代理机构的行为，下列哪一选项是正确的？（2016/03/17）

　　A.乙公司委托注册"实耐"商标，该商标代理机构不得接受委托
　　B.乙公司委托注册"营盘轮胎"商标，该商标代理机构不得接受委托
　　C.乙公司委托注册普通的汽车轮胎图形作为商标，该商标代理机构不得接受委托
　　D.该商标代理机构自行注册"捷驰"商标，用于转让给经营汽车轮胎的企业

答案：A

【考点】商标代理机构的义务

【解析】A项考查商标代理机构的义务。依据《商标法》第19条规定，"商标代理机构应当遵循诚实信用原则，遵守法律、行政法规，按照被代理人的委托办理商标注册申请或者其他商标事宜；对在代理过程中知悉的被代理人的商业秘密，负有保密义务。委托人申请注册的商标可能存在本法规定不得注册情形的，商标代理机构应当明确告知委托人。商标代理机构知道或者应当知道委托人申请注册的商标属于本法第十五条和第三十二条规定情形的，不得接受其委托。"因此，明知在先使用，不得接受委托。A项正确。

　　B项考查地名能否注册商标。依据《商标法》第10条规定："县级以上行政区划的地名或者公众知晓的外国地名，不得作为商标。但是，地名具有其他含义或者作为集体商标、证明商标组成部分的除外；已经注册的使用地名的商标继续有效。"《商标法》规定了例外的情况。B项错误。

　　C项考查商品图形能否注册商标。依据《商标法》第11条规定，"下列标志不得作为商标注册：（1）仅有本商品的通用名称、图形、型号的；（2）仅直接表示商品的质量、主要原料、功能、用途、重量、数量及其他特点的；（3）其他缺乏显著特征的。前款所列标志经过使用取得显著特征，并便于识别的，可以作为商标注册。"《商标法》规定了例外的情况，即商标经过使用获得显著特征可以注册，所以，C项错误。

　　D项考查商标代理机构是否可以自行注册商标。依据《商标法》第19条第4款规定："商标代理机构除对其代理服务申请商标注册外，不得申请注册其他商标。"D项错误。

　　2.2010年，甲饮料厂开始制造并销售"香香"牌果汁并已产生一定影响。甲在外地的经销商乙发现甲尚未注册"香香"商标，就于2014年在果汁和碳酸

饮料两类商品上同时注册了"香香"商标,但未实际使用。2015年,乙与丙饮料厂签订商标转让协议,将果汁类"香香"商标转让给了丙。对此,下列哪些选项是正确的?(2016/03/64)

  A.甲可随时请求宣告乙注册的果汁类"香香"商标无效

  B.乙应将注册在果汁和碳酸饮料上的"香香"商标一并转让给丙

  C.乙就果汁和碳酸饮料两类商品注册商标必须分别提出注册申请

  D.甲可在果汁产品上附加区别标识,并在原有范围内继续使用"香香"商标

答案:BD

【考点】注册商标的无效宣告、商标转让、商标合并申请

【解析】A项考查注册商标的无效宣告。依据《商标法》第45条规定,"已经注册的商标,违反本法第十三条第二款和第三款、第十五条、第十六条第一款、第三十条、第三十一条、第三十二条规定的,自商标注册之日起五年内,在先权利人或者利害关系人可以请求商标评审委员会宣告该注册商标无效。对恶意注册的,驰名商标所有人不受五年的时间限制"。所以,A项错误。

  B项考查同类商标的转让。依据《商标法》第42条规定,"转让注册商标的,商标注册人对其在同一种商品上注册的近似的商标,或者在类似商品上注册的相同或者近似的商标,应当一并转让"。乙在果汁和碳酸饮料上同时注册商标,果汁和碳酸饮料属于类似商品。B项正确。

  C项考查商标合并申请。依据《商标法》第22条规定,商标注册申请人应当按规定的商品分类表填报使用商标的商品类别和商品名称,提出注册申请。商标注册申请人可以通过一份申请就多个类别的商品申请注册同一商标。C项错误。

  D项考查在先使用。依据《商标法》第59条规定,"商标注册人申请商标注册前,他人已经在同一种商品或者类似商品上先于商标注册人使用与注册商标相同或者近似并有一定影响的商标的,注册商标专用权人无权禁止该使用人在原使用范围内继续使用该商标,但可以要求其附加适当区别标识"。D项正确。

  3.韦某开设了"韦老四"煎饼店,在当地颇有名气。经营汽车配件的个体户肖某从外地路过,吃过后赞不绝口。当发现韦某尚未注册商标时,肖某就餐饮服务注册了"韦老四"商标。关于上述行为,下列哪一说法是正确的?(2017/03/16)

A. 韦某在外地开设新店时，可以使用"韦老四"标识

B. 如肖某注册"韦老四"商标后立即起诉韦某侵权，韦某并不需要承担赔偿责任

C. 肖某的商标注册恶意侵犯韦某的在先权利，韦某可随时请求宣告该注册商标无效

D. 肖某注册商标核定使用的服务类别超出了肖某的经营范围，韦某可以此为由请求宣告该注册商标无效

答案：B

【考点】商标侵权

【解析】A项错误，依据《商标法》第59条第3款规定，商标注册人申请商标注册前，他人已经在同一种商品或者类似商品上先于商标注册人使用与注册商标相同或者近似并有一定影响的商标的，注册商标专用权人无权禁止该使用人在原使用范围内继续使用该商标，但可以要求其附加适当区别标识。韦某在外地开设新店时，不能使用"韦老四"标识。B项考查先用权抗辩制度。依据上述法条，韦某具有在先权利，不承担赔偿责任。B项正确。C项错误。《商标法》第45条规定："已经注册的商标，违反本法第十三条第二款和第三款、第十五条、第十六条第一款、第三十条、第三十一条、第三十二条规定的，自商标注册之日起五年内，在先权利人或者利害关系人可以请求商标评审委员会宣告该注册商标无效。对恶意注册的，驰名商标所有人不受五年的时间限制。"本题中，肖某恶意注册，但题干中并未列明"韦老四"为驰名商标，应有一定的时间限制。D项考查商标的类别。商标的类别与申请人的经营范围没有必然联系，依据《商标法》第22条规定，商标注册申请人应当按规定的商品分类表填报使用商标的商品类别和商品名称，提出注册申请。商标注册申请人可以通过一份申请就多个类别的商品申请注册同一商标。第23条规定，注册商标需要在核定使用范围之外的商品上取得商标专用权的，应当另行提出注册申请。据此，D项错误。

综合案例分析

1. 甲公司于2015年8月1日以"口满福"申请注册食品商标和服务商标，并自6月1日开始生产"口满福"牌雪糕。经查，乙食品厂曾于2005年3月1日取得"口满福"食品注册商标，但一直未提出该注册商标的续展申请。

问:(1)在此情况下,商标局应如何处理?

(2)乙厂可否告甲公司侵犯商标专用权?

2.甲酒厂生产的白酒深受消费者的好评,该酒厂于2006年6月6日向商标局提出申请注册"香雪"商标;经商标局初步审定后,于6月7日公布,公告期满无人提出异议,9月10日予以核准注册,发给商标注册证,并予公告。

问:(1)该商标有效期满后,甲酒厂应何时申请续展?如果甲于2006年8月25日申请续展,经核准后于8月28日公告,则续展商标期限应从何时计算?

(2)如果甲酒厂没有申请续展,2016年10月8日乙酒厂欲申请注册"香雪"商标,商标局能否核准?乙酒厂何时才能申请注册该商标?

第三讲 专利法

【案情】美的侵权赔偿格力200万

2007年4月,珠海格力电器股份有限公司(以下称格力公司)研发了用户可以根据自己的睡眠习惯控制房间温度变化,从而提高睡眠质量的技术,即"控制空调器按照自定义曲线运行的方法"。同年4月,格力公司向国家知识产权局申请发明专利,并于2008年9月获得专利证书。2007年8月至11月期间,格力公司先后向市场推出应用了该技术发明专利的卧室空调"睡梦宝""睡美人"等系列产品。2008年,格力公司发现在珠海市泰锋电业有限公司、国美电器北京朝外店等商场,正在销售广东美的制冷设备有限公司(以下称美的)生产的"梦静星"系列空调产品。格力公司认为,美的该系列产品侵犯了格力公司所拥有的"控制空调器按照自定义曲线运行的方法"的技术发明专利,2008年12月,格力公司以美的公司涉嫌侵犯发明专利权为由将美的告上法院,要求美的立即停止对格力的侵权行为并赔偿相应的经济损失。诉讼期间,美的曾请求国家知识产权局专利复审委员会宣告格力"控制空调器按照自定义曲线运行的方法"发明专利无效,该请求未被支持。广东省高级人民法院近日对美的公司与格力公司之间的侵犯发明专利权纠纷作出终审判决,认定美的公司侵权行为成立,应立即停止销售侵权的空调产品,并赔偿格力公司经济损失 200 万元。

点评:格力公司所拥有的发明专利是对产品及方法在技术上的一种新改进,并且格力公司按法定程序已获得该项专利,格力公司享有独占实施权即发明和实用新型专利权被授予后,除本法另有规定的以外,任何单位或者个人未经专利权人许可,都不得实施其专利,即不得为生产经营目的制造、使用、许诺销售、销售、进口其专利产品,或者使用其专利方法以及使用、许诺销售、销售、进口依照该专利方法直接获得的产品,美的公司未经格力公司允许擅自使用格力公司拥有的专利技术已构成侵权。

知识结构回忆

一、专利权的客体
二、专利权授予的条件
三、专利权的主体
四、授予专利权的程序
五、专利权的内容和限制
六、专利侵权行为

一、专利权的客体

(一)专利权的客体

专利权的客体是指发明创造,包括发明、实用新型、外观设计。

1.发明:是指对产品、方法或其改进所提出的技术方案,包括产品发明、方法发明和改进发明。

2.实用新型:是指对产品的形状、构造或者形状和构造的结合所提出的适于实用的新的技术方案。

3.外观设计:是指对产品的形状、图案或者其结合,以及色彩与形状、图案相结合作出的富有美感,并适用于工业上应用的新设计。

(二)专利权不予保护的对象

根据《专利法》第5条、第20条、第25条的规定：

1. 对违反法律、社会公德或者妨害公共利益的发明创造,不授予专利权;对违反法律、行政法规的规定获取或者利用遗传资源,并依赖该遗传资源完成的发明创造,不授予专利权。
2. 违反保密审查义务的发明或使用新型,不授予专利权。
3. 科学发现。
4. 智力活动的规则和方法;疾病的诊断和治疗方法。
5. 动物和植物的品种;用原子核变换方法获得的物质。
6. 对平面印刷品的图案、色彩或者二者的结合作出的主要起标识作用的设计。

二、专利权授予的条件

(一)授予发明、实用新型专利的条件

1. 新颖性。
2. 创造性。
3. 实用性。

新颖性的判断标准:(1)申请日以前,没有同样的发明创造在"国内外"出版物上公开过。(2)申请日以前,没有同样的发明创造在"国内外"因其他方式(如展览、生产、销售、使用、讲座)为公众所知。(3)没有"抵触申请"。指没有任何单位或者个人就同样的发明或者实用新型在申请日以前向国务院专利行政部门提出过申请,并记载在申请日以后公布的专利申请文件或者公告的专利文件中。

丧失新颖性的例外。申请专利的发明创造在申请日以前六个月内,有下列情形之一的,不丧失新颖性:(1)在中国政府主办或者承认的国际展览会上首次展出的;(2)在规定的学术会议或者技术会议上首次发表的;(3)他人未经申请人同意而泄露其内容的。

创造性判断标准:发明的创造性是指同现有技术相比,该发明有突出的实质性特点和显著的进步;实用新型有实质性特点和进步。

实用性判断标准:是指一项发明或实用新型能够制造或者使用并能够产

生积极效果。

(二)授予外观设计专利的条件

1. 新颖性。

2. 实用性。

3. 富于美感。

4. 不得与他人在先取得的合法权利相冲突。

三、专利权的主体

发明人或设计人,是指直接参加发明创作的人。

需要注意几点:

1.发明创造是事实行为,因此发明人或设计人不要求具有完全民事行为能力。

2.发明人或设计人是指对发明创造的实质性特点做出创造性贡献的人。因此,下列人员不得为发明人或设计人:(1)负责组织工作的人;(2)为物质技术条件的利用提供方便的人;(3)从事其他辅助性工作的人。

3.发明人或设计人只能是自然人,不能是单位、集体或课题组。但单位可以成为职务发明创造的专利申请人并进而取得专利权。

4.专利申请人可以是发明人、设计人,也可以不是发明人、设计人。

5.发明人或设计人包括非职务发明创造的发明人或设计人和职务发明创造的发明人或设计人两类。

职务发明创造的认定:(1)在本职工作中作出的发明创造;(2)履行本单位交付的本职工作之外的任务所作出的发明创造;(3)退休或者调离原单位后或者劳动、人事关系终止后1年内作出的,与其在原单位承担的本职工作或者原单位分配的工作任务有关的发明创造;(4)主要利用本单位的物质技术条件所完成的发明创造,但另有约定的除外。

职务发明创造的专利申请权和取得的专利权归单位,但发明人和设计人享有以下权利:(1)署名权;(2)获得奖金、报酬的权利;(3)优先受让权。

四、授予专利权的程序

(一)申请

1.申请的原则

(1)形式法定原则:申请专利的各种手续都应当以书面形式或者专利局规定的其他形式办理。

(2)单一性原则:一份专利申请文件只能就一项发明创造提出专利申请。

(3)保护在先申请原则:两个以上的申请人分别就同样的发明创造申请专利的,专利权授给最先申请的人。同日申请的,收到专利局通知后自行协商以确定申请人。

2.专利申请文件

申请发明和实用新型专利应提交请求书、说明书、权利要求书等。申请外观设计专利应提交请求书、照片、图书等。申请文件提交后,申请人可以修改,但修改的内容和范围受到限制。对发明、实用新型的申请文件修改不得超过原说明书和权利要求书记载的范围;对外观设计专利申请文件的修改不得超过原照片或者图片所表示的范围。

3.专利申请日

通过邮局寄送的,以寄出的邮戳日为申请日,邮戳日不清的,除当事人能够提供证明的外,以专利局收到专利申请文件的日期为申请日。有优先日的,优先日为申请日。

4.优先权

《专利法》第29条规定了国际优先权和国内优先权。优先权是指以前述首次申请日为后申请之申请日。

(1)国际优先权:申请人自发明或者实用新型在外国第一次提出专利申请之日起12个月内,或者自外观设计在外国第一次提出专利申请之日起6个月内,又在中国就相同主题提出专利申请的,依照该外国同中国签订的协议或者共同参加的国际条约,或者依照相互承认优先权的原则,可以享有优先权。

(2)国内优先权:申请人自发明或者实用新型在中国第一次提出专利申请之日起12个月内,又向国务院专利行政部门就相同主题提出专利申请的,可以享有优先权。

优先权主张人应在申请时提出书面声明,且在3个月内提交首次提出的专利申请文件副本,否则视为未主张。

[案例1]2006年5月20日,美籍华人王某在美国就某实用新型提出专利申请后,2007年1月4日,又向中国专利部门提出该实用新型的专利申请,并书面声明要求优先权。2006年5月21日,中国公民陈某以同样的实用新型向国家专利部门申请专利,并于当日寄出了申请文件,该申请文件于2006年5月25日到达国务院专利行政部门。以下说法正确的是:(　　)

　A.王某享有优先权,其实用新型的专利申请视为2006年5月20日
　B.根据申请在先原则,应先审查王某的专利申请
　C.陈某和王某都可以在被授予实用新型专利权之前随时撤回专利申请
　D.陈某的实用新型专利申请日为国务院专利行政部门收到专利申请文件之日,即2006年5月25日

(二)审批

我国对发明专利申请采用早期公开迟延审查制;对实用新型和外观设计专利申请采用的均是登记制。

1.发明专利的审批

(1)初步审查。就形式要件进行审查。

(2)公布申请。经初步审查,认为符合要求的,自申请日起满18个月,即行公布。主管机关也可根据申请人的申请早日公布其申请。

(3)实质审查。自申请日起3年内,专利申请人可随时提出实审请求;无正当理由逾期不提出,该申请即被视为撤回。专利主管机关认为必要的时候,可以自行对发明专利申请进行实质审查。

(4)经实质审查,没有发现被驳回的理由,由主管机关作出授予发明专利权的决定,发给专利证书,同时予以登记和公告。发明专利权自公告之日起生效。

2.实用新型和外观设计的审批

(1)经初步审查没有发现被驳回的理由,由专利局作出授予实用新型和外观设计的专利权的决定,发给相应的证书,同时予以登记和公告。(只进行初步审查,不作实质审查)

(2)专利局发出授权通知后,申请人应在收到通知后2个月内办理登记手续。按期办理登记手续的,颁发专利证书,并予以公告。逾期未办理的,视为弃权。

(3)专利权自公告之日起生效。

(三)专利复审和无效宣告

1.专利复审

(1)国家知识产权局设立专利复审委员会。

(2)专利申请人对驳回专利申请的决定不服的,可自收到通知之日起3个月内,向专利复审委员会请求复审。

(3)专利复审委员会复审后,作出决定,并通知申请人。

(4)专利申请人对专利复审委员会的复审决定不服的,可自收到通知之日起3个月内向北京市第一中级人民法院提起诉讼。

2.专利权的无效宣告

(1)自公告授予专利权之日起,任何单位或个人发现有不符合专利法有关规定的,均可以在专利授权之日起,向专利复审委员会请求宣告该专利权无效。

(2)专利复审委员会认为申请人提交的请求书符合法律规定的,应当依法定程序作出宣告专利权无效或维持专利权的决定。任何一方当事人(专利权人或者请求人)对该决定不服的,可以自收到通知之日起3个月内提起诉讼,此诉讼为行政诉讼,对方当事人为第三人。

五、专利权的内容和限制

(一)专利权人的权利

1.独占实施权。(《专利法》第11条)

2.许可实施权:独占实施许可、排他实施许可、普通实施许可。(《专利法》第12条、第13条)

3.转让权。(《专利法》第10条)

4.标示权。

(二)专利权的期限

发明专利20年,实用新型和外观设计专利10年,均自申请日起计算。

(三)强制许可制度

强制许可是国务院专利行政部门的权力,是国家专利主管机关根据具体情况,不经专利权人同意,依法授权符合法定条件的申请人实施专利的法律制度。我国专利法将强制许可分为三种:

1.防止专利权滥用的强制许可

《专利法》第48条规定,有下列情形之一的,国务院专利行政部门根据具备实施条件的单位或者个人的申请,可以给予实施发明专利或者实用新型专利的强制许可:

(1)专利权人自专利权被授予之日起满3年,且自提出专利申请之日起满4年,无正当理由未实施或者未充分实施其专利的。

(2)专利权人行使专利权的行为被依法认定为垄断行为,为消除或者减少该行为对竞争产生的不利影响的。

2.为公共利益或者公共健康目的的强制许可

(1)《专利法》第49条规定:在国家出现紧急状态或者非常情况时,或者为了公共利益的目的,国务院专利行政部门可以给予实施发明专利或者实用新型专利的强制许可。

(2)《专利法》第50条规定:为了公共健康目的,对取得专利权的药品,国务院专利行政部门可以给予制造并将其出口到符合中华人民共和国参加的有关国际条约规定的国家或者地区的强制许可。

3.从属专利的强制许可

《专利法》第51条规定:一项取得专利权的发明或者实用新型比前已经取得专利权的发明或者实用新型具有显著经济意义的重大技术进步,其实施又有赖于前一发明或者实用新型的实施的,国务院专利行政部门根据后一专利权人的申请,可以给予实施前一发明或者实用新型的强制许可。

在依照前款规定给予实施强制许可的情形下,国务院专利行政部门根据前一专利权人的申请,也可以给予实施后一发明或者实用新型的强制许可。

[案例2]甲拥有一节能热水器的发明专利权,乙对此加以改进后获得重大技术进步,并取得新的专利权,但是专利之实施有赖于甲的专利之实施,双方又未能达成实施许可协议。在此情形下,下述哪些说法是正确的?(　　)

A.甲可以申请实施乙之专利的强制许可

B.乙可以申请实施甲之专利的强制许可

C.乙在取得实施强制许可后,无须给付甲使用费
D.任何一方在取得实施强制许可后即享有独占的实施权

(四)不视为侵犯专利权的行为(《专利法》第69条)

1.权力用尽限制。专利产品或者依照专利方法直接获得的产品,由专利权人或者经其许可的单位、个人售出后,使用、许诺销售、销售、进口该产品的,不构成侵权。

2.先用权限制。在专利申请日前已经制造相同产品、使用相同方法或者已经做好制造、使用的必要准备,并且仅在原有范围内继续制造、使用的,不视为侵权。

3.临时过境限制。临时通过中国领陆、领水、领空的外国运输工具,依照其所属国同中国签订的协议或者共同参加的国际条约,或者依照互惠原则,为运输工具自身需要而在其装置和设备中使用有关专利的,也不视为侵权。

4.专为科学研究和实验而使用有关专利的,不构成侵权。

5.为提供行政审批所需要的信息,制造、使用、进口专利药品或者专利医疗器械的,以及专门为其制造、进口专利药品或者专利医疗器械的,不构成侵权。

[案例3]下列行为哪些侵犯了专利权?(   )
A.在专利权人的专利申请日以前已经从事相同产品的生产,现扩大该产品的生产规模
B.购进专利权人生产的专利产品,在未经专利权人许可的情况下,再售出
C.不知是假冒专利产品而批发购进,事后得知实情,为避免损失,而售出
D.为科学实验而使用了专利权人的专利方法,并以由此获得的成果独自申请专利

六、专利侵权行为

(一)保护范围

1.发明或者实用新型专利权的保护范围以其权利要求的内容为准,说明书及附图可以用于解释权利要求的内容。侵权成立的要件——全面覆盖原则。

2.外观设计专利权的保护范围以表示在图片或者照片中的该产品的外观

设计为准,简要说明可以用于解释图片或者照片所表示的该产品的外观设计。

(二)现有技术抗辩

在专利侵权纠纷中,被控侵权人有证据证明其实施的技术或者设计属于现有技术或者现有设计的,不构成侵犯专利权。

(三)善意侵权

为生产经营目的使用或者销售不知道是未经专利权人许可而制造并售出的专利产品或者依照专利方法直接获得的产品,能证明其产品合法来源的,不承担赔偿责任。

[案例4] 甲公司获得一种新型药品制造方法的发明专利后,发现市场上有大量乙公司制造的该种新型药品出售,遂向法院起诉要求乙公司停止侵权并赔偿损失。依据《专利法》规定,下列哪一种说法是错误的?( )

A.所有基层法院均无该案管辖权
B.甲公司不应当承担被告的药品制造方法与专利方法相同的证明责任
C.乙公司如果能证明自己实施的技术属于现有技术,法院应告知乙公司另行提起专利无效宣告程序
D.如侵犯专利权成立,即使没有证据确定损害赔偿数额,甲公司仍可获得1万元以上100万元以下的赔偿额

 **真题链接**

1.中国甲公司的一项发明在中国和A国均获得了专利权。中国的乙公司与甲公司签订了中国地域内的专利独占实施合同。A国的丙公司与甲公司签订了在A国地域内的专利普通实施合同并制造专利产品,A国的丁公司与乙公司签订了在A国地域内的专利普通实施合同并制造专利产品。中国的戊公司、庚公司分别从丙公司和丁公司进口这些产品到中国使用。下列哪些说法是正确的?(2014/03/63)

A.甲公司应向乙公司承担违约责任
B.乙公司应向甲公司承担违约责任

C.戊公司的行为侵犯了乙公司的专利独占实施权
D.庚公司的行为侵犯了甲公司的专利权

答案：BD

【考点】侵犯专利的认定

【解析】选项A错误，选项B正确。独占实施许可，是指许可方（专利权人）授予被许可方（受让方、接产企业）在许可合同所规定的期限、地区或领域内，对所许可的专利技术具有独占性实施权。许可方不再将该项专利技术的同一实施内容许可给第三方，许可方本人也不能在上述的期限、地区或领域内实施该项专利技术。普通实施许可，是指许可方授予被许可方在许可合同所规定的期限、地区或工业领域内制造、使用或销售已许可的专利产品或技术，同时，许可方不仅保留在上述同一范围内自己实施该项许可专利的权利，而且还保留再授予第三方在上述同一范围或不同范围内实施该项许可专利的权利。在本题中，甲公司授权乙公司在中国地域内享有独占实施合同，同时甲公司有权授予丙公司在A国地域范围内实施普通许可的权利，但乙公司并非专利权人，不享有授权丁公司在A国地域范围内实施专利普通实施许可合同制造专利产品的权利。选项C错误，选项D正确。《专利法》第11条第1款规定，发明和实用新型专利权被授予后，除本法另有规定的以外，任何单位或者个人未经专利权人许可，都不得实施其专利，即不得为生产经营目的制造、使用、许诺销售、销售、进口其专利产品，或者使用其专利方法以及使用、许诺销售、销售、进口依照该专利方法直接获得的产品。在本题中，乙公司享有在中国领域内独占实施许可的权利，丁公司因乙公司违法授权，并不享有生产专利产品的权利。庚公司进口专利产品侵害了甲公司的专利权。

2.甲公司开发了一种汽车节能环保技术，并依法获得了实用新型专利证书。乙公司拟与甲公司签订独占实施许可合同引进该技术，但在与甲公司协商谈判的过程中，发现该技术在专利申请日前已经属于现有技术。乙公司的下列哪一种做法不合法？（2013/03/18）

A.在该专利技术基础上继续开发新技术
B.诉请法院判决该专利无效
C.请求专利复审委员会宣告该专利无效
D.无偿使用该技术

答案：B

【考点】现有技术抗辩、专利权无效宣告申请

【解析】《专利法》第22条第5款规定,现有技术,是指申请日以前在国内外为公众所知的技术。《专利法》第45条规定,自国务院专利行政部门公告授予专利权之日起,任何单位或者个人认为该专利权的授予不符合本法有关规定的,可以请求专利复审委员会宣告该专利权无效。《专利法》第46条第2款规定,对专利复审委员会宣告专利权无效或者维持专利权的决定不服的,可以自收到通知之日起3个月内向人民法院起诉。人民法院应当通知无效宣告请求程序的对方当事人作为第三人参加诉讼。

3.甲公司与乙公司签订买卖合同,以市场价格购买乙公司生产的设备一台,双方交付完毕。设备投入使用后,丙公司向法院起诉甲公司,提出该设备属于丙公司的专利产品,乙公司未经许可制造并销售了该设备,请求法院判令甲公司停止使用。经查,乙公司侵权属实,但甲公司并不知情。关于此案,法院下列哪一做法是正确的?(2016/03/14)

A.驳回丙公司的诉讼请求
B.判令甲公司支付专利许可使用费
C.判令甲公司与乙公司承担连带责任
D.判令先由甲公司支付专利许可使用费,再由乙公司赔偿甲损失

答案:A

【考点】专利侵权行为

【解析】本题考查使用人不知情的专利侵权行为的法律责任。依据《专利法》第70条规定:"为生产经营目的使用、许诺销售或者销售不知道是未经专利权人许可而制造并售出的专利侵权产品,能证明该产品合法来源的,不承担赔偿责任。"《最高人民法院关于审理侵犯专利权纠纷案件应用法律若干问题的解释(二)》第25条第1款规定:"为生产经营目的使用、许诺销售或者销售不知道是未经专利权人许可而制造并售出的专利侵权产品,且举证证明该产品合法来源的,对于权利人请求停止上述使用、许诺销售、销售行为的主张,人民法院应予支持,但被诉侵权产品的使用者举证证明其已支付该产品的合理对价的除外。"甲公司购买并不知情未经专利权人许可制造的专利产品,虽然仍构成侵权,但不承担赔偿责任,B、C、D项错误,A项正确。

4.奔马公司就其生产的一款高档轿车造型和颜色组合获得了外观设计专利权,又将其设计的"飞天神马"造型注册为汽车的立体商标,并将该造型安装在车头。某车行应车主陶某请求,将陶某低价位的旧车改装成该高档轿车的造型和颜色,并从报废的轿车上拆下"飞天神马"标志安装在改装车上。陶某

使用该改装车提供专车服务,收费高于普通轿车。关于上述行为,下列哪一说法是错误的?(2016/03/15)

A.陶某的行为侵犯了奔马公司的专利权
B.车行的行为侵犯了奔马公司的专利权
C.陶某的行为侵犯了奔马公司的商标权
D.车行的行为侵犯了奔马公司的商标权

答案:A

【考点】外观设计专利侵权、商标侵权行为

【解析】A、B项考查外观设计专利的侵权。依据《专利法》第11条规定,"外观设计专利权被授予后,任何单位或者个人未经专利权人许可,都不得实施其专利,即不得为生产经营目的制造、许诺销售、销售、进口其外观设计专利产品。"陶某并未实施制造、销售的行为,所以陶某不构成侵权,所以,A项说法错误,应选;B项说法正确,不选。

C、D项考查侵犯商标权问题。依据《商标法》第57条规定,"未经注册商标人的许可,在同一种商品上使用与其相同的商标属于侵权行为。"陶某使用其商标,侵权,车行未经奔马公司同意,实施帮助行为,亦构成商标侵权,C、D说法正确,不选。

5.W研究所设计了一种高性能发动机,在我国和《巴黎公约》成员国L国均获得了发明专利权,并分别给予甲公司在我国、乙公司在L国的独占实施许可。下列哪一行为在我国构成对该专利的侵权?(2016/03/16)

A.在L国购买由乙公司制造销售的该发动机,进口至我国销售
B.在我国购买由甲公司制造销售的该发动机,将发动机改进性能后销售
C.在我国未经甲公司许可制造该发动机,用于各种新型汽车的碰撞实验,以测试车身的防撞性能
D.在L国未经乙公司许可制造该发动机,安装在L国客运公司汽车上,该客车曾临时通过我国境内

答案:C

【考点】专利侵权行为

【解析】依据《专利法》第69条规定,"有下列情形之一的,不视为侵犯专利权:(一)专利产品或者依照专利方法直接获得的产品,由专利权人或者经其许可的单位、个人售出后,使用、许诺销售、销售、进口该产品的;(二)在专利申请日前已经制造相同产品、使用相同方法或者已经作好制造、使用的必要准备,

并且仅在原有范围内继续制造、使用的;(三)临时通过中国领陆、领水、领空的外国运输工具,依照其所属国同中国签订的协议或者共同参加的国际条约,或者依照互惠原则,为运输工具自身需要而在其装置和设备中使用有关专利的;(四)专为科学研究和实验而使用有关专利的;(五)为提供行政审批所需要的信息,制造、使用、进口专利药品或者专利医疗器械的,以及专门为其制造、进口专利药品或者专利医疗器械的。"A、B项不构成侵权。C项为了各种新型车的碰撞试验而使用发动机,其目的并非针对现有专利技术而进行改进的科学研究和实验,而是使用专利技术进行其他的实验,且可能以生产经营为目的,故C项构成侵权,应选。D项依据《专利法》第69条第(三)项不构成侵权。

6.关于下列成果可否获得专利权的判断,哪一选项是正确的?(2017/03/15)

A.甲设计的新交通规则,能缓解道路拥堵,可获得方法发明专利权

B.乙设计的新型医用心脏起搏器,能迅速使心脏重新跳动,该起博器不能被授予专利权

C.丙通过转基因方法合成一种新细菌,可过滤汽油的杂质,该细菌属动物新品种,不能被授予专利权

D.丁设计的儿童水杯,其新颖而独特的造型既富美感,又能防止杯子滑落,该水杯既可申请实用新型专利权,也可申请外观设计专利权

答案:D

【考点】专利权的客体

【解析】A项错误,智力活动的规则和方法不属于专利权的客体,新交通规则属于规则范围,不能获得发明专利权。B项错误,疾病的诊断和治疗方法不能获得专利权,但医疗器械可以,起搏器属于医疗器械的范畴,可以获得专利权。C项错误,《专利法》第15条规定,动物和植物新品种的生产方法可以获得专利权,新细菌属于生产方法,可以获得专利权。D项正确,根据《专利法》第31条规定,实用新型和外观设计并不冲突,可以申请实用新型和外观设计。

7.甲、乙两公司各自独立发明了相同的节水型洗衣机。甲公司于2013年6月申请发明专利权,专利局于2014年12月公布其申请文件,并于2015年12月授予发明专利权。乙公司于2013年5月开始销售该种洗衣机。另查,本领域技术人员通过拆解分析该洗衣机,即可了解其节水的全部技术特征。丙公司于2014年12月看到甲公司的申请文件后,立即开始制造并销售相同的洗衣机。2016年1月,甲公司起诉乙、丙两公司侵犯其发明专利权。关于

甲公司的诉请,下列哪些说法是正确的?(2017/03/64)

　　A.如甲公司的专利有效,则丙公司于2014年12月至2015年11月使用甲公司的发明构成侵权

　　B.如乙公司在答辩期内请求专利复审委员会宣告甲公司的专利权无效,则法院应中止诉讼

　　C.乙公司如能证明自己在甲公司的专利申请日之前就已制造相同的洗衣机,且仅在原有制造能力范围内继续制造,则不构成侵权

　　D.丙公司如能证明自己制造销售的洗衣机在技术上与乙公司于2013年5月开始销售的洗衣机完全相同,法院应认定丙公司的行为不侵权

答案:CD

【考点】专利权侵权和免责事由

【解析】A项错误,根据《专利法》第68条规定,发明专利申请公布后至专利权授予前使用该发明未支付适当使用费的,专利权人要求支付使用费的诉讼时效为二年,自专利权人得知或者应当得知他人使用其发明之日起计算,但是,专利权人于专利权授予之日前即已得知或者应当得知的,自专利权授予之日起计算。可知,丙公司在专利申请公布后专利授予前使用甲公司的发明并未构成侵权,但甲公司可以要求其支付使用费。

B项错误。《最高人民法院关于审理专利纠纷案件适用法律问题的若干规定》第11条规定:人民法院受理的侵犯发明专利权纠纷案件或者经专利复审委员会审查维持专利权的侵犯实用新型、外观设计专利权纠纷案件,被告在答辩期间内请求宣告该项专利权无效的,人民法院可以不中止诉讼。可知,在答辩期间,人民法院可以不中止诉讼。

C项正确。《专利法》第69条规定:"有下列情形之一的,不视为侵犯专利权:……(二)在专利申请日前已经制造相同产品、使用相同方法或者已经作好制造、使用的必要准备,并且仅在原有范围内继续制造、使用的。"本题中,乙公司在申请日前便使用该产品,故其行为不构成侵权。

D项正确。《专利法》第62条规定:在专利侵权纠纷中,被控侵权人有证据证明其实施的技术或者设计属于现有技术或者现有设计的,不构成侵犯专利权。可知,D项正确。

图书在版编目(CIP)数据

民事实体法案例与法条教程/丁兆增,林艺容编著.—2版.—厦门:厦门大学出版社,2019.8
(法学案例教学系列)
ISBN 978-7-5615-7553-6

Ⅰ.①民… Ⅱ.①丁…②林… Ⅲ.①民法—案例—中国—资格考试—自学参考资料 Ⅳ.①D923.05

中国版本图书馆 CIP 数据核字(2019)第 180428 号

出 版 人	郑文礼
责任编辑	李　宁
封面设计	李嘉彬
技术编辑	许克华

出版发行　厦门大学出版社
社　　址　厦门市软件园二期望海路 39 号
邮政编码　361008
总　　机　0592-2181111　0592-2181406(传真)
营销中心　0592-2184458　0592-2181365
网　　址　http://www.xmupress.com
邮　　箱　xmup@xmupress.com
印　　刷　厦门市万美兴印刷设计有限公司

开本　720 mm×1 000 mm　1/16
印张　21.25
插页　2
字数　360 千字
版次　2019 年 8 月第 2 版
印次　2019 年 8 月第 1 次印刷
定价　55.00 元

本书如有印装质量问题请直接寄承印厂调换

厦门大学出版社
微信二维码

厦门大学出版社
微博二维码